시장의 철학

나남
nanam

윤 평 중

1956년생. 고려대 철학과를 졸업했고 미국 남일리노이 주립대에서
석사와 철학박사 학위를 받았다. 1989년부터 한신대 철학과 교수로 재직 중이며
대학원장 및 학술원장을 역임하였다. 캘리포니아 대학 (버클리) 역사학과 방문학자,
미시간 주립대 철학과 객원교수, 럿거스 대학 정치학과 풀브라이트 학자로 연구했다.
현재 호스피스 · 완화의료 국민본부 공동대표를 맡고 있으며
2012년 이후 현재까지 〈조선일보〉에 "윤평중 칼럼"을 쓰고 있다.
    저서로는 《푸코와 하버마스를 넘어서》, 《포스트모더니즘의 철학과
포스트마르크스주의》, 《담론 이론의 사회철학》, 《논쟁과 담론》,
《극단의 시대에 중심잡기: 지식인과 실천》, 《이성만이 우리를 구원한다:
윤평중 사회평론집》, 《급진자유주의 정치철학》 등이 있다.

나남신서 1847

시장의 철학

2016년 2월 5일 발행
2016년 2월 5일 1쇄

지은이_ 尹平重
발행자_ 趙相浩
발행처_ (주) 나남
주소_ 413-120 경기도 파주시 회동길 193
전화_ (031) 955-4601 (代)
FAX_ (031) 955-4555
등록_ 제 1-71호 (1979. 5. 12)
홈페이지_ http://www.nanam.net
전자우편_ post@nanam.net

ISBN   978-89-300-8847-3
ISBN   978-89-300-8001-9 (세트)

책값은 뒤표지에 있습니다.

나남신서 1847

시장의 철학

윤평중 지음

나남
nanam

The Philosophy of Market

by

Yoon, Pyung-Joong

nanam

머리말

왜 지금 여기서 '시장의 철학'인가?

1   세계가 인정하는 대한민국의 놀라운 성취에도 불구하고 왜 우리는 성난 얼굴을 하고 있을까? 모두가 배고팠던 '헝그리 사회'를 천신만고 끝에 탈출하고 보니 만인이 화가 난 '앵그리 사회'가 대한민국의 현실이 되었다는 역설(逆說)을 어떻게 이해해야 하는가? 1인당 GDP나 유엔개발계획(UNDP)의 인간개발지수, 프리덤하우스 민주주의 평가 등의 다양한 국제적 통계지표들은 대한민국이 선진국 수준에 가까이 다가갔다는 사실을 보여준다. 하지만 우리 스스로는 선진국 진입을 아직 먼 미래의 일로 체감(體感)하는 경향이 있다. 국부(國富)의 증대가 사람들을 행복하게 한다는 단순 논리나, 경제성장이 불평등과 빈곤을 해결한다는 산업화 시대의 신화는 대중적 호소력을 잃고 말았다.

국민소득이 계속 증가함에도 불구하고 우리는 생활현장에서 안정감과 풍요를 느끼지 못한다. 빈부 양극화로 인한 격차사회가 본격화되면서 상대적 박탈감만 악화일로일 뿐이다. 소모적 갈등과 대립이 여전하고 대형 사건사고가 빈발한다. 한국형 위험사회가 구조화되고 있는 형국이다. 제도정치권은 이런 교착 상태를 풀 해법과 미래의 비전을 제시하기는커녕 상황을 더 어지럽게 하는 주범으로 인식된다. 세계 10대 경제강국 가까이 갔다는 통계적 지표와 불안, 불신, 불만으로 가득한 민심이 날카롭게 엇갈림으로써 사회적 긴장도가 갈수록 높아지는 게 엄연한 현실이다. 우리 사회 일각에서 우리나라를 지옥에 비유해 '헬(hell) 조선'이라고 부르는 현상이 단적인 사례다. 어떤 외국인 논평가의 표현처럼 우리는 '기적을 이룬 대신 기쁨을 잃어버렸'다. 한국인의 삶에서 무언가 중요한 게 어긋난 것만은 분명하다.

이 책은 엄중하기 짝이 없는 현재진행형의 이런 의문들에 대한 답을 '시장'(市場)이라는 화두를 중심으로 삼아 찾고자 하는 시도이다. 이는 시장에 대한 철학적 성찰을 통해 대한민국 현대사의 빛과 그림자를 해부하는 작업이라고 할 수도 있다. 대한민국이 먹고살 만하게 되었음에도 불구하고 갈수록 악화되는 온갖 응어리를 풀어 미래에 대비해야 할 결정적 시점이 지금이라고 보기 때문이다. 지금 그리고 여기에서 무엇이 한국 사회의 진정한 문제인지 우리 스스로 밝히지 않으면 앞날을 기약하기 어렵다. 이 책이 청년층의 취업난과 고령자 빈곤, 워킹 푸어 등 실물경제 차원의 도전을 포함함과 동시에 실물경제를 넘어 시장을 넓은 의미의 경세제민(經世濟民: 세상을 다스리고 사람을 살림) 영역에까지 확대해 탐구하는 이유가 여기에 있다.

오늘날 '시장경제'와 '자본주의'라는 용어는 거의 같은 뜻으로 사용되지만 시장과 시장경제, 자본주의는 각기 그 외연과 내포가 다르다.[1] 역사적으로 볼 때 시장은 거의 모든 시대와 지역에 존재한 제도라고 할 수 있다. 생존과

---

1 이준구·이창용 (1999), 조 순·정운찬 (1997), Mankiw, N. G. (2011/2013), Stiglitz, J. (1997/2002), 곽수종 (2010), 최배근 (2012) 참조.

생활의 필요를 충족시키기 위한 원시적 형태의 장마당이나 저잣거리는 석기시대에도 존재했던 것으로 추측된다. 이에 비해 시장경제는 어떤 사회가 생산할 재화의 양과 생산방법, 그리고 생산된 재화와 용역의 분배방식을 시장 체계에 의해 결정하는 경제사회를 의미한다. 시장 메커니즘이 훨씬 고도화되고 삶 전체에 걸쳐 전체적 영향력을 가지는 근대적 사회체계가 곧 시장경제이다. 자본주의는 시장경제의 특정한 역사적 사례라고 할 수 있다. 엄격하게 정의하자면 노동, 토지, 화폐같이 전면적으로 상품화되기 어려운 생산요소까지를 상품화한 특정한 형태의 시장경제가 자본주의이지만 근대 이후의 시장경제를 자본주의와 동일시해도 큰 무리는 없는 것으로 판단된다. 이 책에서 말하는 시장은 위에서 정의된 시장, 시장경제, 자본주의를 함께 포괄하는 개념이다. 나아가 시장철학의 시장은 확대 심화된 경세제민으로서의 경제 개념을 기반으로 작동한다. 즉, 시장철학은 '인간의 삶에 필요한 재화와 용역을 생산·분배·소비하는 활동과 그런 활동을 통해 이루어지는 모든 사회 활동'을 의미하는 경제의 개념보다 훨씬 깊고 넓은 경세제민의 지평을 다루는 통합 학문이다.

따라서 시장철학은 '사람들이 물건을 사고팔기 위해 모이는 장소'라는 시장의 사전적 정의에 대한 탐구만을 다루지는 않는다. 오히려 시장이라는 화두를 비교문명론의 주제로 확장함으로써 시장에 대한 경제학·경영학적 연구가 주의를 기울이지 않는 경세제민의 차원을 함께 아우르려고 한다. 그리하여 시장에 대한 철학적 성찰은 자유시장의 본질에 대한 탐구에서 시작해 시장질서와 민주질서의 변증법, 상업과 시민정신 사이의 연계, 법치주의, 신뢰, 직업윤리, 공정성과 공공성, 교육론, 과학과 사실 존중의 문화, 시장 확대를 통한 북한개혁론과 통일론 등의 주제로까지 확대된다. 궁극적으로 시장철학은 가능한 한 넓고 깊게 이해된 시장을 화두로 삼아 오늘의 한국 사회를 괴롭히는 병인(病因)의 뿌리와 그 치유법을 찾는 인문학적·사회과학적 탐침(探針)의 도정(道程)이라 할 수 있다.

2   2008년 미국발 서브프라임 모기지 사태가 촉발한 금융위기가 전 세계를 강타했다. 위기는 미국 차원에 머물지 않고 유럽과 아시아 각국의 재정위기로 증폭되어 전 세계적 경제위기로 확산되었다. 세계 경제와 국가경제가 동시에 흔들리면서 사람들의 삶이 크게 위협받았다. 한국은 1998년 외환위기 때문에 국가경제 전체가 부도 직전의 총체적 위기를 맞은 전례도 있다. 한국이 지구적 차원에서 경제 정세의 변화에 거시적 차원에선 잘 대처했다는 평가가 있는가 하면, 반복되는 경제위기를 수습하는 과정에서 급속히 나빠진 격차사회의 현상을 해결하지 못해 심각한 위기에 직면했다는 평가도 엄존한다. 시민들의 삶을 위협한 이러한 현실적 충격을 계기로 나는 시장과 경제의 의미에 대해 본격적인 관심을 갖기 시작했다. 시장의 본질과 그 동역학(動力學)에 대한 관심은 철학자로서는 이례적인 일로 여겨질 수도 있겠다. 하지만 우리네 삶 전체에 대한 시장경제의 압도적 영향력을 감안하면 시장의 다양한 얼굴을 총체적으로 이해하고자 하는 인식론적 욕구는 학인(學人)에게 오히려 자연스러운 반응일 터이다.

　시장철학의 핵심 통찰 가운데 하나는 인간의 자발성과 창조성이야말로 현대성(모더니티)의 핵심 관건이라는 것이다. 현실사회주의나 독재체제에서 가장 결여된 삶의 태도 가운데 하나가 평균적 생활세계에서 발현되는 보통 사람들의 자발성과 창조성이었다. 용기 있게 자신만의 삶을 꾸려 나가는 독립적 태도와 불확실성과 위험을 감내하는 창조적 자유의 실감(實感) 없이는 인간 존재의 주체성과 존엄성이 계발될 방도가 없다. 주체성은 개인적 주체성뿐만 아니라 자유시장에서 실천되는 집단적 주체성이나 국가의 경제적 주체성으로까지 확장이 가능하다.[2] 여기서 자유와 혁신 정신이 추동하는 인간의 자발성과 창조성이 다른 경제 제도에서보다 자유시장경제와 결합한 민주다원사회에서 훨씬 더 잘 활성화된다는 사실(史實)이 결정적으로 중요하다. 정치사상사에서 자유시장경제의 탄생과 근대 자유민주주의의 흥기(興起)가 긴밀하게 맞물리는 건 단순한 우연이 아니다.

성숙한 자유시장이 존재하는 곳일수록 시민사회와 민주정치가 활발하게 기능하는 현상도 흥미롭다. 결국 자유시장과 민주주의는 모더니티를 이끄는 쌍두마차다. 한마디로 바람직한 삶의 문법과 성숙한 사회를 향한 모더니티의 열망은 공정한 자유시장의 존재와 분리가 불가능하다. 현대 사회를 특징짓는 과학적 사실과 합리성에 대한 존중, 토론과 숙의민주주의의 착근(着根)도 자유시장의 본질적 덕목인 창조적 파괴나 혁신 정신과 큰 틀에서 서로 궤를 같이하는 것이었다. 경제적 자유 없이 사회 정치적 자유도 축적되기 어려운 것이다. 한반도 현대사에서 남북의 체제 실험이 드러내는 드라마틱한 대비(對比)가 이를 압축적으로 증명한다.

물론 자유시장경제에 아름다운 얼굴만 있는 건 아니다. 모든 것이 돈의 논리로 환원되어 인간소외와 물화(物化)가 만연되는 측면이 존재한다. 초기 산업자본주의의 성과와 모순적으로 동행한 시장의 폐단에 대해 마르크스가 《경제학·철학 초고》에서 고발한 그대로다. 독점자

---

2 변형윤 (2012)의 368~396쪽은 '경제적 측면에서 본 주체성'을 논의한다.

본의 약육강식과 사회 양극화가 시장 효율성의 이름 아래 장기간 지속되어 또 다른 형태의 강고한 계급 차별과 인간성의 황폐화를 가져오기도 한다. 무한경쟁이 상시화한 시장경제 아래의 사람들은 피곤함과 상대적 박탈감에 시달리면서 안분지족(安分知足)과는 거리가 먼 항상적 불만과 불안의 포로가 되는 경향이 있다. 멀리 갈 것도 없다. 세계 10대 경제강국의 반열에 오른 한국의 이면에 피로사회와 분노사회의 흐름이 축적되면서 체제 정당성의 위기와 통치 불가능성의 질곡까지 야기하는 현상을 우리는 생생하게 목격하고 있는 중이다.

세계화가 촉진하는 지구 경제가 현실화되면서 개별 국가와 시민사회가 감당하기 어려운 양극화로 인한 만성적 빈곤과 실업이 잉여인간의 출현을 부추긴다. 빈곤과 대조되는 극단적 사치와 타락은 사회윤리의 해리(解離)를 가져온다. 그 안에서 부정부패와 각종 중대범죄가 창궐하는 건 불가피한 결과다. 따라서 현실사회주의의 붕괴가 전 지구적 차원에서 자유민주주의와 시장경제의 최종적 승리를 뜻한다는 후쿠야마의 역사종말론은 너무나 섣부른 예언이었다. 오히려 인류의 역사는 후쿠야마적 역사종말론 자체의 종말을 목격하고 앞으로 계속 나아간다. 1990년대 이후 오늘날까지의 세계사는 체제 경쟁자가 사라져 버린 자유시장경제가 잉태한 중대한 내부적 위기의 연속에 다름 아니다.

자유시장이 낳은 극단(極端)의 변종(變種)인 '신자유주의'의 폭주 자체가 바로 자유시장경제가 극심한 내적 위기에 봉착했다는 생생한 증거가 아닐 수 없다. 즉, 자유시장경제는 스스로가 성취한 성공의 정점에서 치명적이기까지 한 내부 균열의 갈림길에 섰다. 이는 성공의 역설이자 물극필반(物極必反)의 세상 이치가 관철되는 현장이기도 하다.

1980년대 이래 영미권, 즉 레이거노믹스와 대처리즘에서 발원해 전 세계를 풍미한 신자유주의 경제가 심대한 내적 모순을 안고 있다는 사실은 이제 너무나 명백해 오늘날은 신자유주의에 대한 비판 자체가 식상하게 들리는 수준에까지 이르렀다.

대부분의 선진국에서조차 불평등과 양극화가 사상 최악의 수준으로 심화되면서 정치 공동체를 지탱하는 공정성과 정의가 심각하게 훼손되었다. 소수의 경제 엘리트에게 소득이 집중되면서 지구적 차원에서 경제 불평등이 구조적으로 악화됨을 실증분석을 통해 논증했다고 자부한 피케티의 《21세기 자본》이 세계적 베스트셀러가 된 것은 정확히 이런 배경에서일 터이다. 모든 사람의 관심사인 부의 분배 문제를 경제학자에게만 맡겨둘 수는 없다는 그의 언명도 의미심장하다. "21세기의 세계화된 세습자본주의의 질주를 통제하기 위해 매우 높은 수준의 금융 투명성과 결부된 누진적 글로벌 자본세를 도입해야 한다"고 역설하는 피케티의 논란 많은 주장에 동의하건 그렇지 않건 간에 그런 주장이 세계 시민사회와 연구 공동체의 초점이 되는 지금의 맥락이 중요하다.[3]

경세제민의 현대적 복원을 지향하는 시장의 철학에서는 필연적으로 공정성과 정의의 문제를 포함하지 않을 수 없다. 일국의 차원을 넘어선 총체적 경제위기가 재정위기와 금융위기의 형태로 번갈아 엄습하면서 가장 큰 타격을 받는 것은 중산층과 하층계층에 속하는 대다수 보통 사람들인 데 비해 극소수의 지배 엘리트들에게는 천문학적 부가 집중되는 실정이다. 세계 경제와 깊숙이 연동된 한국 경제에도 비슷한 패턴이 발견된다. 1997년의 외환위기와 2008년의 금융위기를 거쳐 장

---

3 Piketty, T. (2013), p. 617.

기간 지속되는 지금의 경제불황과 사회불안은 그 단면적 증례에 불과한 것으로 보인다.

하지만 피케티가 주목받는 차원과 동시에 또 다른 측면도 신중히 점검해야 역사와 사회를 보는 균형감각을 유지할 수 있다. 신자유주의가 모든 악의 근원 비슷하게 정죄(定罪) 되는 과정에서 자유시장경제와 자유주의가 덩달아 함께 매도되는 다른 종류의 편향이 잇따르기 때문이다. 신자유주의에 중차대한 결함이 있다는 사실은 너무나 명백하다. 하지만 신자유주의가 중대한 균열 상태에 놓였다고 해서 자유시장경제 자체가 붕괴의 위기를 맞는 것은 아니다. 오히려 자유시장의 역사는 파국 직전에 극적인 패러다임 전환을 통한 부단한 재구성과 자기갱신의 역사이기도 했다.

바꿔 말하면 시장의 역사 자체가 시장의 본질에서 유래한 창조적 파괴가 끊임없이 실천되는 현장이기도 했던 것이다. 따라서 나는 21세기 상황에서 자유시장경제의 '외부'를 꿈꾸는 것은 미몽(迷夢) 에 가까운 시도라고 본다. 신자유주의에 대한 비판을 빌미로 자유민주주의 자체와 시장경제를 함께 과잉 비판하는 시류는 분명 '과도한 일반화의 오류' 를 범하는 것이다. 시장에 대한 철학적 탐구는 이처럼 두 극단을 피하면서 중용을 잡아야 시장의 온전한 모습이 비로소 드러나게 할 것이다.

최근의 지구적 경제위기가 시장의 본질에 대한 철학적 성찰을 새롭게 환기시키기는 했지만 더 거슬러 올라가 보면 시장에 대한 나의 원형적 관심은 기실 1989~1990년 현실사회주의의 붕괴에서 비롯되었다. 외형적으로 매우 강력해 보이던 현실사회주의 체제가 속절없이 무너진 것에 대해 당시 세계 학계와 특히 진보 지식인 공동체는 한동안 큰 혼란 상태에 빠질 수밖에 없었다. 충격의 진공 상태가 지배하던 1990년대 초반에는 세계의 어떤 연구자도 현실사회주의 붕괴의 정확한 이유에 대해 명쾌한 설명을 내놓지 못했던 것으로 기억한다. 지금 와서는 아스라한 옛일로 여겨질 수도 있지만 현실사회주의 해체의 여파가 당대 한국 지식인 사회에 끼친 영향은 참으로 막대한 것이었다.

북한과의 전쟁을 경험한 한국적 특수 상황에서 마르크스주의와 현실사회주의에 대한 관심은 오랫동안 금기 그 자체였다. 권위주의 체제의 수면 밑에서 좌파적 관심이 오랫동안 내연(內燃)하던 게 1970년대 말~1980년대 초 상황이었다. 금단의 열매로 여겨졌던 사회주의 이론과 실천에 대한 호기심은 '1980년 5월 광주'의 충격파를 통해 이른바 '제국 미국'의 실체에 대한 의구심이 증폭되면서 이념적 금지선을 넘어선다. 폭압 일변도였던 전두환의 시대착오적 극우 군사독재가 폭로한 한국 사회의 모순이 짙어갈수록 운동권을 중심으로 대안체제로 각인된 사회주의에 대한 선망이 열기를 띠었다. 북한에 대한 당시 민주화 운동권의 열띤 관심도 한국의 암울한 현실에 대한 환멸의 맥락에서 주로 배양된 것이었다.

서구의 맥락에선 상호 충돌하는 게 통례였던 국제주의적 좌파의 감수성과 민족주의적 상상력은 우리 사회에서는 서로 긴밀히 결합하는 모습을 보였다. 이때 형성되기 시작한 좌파민족주의의 비전은 이후 한국 현대사 해석에서도 거대한 영향력을 행사하게 된다. 현실권력의 헤게모니를 장악한 보수우파의 냉전반공주의와 천민자본주의의 행태가 강화되는 것에 비례해서 현대사 해석을 둘러싼 좌파민족주의의 대항 헤게모니 공세도 갈수록 확장되었다. 오늘날까지 전문가 집단뿐만 아니라 시민사회의 격렬한 반응을 야기하는 한국 현대사를 둘러싼 역사전쟁의 발단은 이런 시공간적 맥락을 배제하고선 제대로 이해하기 어럽다.

마르크스주의를 비롯한 사회주의에 대한 관심이 막 불붙기 시작했던 1980년대 말을 강타한 현실사회주의의 붕괴가 진보 지식인 집단에 더 큰 충격을 준 건 자연스러운 일이었다. 현실사회주의의 실체가 만천하에 폭로되었기 때문이었다. 진보 운동이 위축되면서 운동권 인사들의 고해와 전향이 잇따르기도 했던 반면 급변하는 현실을 부인한 채 마르크스주의와 사회주의 이념의 완결성과 순수성에 더욱 집착하는 자폐적 반응을 보이는 경우도 있었다. 거대 이론의 퇴조와 함께 암중모색의 상황이 계속되었다. 1990년대 초·중반까지 한국 지식인 사회에서는 포스트모더니즘을 비롯한 각종 포스트주의가 범람함으로써 현실사회주의 붕괴 이후의 지적 공백을 메우는 사상적 백화제방(百花齊放)의 모습을 띠기도 했다.

하지만 어느 정도의 시간이 지나 충격과 혼란이 잦아들자 상황은 명료해졌다. 전 지구적 차원의 냉전 경쟁이 강제한 과도한 군사비 지출이나 과잉 관료화로 인한 체제 부식, 그리고 국제 정치적 세력의 불균형 등의 복합적 배경이 있었지만 현실사회주의 붕괴의 가장 큰 이유는 그 체제의 내재적 모순인 것으로 드러나기 시작했다. 내가 보기에 가장 핵심적 문제는 자유시장이 창출한 시장질서의 부재로 귀속된다. 현실사회주의가 끝까지 해결하지 못했던 생산성 파탄과 체제 효율성 낙후라는 고질병도 궁극적으로는 자유시장경제의 공백 때문이었다는 결론이 불가피했다. 그렇다. 자유시장의 존재와 그 작동기제 그리고 시장경제와 연결되어 발전하는 혁신과 창조적 파괴의 에토스, 법치주의와 사회적 신뢰, 사실과 숙의(熟議)의 문화, 자유와 권리의 공간 등이 창출하는 민주질서가 부재했던 사정이야말로 현실사회주의의 해체라는 세계사적 전환을 가져온 내재적 요인이었다.

현실사회주의 최대의 약점은 시장질서와 민주질서의 변증법이 작동 가능한 공간을 만들지 못한 데 있다. 자유시장의 부재가 초래한 현실사회주의 경제의 파탄이 가지는 함의는 생산성의 경향적 저락(低落)이 초래한 사회주의 국가경제의 붕괴라는 차원보다 훨씬 입체적이고 복합적인 방식으로 분석되어야 할 문명사적 현상이다. 현실사회주의의 실험과 총체적 실패는 시장과 관련된 현대적 삶의 아비투스 전반과 관련된 반면교사(反面敎師)의 교훈으로 독해되어야 하는 것이다. 그런 점에서 사회주의의 실패는 단순한 과거지사만은 아니다.

시장질서와 민주질서의 변증법이 가지는 함의는 21세기 들어와서 더욱 확장된다. '인간 행위의 관습적 패턴'으로 규정될 수 있는 아비투스는 사회의 변혁을 이루기 위해서는 사회구조의 변화뿐 아니라 인간 행위와 감성의 집합적 습속(習俗)에 주목해야 한다는 개념이다.[4] 시장의 아비투스적 영향력에 대한 강조는 현대 경제학이 왜소화시킨 경제의 본뜻을 복원하려는 시도로 이어진다. 경세제민의 지평을 21세기 세계에 맞게 되살려야 시장질서와 민주질서의 복합 관계를 형상화하는 것이 가능하다. 인간의 삶에서 자유시장이 차지하는 의미에 대한 이해가 시장질서와 민주질서의 변증법이라는 토대 위에서만 온전히 규명될 수 있다는 생각이 바로 시장철학의 출발점이다.

---

4 홍성민 (2000), 25쪽. 잘 알려졌다시피 부르디외 사회학의 핵심개념인 '아비투스'는 마르크스주의 계급 이론과 대극적인 위치에 선다.

3 　　　시장의 철학적 의미를 본격적으로 논변한 글을 쓴 것은 상술 (上述)한 의문들이 큰 배경이 되었다. 우리 철학계를 대표하는 한국철학회가 2009년 학술발표대회 주제를 철학 공동체에 공모하는 과정이 직접적 계기로 작용했던 점도 있다. 철학계의 집단지성을 모으고 격려하는 유의미한 시도였는데, 이는 사상 처음 있는 일이었다. 한국인의 삶과 연관된 자유시장경제의 복합성과 입체성이야말로 중요한 철학적 탐구 대상이라고 확신한 나는 흔쾌히 '시장'이라는 주제로 공모에 응했다. 나의 제안을 한국철학회가 채택한 결과가 2009년 한국철학회 춘계학술대회 전체 주제인 '시장에 대한 철학적 성찰'이었다. 이때 나는 "시장질서와 민주질서: 시장은 민주주의의 적(敵)인가?"라는 기조논문을 발표했는데 이 글이 시장철학의 발원점이 된다. 내 발표에 대해 당시 한국철학회가 지정한 논평자가 철학자가 아니라 경제학자였다는 사실이 흥미롭다. 아마 당시 상황에서 시장 문제에 대해 내가 지녔던 것 같은 인문학적 관심을 공유한 한국 철학자가 드물었다는 게 한 이유일 수도 있었을 것으로 짐작된다.

　시장에 대한 나의 인문학적 탐색은 그 후에도 꾸준히 계속되었다. 2008년에 이어 2011년에도 유럽발 재정위기가 2012년 전 지구적 경제위기로 비화하는 흐름을 지켜보면서 나의 의문은 더욱 커졌다. 거시적으로 보자면 신자유주의가 야기한 공황(恐慌)에 가까운 전 지구적 경제위기의 본질에는 오늘날에도 큰 질적 변화가 없다. 하지만 신자유주의의 내적 위기가 자유주의 일반과 시장경제의 정당성에 대한 총체적 의문으로까지 부풀려지는 상황은 내게 심각한 문제의식을 불러일으켰다.

　이와 동시에 2010년부터 우리 사회에 태풍처럼 불어닥친 '정의'(正

義) 열풍 자체가 자유시장경제를 채택한 한국 사회에서 넘쳐나는 불공정과 불공평에 대한 시민들의 근본적 문제 제기에서 촉발되었다는 사실도 한층 분명해졌다. 시장질서와 민주질서의 변증법적 상호 관계에 대한 나의 관심은 자유시장과 정의의 관계라는 주제로 확대된다. 별로 관련이 없어 보일 뿐 아니라 서로 이질적인 것으로 여겨지기 쉬운 정의와 시장이 밀접한 상호 관계를 맺는다는 사실을 분명히 이해하게 된 것이다. '시장의 철학'이 '시장의 정치철학'으로 형상화되어야 하는 것은 주로 이런 맥락에서일 것이다.

2011년 한국경제학회는 '공정사회와 경제학'이란 전체 주제로 경제학 공동학술대회를 열었는데 내가 발표한 "공정한 사회와 정의론의 철학"은 이 대회 제1전체회의의 기조발제문 가운데 하나였다. 한국 경제학계의 40여 개를 넘는 산하 학회들이 모두 모여 치르는 연례 학술대회에서 나는 기조발표자로 초청된 유일한 철학자였다. 나는 이 주제를 더 심화시켜 '공정과 정의사회'를 대회 주제로 한 2011년 한국철학회 춘계학술대회에서 "자유시장경제는 과연 정의롭고 공정한가?"를 발표함으로써 시장과 정의의 관계를 심층적으로 규명하고자 노력했다. 이처럼 공통의 화두로 일관된 관련 주제들이 시장철학의 모태를 이루었다. 하지만 시장철학에 대한 나의 관심은 시간의 흐름과 함께 차츰 원래 주제보다 훨씬 방대한 문명사적 주제로까지 확대되었다.

다시 강조하거니와 현대의 시장철학은 경제학과 경영학 영역을 넘어 사회과학과 인문학을 통합한 21세기 버전 경세제민의 학제적 연구로 형상화될 수밖에 없다. 하지만 시장철학을 중심으로 한 관심 영역이 확장되면서 여러 현실적 난제가 돌출했다. 관련 주제들이 지속적으로 가지를 치고 뻗어 나가면서 연구자로서 역량의 한계를 절감하게 된 것이다. 현대 학계에서는 단일 영역에 대한 탐구나 특화된 연구 주제의 전문화가 철학을 포함한 모든 학문 공동체의 확고한 연구 규범으로 뿌리내린 지 오래되었다. 시장철학과 같은 통합 학문적 탐구를 한 개인이 수행한다는 것은 불가능에 가까운 과업이거나 연구 논리의 표준 행로를 이탈한 시도로 해당 학계에서 비판받을 개연성이 높다. 이런 상황에서 섣부른 출사표를 던진 것은 아닌지 자괴감(自愧感)을 떨치기 어려웠다. 철학뿐만 아니라 역사학, 경제학, 경제사, 문학, 사회학, 법학, 언론학, 정치학, 사회심리학, 문화연구 등의 분야가 겹치는 시장이라는 주제를 두고 철학자가 합당하게 탐구할 수 있는 범위는 과연 어디까지인지 이 책을 집필하는 내내 고심하지 않을 수 없었다.

연구 과정에서는 흥미우면서도 상징적인 일화도 있었다. 2008년에 처음으로 '시장의 철학'이란 주제에 관심을 갖고 참고문헌을 찾는 과정에서 먼저 'Amazon'(아마존닷컴)을 검색했는데 놀라운 결과가 나왔다. 문자 그대로 '시장의 철학'(Philosophy of Market)이란 제목이나 연구 테마를 앞세운 영어로 된 학술 단행본이 단 한 권도 검색되지 않았다. 경제민주화나 복지, 경제적 공정성 등의 연관 주제를 다루는 문헌들은 산처럼 많았지만 정작 '시장과 철학'이라는 연구 주제를 함께 연구해 '시장철학'으로 표기한 현대의 영문 저서가 부재했던 것이다.

이는 물론 내 과문(寡聞)의 소치이거나 우연의 소산일 수도 있다. 하지만 적어도 영문 학술논저 수준에서 '시장'과 '철학'이라는 두 가지 연구 테마가 서로 이질적이거나 상호 충돌한다는 암묵적 공감대가 현대 경제학계와 철학계 저변에 널리 존재했을지도 모른다는 조심스러운 추측이 가능하다. 이는 고전경제학의 비조(鼻祖)로 공인된 아담 스미스 자신이 경제학자이기 이전에 오히려 철학자이자 윤리학자를 자처했던 사정과 선명히 대조된다. 아마도 가장 큰 이유는 시장에 대한 학문적 탐구가 전문화의 이름 아래 자연과학에 근접하는 정교한 계량경제학으로 발전한 구미 학계의 현실을 반영하는 측면에 있을 것으로 짐작된다. 아카데믹한 경제학의 자화상이 경제철학에서 경제과학으로 이동한 것이 오래전의 일이기 때문이다.

하지만 과학적 정교화와 엄밀성의 강화가 예상치 못한 추가비용의 지불로 이어지는 경우가 있다. 경제학의 경우도 그러한데 실제의 뜨거운 세상과는 거리가 있는 인공적 근본 개념 위에 건설된 자기충족적 현대 경제학 체계가 현실의 경제위기를 설명하거나 예측하는 데 일정한 무능을 드러낸 측면을 부인하기 어렵기 때문이다. 현대의 주류 경제학은 생산, 소비, 물가, 시장, 소비자 등 중요한 경제학적 기본 현상을 인공적으로 압축한 표준적 이론 모델을 만들어 놓고 주로 수학과 통계학의 방법론에 의존해 정교한 과학 이론적 틀을 건설하는 데 매진했다. 그러나 자연과학 방법론을 추종한 현대 경제학 패러다임들이 급변하는 경제 현실과 사회 정치적 문제들 앞에서 의외로 무력한 경우가 많았던 건 매우 흥미로운 일이다.

세계 공황에 가까운 21세기의 전 지구적 경제위기 앞에 대혼란에 빠졌던 현대 경제학의 동향이 그 생생한 증거일 수도 있겠다는 경제학 문외한의 해석이 가능할지도 모른다. 나의 이런 해석이 전혀 근거가 없는 것만은 아니라는 사실은 금융위기 이후 '과학으로서의 경제학'의 위상에 대한 경제학자들 자신의 성찰을 통해서도 엿볼 수 있다. 예컨대 2010년 전미경제학회(AEA) 125주년 기념 축하연 기조연설인 "경제이론에 미친 경제위기의 영향"에서 현대의 스타 경제학자 가운데 한 사람인 스티글리츠는 아담 스미스 이후 당연시된 경제학의 기본 가정에 근본적 문제가 있음이 경제위기로 입증되었다고 주장했다. "현실에 있는 시장은 경제학 교과서에 나오는 시장이 아니었던 것이다".[5] 주류 경제학, 즉 신고전파 경제학의 보편성과 학문적 헤게모니에 대해 비판적인 최배근은 "영미 경제학에서 상정하는 시장은 현실적으로 존재할 수 없는 '물리학적 실험을 위한 진공의 세계'에 불과하다"고까지 단언한다.[6]

철학계를 비롯한 한국 인문학계는 시장이라는 연구 주제에 대해 학문적 관심을 거의 기울이지 않았다. 신자유주의의 폭주를 규탄하는 도덕적이고 규범 이론적인 시장 비판이 인문학적 반응의 대부분이었다. 예컨대 훌륭한 한국 인문학자 가운데 한 사람인 도정일은 시장을 경제적 이윤의 극대화를 위한 효율성 논리와 동일시하며 그러한 논리를 '시장전체주의'라고 명명한다. 물론 그는 시장 자체를 비판하는 게 아니라 '시장논리의 유일 논리화'를 비판한다고 자임한다. 이러한 도정일의 시장 비판은 강력한 감성적 호소력과 부분적 현실 설명력이 있으나 일면적이고 개략적이어서 시장의 복합성과 입체성을 온전히 해명하지 못한다.[7] 한국의 철학자 공동체가 시장이란 단일 주제에 잠깐이나마 학문적 관심을 기울였던 것은 앞서 말한 것같이 2009년 한국철학회 춘계학술대회가 처음이자 마지막이었다.

하지만 시장이라는 연구 주제는 역사 안에서 이성과 욕망의 주체로 활동하는 인간의 모습과 복합적 사회·정치·문화 현상을 함께 아울러야 하는 논제이므로 과학적이고 전문적인 경제학을 넘어서는 학제적

---

5 Stiglitz, J. (2012/2014), p. 12에 나오는 홍기빈의 "추천사".
6 최배근 (2005), 25쪽.
7 도정일 (2008), 136쪽 참조.

협동 작업이 필수적이다. 시장은 경제학이나 경영학 분야를 포함하되 지성사적이고 문명론적 지평까지 나아가 천착되어야 할 경세제민의 입체적 현상이다. 나는 경제학이나 경영학 분야는 물론이거니와 인문학과 철학, 나아가 여러 사회과학들까지 적극적으로 관여할 때 시장을 비롯한 경제 현상에 대해 더 풍부하고 생산적인 논의가 가능하다고 본다. 그런 작업이 철학을 비롯한 인문학의 지평을 훨씬 풍요한 것으로 만들 것으로 기대된다.

지금까지 많은 한국 철학자들은 철학 고전이나 고전가의 학설에 대한 주석과 해설에 주력해 왔다. 이는 물론 철학의 메타적 속성과 직결된 것이기도 하거니와 그 자체로 소중하고 유의미한 일이다. 그러나 시장과 경제 그리고 분단과 한국전쟁과 같이 한국인의 삶에 결정적 영향을 끼친 긴박한 실천적 주제들이 한국의 철학자 공동체에 주된 관심 대상이 되지 못하는 것이 자연스러운 현상은 아니다. 난삽하기 짝이 없는 동서양철학 고전 자체가 유구한 생명력을 가진 것도 그러한 고전이 당대의 구체성을 보편적 차원으로 승화시켜 개념화되는 데 성공했기 때문이었다. 결국 인문학의 미래는 구체성과 보편성의 지평을 통섭한 학술 담론을 각 인문학 분과 영역에서 실제로 어떻게 확보하느냐에 달렸다.

이 책은 민주질서와 시장질서의 변증법을 중심으로 진행된다. 시장질서와 민주질서의 변증법은 법치주의와 사회적 신뢰, 과학 정신과 합리성, 공론장과 비판적 시민교육, 정의와 공정성 등의 주제가 시장 개념을 중심으로 한 경제 현상에 대한 인식론적·존재론적 탐구와 분리 불가능한 복합체를 형성한다는 생각에서 출발한다. 이는 한국과 세계에서 공시적·통시적으로 활용 가능한 구체적 보편성의 개념 창출에 이르려는 작은 실험적 시도라고 할 수 있다.

나는 철학을 비롯한 한국 인문학의 위기를 극복하는 길 가운데 하나는 이런 방식으로 이론과 실천을 부단히 상호 침투시켜 보는 시도에 있다고 믿는다. 자유시장의 존재가 모더니티(현대성)의 핵심 요소임이 분명할진대 시장의 의미에 대한 학제적 이해 없이 모더니티에 대한 제대로 된 진단과 처방에 이르는 것은 심히 어려운 일이다. 이 책이 매우 불완전한 작업에 불과하지만 시장철학이라는 통로를 통해 한국과 한국인을 이해하려는 조심스러운 문제 제기로 받아들여졌으면 한다. 물론 곳곳에서 발견될 논의 과정의 허술함이나 논리의 비약 등은 전적으로 내 책임이다.

시장철학의 출발점이자 귀결점은 다음과 같은 명제로 요약 가능하다. 시장에는 본질적 문제점과 수많은 약점들이 엄존한다. 하지만 자유시장 없이는 바람직한 '현대적 삶'(현대성, 모더니티)도 불가능하다. 세계사적 차원에서뿐만 아니라 현대 한국 사회에서 이 명제가 가진 의의는 참으로 깊고도 넓다. 결국 이 책은 시장의 문제 설정을 다각적으로 조명함으로써 현대 문명과 한국 사회에 대한 이해를 높이고 우리 스스로를 성찰하며, 성숙하고 자율적인 현대적 삶의 가능성을 숙고하는 작업이라 할 수 있다.

'지금, 그리고 여기'에서 출발해 보편적 추상 수준에 도달한 뒤 그 보편성을 다시 '지금, 이곳'의 구체적 생활세계와 매개시키는 구체적 보편성의 철학은 내 오랜 꿈이기도 하다. 그런 의미에서 나는 이 책이 경제철학을 넘어 한국 사회를 한 단계 도약시키는 미래의 보편적 한국 정치철학으로까지 확장될 수 있기를 바란다.

4   이 책 제1장은 "시장철학 전사(前史)"다. '왜 지금 여기서 시장이 중요한가?'의 문제의식을 우리의 생활세계와 접속시켜 보려는 시론적(試論的) 작업이다. 자유시장과 시민정신의 불가분리성을 다양한 시각에서 짚어 보려는 시도이기도 하다. 연암 박지원의 《열하일기》에 실린 〈허생전〉과 셰익스피어의 〈베니스의 상인〉을 성찰적으로 비교하면서 읽는 비판해석학적 독해가 시장철학의 실마리 역할을 한다.[8] 나는 셰익스피어와 괴테가 각각 당대 영국과 독일을 대표하는 것 비슷하게 연암을 조선 문명을 대표하는 인물로 읽는다. 당대 조선 문명의 성취와 한계를 온몸으로 구현한 천재인 연암의 비전과 상상력을 셰익스피어와 비교해 해부함으로써 모더니티의 목전에서 좌절한 조선 문명의 특성을 추출한 후 오늘날 한국인의 삶에까지 장기 지속적으로 영향을 미치는 사회 경제적 문화소(文化素)를 분석해 보려는 노력이다.

구체적으로 이는 자유시장과 시민정신의 상호 관계성에 대한 분석에서 출발해 시장의 진화가 법치주의와 사회적 신뢰로 이어지는 사회 문화적 아비투스를 해부하고, 그러한 토대 위에서 현대의 직업윤리와 바람직한 삶의 연계성까지 다룬다. 이어 한·중·일 삼국과 서양의 생활세계의 특징을 시장철학의 맥락에서 비교하고 해명하는 비교문명사적 작업이 이어진다. 이는 궁극적으로 오늘의 우리가 어디에 서 있으며 무엇을 지향하는지를 돌아보기 위해 기획한 것이다. 시장의 문제가 경제 영역에 머무르지 않고 인문학적임과 동시에 사회과학적인 다양한 세부 주제들로 확장될 수 있음을 보이는 실험적 시도이다.

---

8 비판해석학은 지평 융합이나 추체험(追體驗)·공감 등 철학적 해석학의 통찰을 활용하되 해석학 전통에서 상대적으로 취약한 비판적 성찰의 차원을 극대화시키려는 시도로 정의될 수 있다.

제 2장은 '왜 지금 여기서 시장에 대한 철학적 성찰이 요구되는가?' 라는 근본적 문제의식의 연장선에서 방법론적으로 좁게 이해된 '경제' 문제에 우선 천착한다. 시장철학의 실물경제적 측면을 경험적·구체적 맥락에서 설명하는 과정이 선행되어야 하기 때문이다. 한국적 발전국가의 진화과정에서 경제민주화와 복지강화가 시대정신으로 떠오른 맥락을 자세히 짚은 후에 시장철학의 틀로 조명해야만 경제민주화와 복지담론의 의미가 온전히 이해될 수 있다는 사실을 논증한다. 한국 경제가 이룩한 성취를 객관적으로 인정함과 동시에 그 성취와 뗄 수 없이 일체화된 고유의 문제점과 약점들을 경제학·경영학의 지평에서 낱낱이 서술했다. 한국 경제가 한 걸음 더 나아가기 위해서 반드시 고쳐야만 하는 한국 경제의 고장 난 부분을 집중적으로 조명한다.

제 3장은 제 2장의 실물경제 분석을 포함한 구체적 경제분석을 한 단계 더 진전시켜 시장철학의 논리와 동역학을 일반 이론의 지평 위에 축조(築造)하는 데 초점을 둔다. 시장철학의 출발점인 현대 사회 불가결의 구성요소인 자유시장의 본성과 한계를 추출해 이를 '시장질서'라고 명명한 뒤, 시장질서와 민주질서의 갈등과 상보성을 논증하려 한다. 시장철학의 일반 이론을 정립하는 데 가장 중요한 이론적 자원은 하이에크와 폴라니로서 시장철학은 이 둘을 비판적으로 대면시켜 제 3의 시장이론이 가능한지를 탐색한다. 그 결과 추출된 시장철학의 논리와 동학은 다음과 같은 3가지 테제로 압축 가능하다.

정치적 자유와 경제적 자유가 필연적 상관관계를 가지는 것은 아니지만 경제적 자유와 풍요의 증대는 '경향적으로' 정치적 자유를 위한 공간과 기회를 증대시킨다는 것이 시장철학의 첫 번째 테제이다. 두 번째 테제는 시장적 교환의 자발성의 이면에 엄존하는 강제성과 불평등성에 대한 통상적 비판은 사실이긴 하지만 일면적 성격을 가진 비판이라는 것이다. 세 번째 테제는 시장경제의 자원 배분과 민주주의적 자원 배분이 완전히 동일한 것도 아니지만 동시에 아주 이질적인 것이라 할 수도 없으며 궁극적으로 상호 비판적 보완 관계에 선다는 명제다. 시장철학의 세 테제가 합쳐져 '시장질서와 민주질서는 결코 단선적 적대 관계로 규정될 수 없으며, 장기적으로 상호 순환 관계에 있는 복합적 사회 형성체'라는 주장으로 압축된다. 이러한 시장철학의 세 테제는 모두 구체적 경험세계에서 출발한다는 점에서 구체 지향적이지만 그럼에도 보편적 호소력을 지닌다는 점에서 보편 지향적이기도 하므로 시장철학은 구체적 보편성의 차원을 지향하는 학문적 입론이다. 바꿔 말하면 시장철학 테제는 구체적 보편성의 이론 · 실천 통합체이다.

제4장은 시장철학에 대한 최대의 비판 패러다임인 마르크스주의의 본질적 한계를 해부하는 작업으로 시작한다. 마르크스주의의 학문적 설득력이 크게 낮아진 21세기의 현실에서 마르크스주의에 대한 비판이 시장철학의 정당화를 위해 무슨 의미를 가질 수 있겠는가라는 의문이 제기될 수 있다. 하지만 자유시장경제의 최대 논적이 마르크스주의라는 사실은 오늘날에도 전혀 변함이 없다. 게다가 마르크스주의적 상상력은 경제위기 때마다 증폭되는 반(反)시장 정서의 지적 원천이기도 하므로 마르크스의 시장 이해에서 치명적 약점을 정확히 파악하는 건 온전한 시장철학의 정초를 위해서도 필수적이다. 마르크스의 취약점은 헤겔 정치철학과의 대립 구도를 통해 이념형적으로 가장 선명하게 드러난다. 따라서 나는 '마르크스가 헤겔을 극복했다'는 정치사상사의 통설을 액면 그대로 수용하지 않는다.

이어 자유시장을 거부한 사회체제가 밟을 수밖에 없었던 자기패배의 길을 증명한 현실사회주의의 몰락 과정과 원인을 되짚었다. 시장질서의 부정(否定)이 인간 해방을 낳기는커녕 자유롭고 성숙한 인간적 삶을 원천적으로 불가능하게 만들었던 필연적 이유를 확인한다. 이런 정치경제적 복기(復棋) 과정을 타산지석으로 삼아 오늘의 북한에서 시장질서의 자생적 착근이 어려운 까닭을 추적했다. 북한에 자유시장이 뿌리내리기 어려운 건 북한체제의 정치적 본질이 시장의 확산에 저항하기 때문이다. 북한 문제의 출구를 찾기 위해서라도 북한의 정치적 본질을 먼저 명확히 이해해야 마땅하다. 오늘의 북한에서 정치가 경제를 압도적으로 지배하는 철학적·이념적 맥락을 정확하게 파악해야만 경제 교류와 인도적 지원을 포함한 북한과의 생산적 만남을 비로소 시작할 수 있는 것이다.

그 다음 단계는 정치가 경제를 규정하는 북한 특유의 현실을 뒤집어 경제가 곧 정치임을 확인하는 단계가 될 것이다. '정치에서 경제로'의 패러다임이 '경제에서 정치로'의 패러다임으로 변화할 때에만 북한과의 유의미한 경제 교류가 본격화된다. 이는 북한 개혁의 정치경제학이 출범하는 시점이며 평화통일의 계기가 형성되는 지점이기도 하다. 경세제민의 학(學)인 시장철학의 지평에서 경제란 곧 정치 문제임을 이해하는 게 한반도의 질적 변화의 시발점이다. 북한을 포함한 현실사회주의의 체제 전환에 대한 연구는 시장철학의 3가지 테제를 검증하는 경험적 현장이라는 측면도 있다.

제5장은 자유시장과 정의(正義)의 이념이 통상적으로 알려진 것 같은 모순 관계로 정리될 수 없다는 사실을 논증한다. 시장질서와 민주질서의 변증법은 시장과 공정성 사이의 복합 관계에 관한 논술로 이어진다. 르상티망(ressentiment)과 집단울혈(鬱血)이 넘쳐나는 한국 사회의 어두운 단면을 치유하는 가장 큰 힘은 구체적 현실 안에서 실현

되는 공정성과 공공성에서 나온다는 교훈을 확인한다. 이런 현실 분석의 철학적 함의는 정의의 원리를 철학적으로 논구한 아리스토텔레스와 롤스의 정의이론을 상호 비판적으로 대면시킴으로써 더욱 깊어진다. 이어 정의, 공정, 공평 원리 사이의 상관관계와 위계적 차이를 해명한 후에 대한민국 헌법 정신 자체가 공정성의 원리에 입각함을 논증한다. 그 결과 우리는 경제민주화와 관련해 논란이 되는 헌법 제119조 1항과 2항의 철학적·현실적 의미를 선명히 파악할 수 있다. 주권국가 최고의 법인 헌법에 대한 철학적 성찰은 정의(正義) 실현의 명분 아래 부추겨지는 경향이 있는 대항폭력의 구사가 오히려 사회정의와 법치주의를 근본적으로 위협하는 역설을 이해할 수 있게 한다.

제6장은 시장질서와 민주질서의 변증법이 대중사회 속에서 대중의 활동을 통해 관철된다는 사실에 주목한다. 현대 사회의 시민은 동시에 대중의 한 사람일 수밖에 없기 때문이다. 공론장(公論場)은 우중적(愚衆的) 경향성을 지닌 대중이 공중적 시민으로 승화될 수 있는 주요 통로다. 바꿔 말하면 공론장이야말로 대중이 공공성을 체험할 수 있는 대표적 공간이며 르상티망과 울혈이 치유된 공화사회(共和社會)로 나아가는 통로라고 할 수 있다. 하지만 공론장에 밝은 측면만이 있는 것은 아니다. 쌍방향적인 현대의 공론장의 위력과 맹점은 전자공론장에서 극단적 방식으로 상호 충돌하며 교접한다. 공론장과 전자공론장이 교차하는 가운데 대중으로 살아가는 현대 시민의 복합성은 교육, 즉 주체 형성의 보편적 의미에 대한 추가적 성찰로 인도된다. 우리는 민주시민교육을 표방하는 진보적 대안교육의 의의를 인정하지만 자유를 강조하는 진보교육이 주체 형성의 노고(勞苦)를 경시하는 측면에 대해서는 경계해 마지않는다. 주체적이면서 성숙한 공동체적 존재인 시민

을 기르는 시민교육의 성패야말로 우리의 미래를 결정할 핵심 관건이라는 교훈이 새로이 환기된다.

제7장에서는 사실과 합리성을 중시하는 지식 문화가 소통과 통합을 가능케 하는 강력한 힘이라는 점을 논증한다. 이때 사실과 합리성은 비(非)성찰적 과학만능주의가 강변하는 절대적 객관의 총체로서의 사실이 아니다. 현대 철학과 과학학(科學學)의 성과는 그러한 보편적 객관주의 인식론의 야망이 허망한 꿈이었음을 증명한다. 사실과 가치의 지평을 두루 포함하는 담론의 위상을 철학사적으로 재구성해 추적함으로써 사실과 합리성에 대한 비판해석학적 통찰에 도달한다. 사실과 합리성은 완전히 투명하고 권력작용에서 전적으로 자유롭기 때문에 위대한 것이 결코 아니다. 사실과 합리성의 위대함은 그것들이 본성적으로 열려 있고 언제든지 경험과 반론에 의해 반증될 수 있으면서도 끊임없이 더 나은 사실성과 합리성에 접근할 수 있다는 데서 비롯된다.

갈등과 분열로 가득 찬 오늘의 한국 사회에 가장 필요한 덕목이 바로 사실과 합리성을 존중하는 문화다. 민주주의와 과학의 공통점은 사실과 합리성에 대한 존중에서 발견된다. 흥미롭게도 시장질서가 장려하는 자유와 혁신의 정신은 사실과 합리성의 덕목과 상호 친화적이며 이는 민주질서와 과학과도 상호 보완적 관계를 맺는다. 바꿔 말하면 자유시장이 창출하는 시장질서는 자유와 공론장, 민주주의와 과학, 사실과 합리성의 문화와 상호 선순환 관계에 있다. 궁극적으로 '시장의 철학'은 21세기 한국 사회가 온몸으로 제기한 도전에 정면으로 맞서는 경세제민의 통합 학문으로 구현된다.

이 책은 한국연구재단의 지원을 받아 집필된 연구 결과물이다(저술출판지원사업, 과제번호 2012S1A6A4021449). 3년이 넘는 장기 집필을 가능케 한 한국연구재단에 먼저 감사드린다. 글을 흔쾌히 받아 준 나남출판 조상호 대표께도 깊은 사의를 표한다. 또한 집필 기간 동안 네 상자가 넘는 경제학 관련 전공논문들을 여러 도서관에서 일일이 찾아 부쳐준 대학원생 이현주의 노고가 컸다. 무엇보다도 나의 일상을 돌아보게 하면서 초심을 잃지 않게 하는 일생의 동반자인 아내 강성숙에게 사랑과 고마움을 전한다. 그녀의 헌신 없이 나의 학자로서의 삶은 불가능했을 터이다.

2016년 1월
겨울의 한가운데서 봄을 기다리며

尹平重

나남신서 1847

시장의 철학

차
례

30

제1장

시장철학 전사(前史)

〈허생전〉과 〈베니스의 상인〉

- 경세제민(經世濟民)의 복원
- 〈허생전〉과 〈베니스의 상인〉: 시장과 시민정신
- 조선 문명, 중국, 일본: 신뢰의 사회자본과 법
- 직업윤리는 시민정신의 모태(母胎)다

1

경세제민(經世濟民)의 복원

● 　　시장질서와 민주질서가 날카롭게 교차하는 21세기 한국 사회의 풍경처럼 화려한 겉모습과 초라한 속살이 날카롭게 엇갈리는 곳도 드물다. 눈부신 산업화와 민주화 성과의 뒤안길에는 OECD 국가 최고의 자살률과 최저 수준의 국민적 행복지수가 교차한다. 세계 10대 경제대국을 자랑하는 국가 차원의 성취와 보통 사람들이 생활현장에서 체감하는 일상적 불안, 불만, 불신 사이의 부조화가 하늘을 찌를 지경이다. 그 결과 배태된 첨예한 사회적 긴장은 어떤 계기만 주어지면 활활 타올라 특정인이나 특정 이슈에 대한 총체적 분노로 옮겨 간다.

　2014년 한때 한국 사회를 강타했던 대한항공 조현아 전 부사장의 '땅콩 회항(回航)'이 불러온 전 사회적 공분(公憤)이 단적인 사례였다. 2015년을 달군 롯데그룹 일가의 지배권을 둘러싼 추악한 내분(內紛)도 한국 경제가 과연 21세기적 시스템을 갖추었는지에 대한 광범위한 의문을 불러일으켰다. 상류층이 솔선수범하기는커녕 상식인(常識人) 수준의 판단력과 합리성도 가지지 못한 우리 사회의 어두운 얼굴이 폭로되었다. 재벌체제의 폐해가 충격적인 방식으로 드러났고 한국 사회에서 부자는 부러움의 대상일지언정 존경할 만한 존재와는 거리가 멀다는 사회적 통념도 재확인되었다.

부패하고 몰상식한 데다 때로 봉건적이기까지 한 지도층이 저지르는 불법과 불의는 철저히 규탄되어야 하고 끝까지 응징되어야 마땅하다. 사회정의의 실현과 국격(國格) 상승을 위해 이 대목은 아무리 강조해도 지나치지 않다. 이와 동시에 우리는 편법과 반칙, 책임 회피와 '갑(甲)질', 원망과 남 탓하기의 풍토가 재벌 가문이나 권력을 쥔 기득권층뿐 아니라 평균적 한국인의 삶의 문법에까지 너무나 깊고 넓게 침투했다는 사실에 주목하려 한다. 다시 강조하거니와 이를 불의한 기득권층의 횡포를 면책시키는 물 타기 발언으로 이해해서는 안 된다. 땀과 희생으로 오늘의 대한민국을 만든 주체인 보통 사람들의 노고를 부인하거나 폄하하는 발언도 아니다. 민주공화국의 주인으로서 냉철하게 우리 스스로를 돌아봐야 한국 사회가 더 나아갈 수 있다는 절박한 위기의식의 표현으로 받아들여져야 할 뿐이다.

자유시장경제의 형성 자체가 일천하거나 시장질서가 굴절되었을 때 시장과 민주주의는 적대적 방식으로 상호 충돌할 개연성이 크게 높아진다. 시장질서가 극도로 왜곡된 사회에서는 시민정신의 빈곤이 필지의 사실이 된다. 이런 기본적 가설이야말로 시장철학의 출발점이 아닐 수 없다. 이런 맥락에서 보자면 한국 현대사를 통틀어 세월호 참사처럼 압도적 의미를 지닌 단일 사건도 드물다. 폭발성과 장기 지속성의 두 측면에서 유례를 찾기 어렵기 때문이다. 압축성장이 배태한 현대사의 모순이 그 핵심적 배경이기도 하거니와 그 비극성의 강도는 온 국민이 이념, 지역, 세대를 넘어 오랫동안 함께 아파한 집단 공감을 낳을 정도였다. 이런 점에서 세월호 참사는 '특이성의 사건'이며 하나의 고유명사이다. 여느 대형 사고의 감정적 소구력이 채 1주일을 넘기지 못하는 '망각사회 한국'의 실정을 감안하면 더욱 그렇다.

　세월호 참사에서 가장 아픈 대목은 3백 명 가까운 학생들의 희생을 초래한 선장과 선원들의 무책임한 행태일 수밖에 없다. '움직이지 말라'는 선내방송이 계속되는 가운데 배 속에 갇힌 아이들을 내버려둔 채 자신들만 아는 통로로 빠져나온 선장과 선원들은 과연 어떤 사람들인가? 위기 상황에서 그럴 수도 있는 동물적 생존 욕구의 발현이라는 말로 다 설명될 수 있는가? 끝까지 변명과 자기합리화에만 급급했던 이준석 선장과 선원들은 보통의 한국인과 다른 별종의 인간들이란 말인가? 결코 그렇지 않다. 이 글은 세월호 이준석 선장의 모습이 바로 평균적 한국인의 얼굴에 다름 아니라는 실존적 문제의식에서 출발한다. 이는 '우리 모두가 모든 일에 책임이 있다'는 절대도덕에서 비롯된 공허한 당위명제가 아니다. 구체적인 삶의 현실에서 직접적인 힘을 가진 시민정신의 중요성을 강조하는 절박한 언명일 뿐이다.

　중요한 것은 선장과 선원들이 직업인으로서 취해야 할 최소한의 대응조치조차 방기했다는 사실이다. 그들이 드러낸 직업윤리의 완전한 결여는 곧 바로 최악의 해양 참사로 이어졌다. 세월호 참사에는 복합적 배경이 있지만 당시 상황을 그렇게까지 키운 결정적 요인은 선장과 선원들의 책임의식 부재였다. 자유시장이 창출하는 현대 사회의 직업윤리는 공공성과 공화사회로의 지향성과 서로 상승작용을 일으켜 시민정신의 최대 기반으로 승화되는 사회적 삶의 필수자산이다. 일해서 돈을 벌어 가족을 부양하는 행위가 고대 희랍 세계 같은 오이코스(*oikos*: 가정경제)의 사사성(私事性)을 훌쩍 뛰어넘는 질적 사회변화와 동행하기 때문이다. 근대 시장경제와 동행한 '사회의 부상(浮上)'을 경계하는 아렌트(Arendt, H.)의 입론은 근대의 직업윤리와 시민정신 사이의 상관성을 제대로 해명하기에는 역부족일 뿐이다.

세월호 선원들의 행적은 해외 언론의 논평처럼 '세계 해운인의 수치' 임이 분명하다. 하지만 이 사건의 함의는 특정 개인이나 회사의 문제로 축소되지 않으며 한국 사회 전체로 확장 가능하다. 재난(disaster)은 '별(astro)이 없는(dis) 상태'를 가리키는바 오늘의 한국 사회에는 우리의 항로를 인도할 별, 즉 공통의 시민정신이 존재하지 않는다. '만인이 만인에게 늑대가 될' 정도로 삶의 기본적 규범이 무시되기 일쑤다. 맹골수로에 잠긴 세월호는 '재난 디스토피아' 대한민국호(號)의 축소판인 것이다. 가라앉는 배와 승객들을 버리고 가장 먼저 탈출한 선장과 선원, 그리고 예술가, 종교 지도자인 척하면서 협잡질을 일삼은 선주(船主), 그런 선주와 결탁해 공적 자산을 분탕질친 관료 마피아가 활개 치는 곳이다. 아무도 믿을 수 없고 어디에도 기댈 데가 없는 각자도생의 지옥도(地獄圖)에 가깝다. 이런 사회에서 자살률이 세계 최고인 것은 단순한 우연이 아닐 터이다.

하지만 세월호는 위의 모습과는 전혀 다른 이야기를 우리에게 속삭이기도 한다. 재난 디스토피아의 계기만 있는 것은 아니라는 이야기다. 선장과 선원들이 도망칠 때 자신의 생명을 버린 승무원과 선생님이 있었으며, 기울어 가는 배 안에서 목숨을 걸고 20여 명을 구한 이도 있다. 위험천만한 구조작업을 감행한 잠수사 수백여 명과 전국에서 달려온 연인원 수만여 명에 이르는 자원봉사자들이 진도 팽목항을 메운 적도 있었다. 그 당시 방방곡곡을 수놓았던 노란 리본의 물결을 상기해 보라. 미증유의 재난상황에서 연대감이 분출해 우정의 공동체를 이루는 '재난 유토피아'가 출현한 순간이었다. 잠자던 시민정신이 화산처럼 폭발한 것이다.

재난 유토피아가 모습을 드러내면 사람들은 자신의 일상을 돌아보며 생활 깊이 자리 잡은 부패와 부조리에 눈을 뜬다. 노란 리본에 가장 많이 새겨진 말은 '미안하다'와 '부끄럽다'였다. 어른의 말을 믿은 학생들을 사지에 내팽개쳤으므로 미안하다는 것이었다. 내가 서 있는 곳에서 최선을 다하지 않았으니 부끄럽다는 고백이었다. 매뉴얼이 없어서가 아니라 매뉴얼을 실천할 시민정신의 부재가 참담하다는 반성의 목소리가 핵심이었다. 여기에 국가의 무능과 기득권층의 부패에 대한 분노가 더해져 재난 유토피아를 추동했다. 재난 유토피아를 낳은 집단적 자기성찰과 상호 공감은 자연 발생적인 '재난 공동체'로 이어진다. 역경에 빠진 타인들을 돕고자 하는 열망이 샘솟는다. 위기의 순간에 사람들은 서로를 챙기고 자신보다 공동체를 앞세운다. 삶에서 소중한 작은 것들과 기본적인 것의 가치를 절감한다. 세월호 참사 직후 대한민국을 휩쓴 노란 리본의 장관이 바로 그 모습이었다. 세월호의 압도적인 비극성이 '지옥에서 만들어진 낙원'인 재난 유토피아를 잉태했던 것이다.

그러나 재난 유토피아는 결코 오래 지속되지 않는다는 치명적인 한계가 있다. 그것은 불꽃처럼 솟아올랐다가 신기루처럼 사라지게 마련이다. 재난 디스토피아의 관성은 재난 유토피아를 잠식해 재난 공동체를 부단히 증발시킨다. 자신이 창출한 재난 유토피아의 넓이와 깊이가 우리가 경험한 어떤 사건보다 컸던 특이성의 사건 '세월호'조차도 일상성과 관습성에 기초한 재난 디스토피아의 무게를 견뎌낼 수 없었다. 재난 디스토피아에 대한 최대 면역력은 재난 유토피아에서 오는 것이 아니라 제도화되고 상설화(常設化)된 시민정신에서 오기 때문이다. 이 지점이 시장과 시민정신의 상호 연계성으로 논의를 시작한 시장철학의 출발점이다. 유토피아는 원래 존재하지 않는 곳이기도 하지만 현대인에게 마음의 중심은 시장 속에서 솟아난 직업윤리에서 비롯된 시민정신이라는 인륜성의 경험과 제도에서 비롯된다. 세월호 이후 재난 디스토피아와 재난 유토피아의 엇갈린 교차, 즉 시민들의 일상에서 세월호의 교훈이 썰물처럼 빠져나가 버리고 만 지금의 현실은 제도화된 시민정신의 중요성을 드라마틱한 방식으로 증언한다. 그리고 성숙한 시민정신과 건전한 시장질서는 서로 동행하며 상호 보완적이다.

일반적으로 시민사회의 흥륭(興隆)은 우리의 최대 자산 가운데 하나이며 한국 민주주의의 주된 동력이라고 상찬(賞讚)하는 것이 학계와 여론 주도층의 관행이다. 강한 한국적 국가에 맞서는 강한 시민사회라는 개념화가 대표적인 경우다.[1] 본질적으로 적확한 지적이다. 하지만 세월호의 교훈을 의도적으로 글머리에 서술한 데서 드러나듯이 '한국적' 시민과 시민사회의 빛과 동행하는 어두운 그림자를 집중적으로 조명하는 데서 시장철학의 논의를 시작할 필요가 있다. 건강한 자유시장과 건전한 시민정신의 상관성을 조명하는 우회적 방편으로 두 개의 고전을 교차해서 읽는 작업이 그것이다. '고전 다시 읽기'는 시장에 대한 철학적 성찰의 적실성을 강조하기 위해 방법론적으로 채택되었다. 대한민국이라는 정치 공동체의 일대 도약을 위한 집합적 자기반성의 차원에서이다. 그 과정에서 시장철학은 민주주의와 법치주의, 신뢰와 시민정신, 공론장과 시민교육, 정의와 공정성, 평화와 통일이라는 다양한 문제군(群)을 시장과 경제에 대한 성찰과 연결·혼용시켜 자유로이 교차 분석한다.

시민정신과 시민윤리는 일종의 '짝' 개념으로서 번갈아 사용되지만

---

1 최장집 (2009).

나는 시민정신이란 용어를 더 자주 사용할 것이다. 시민윤리가 더 비근한 용례이긴 하나 권위주의 시대의 '국민윤리' 등의 사례로 적지 않게 오염되었기 때문이다. 시민정신은 개인적 도덕의 차원을 넘어 사회적이고 상호 주관적인 방식으로 구체화된 규범체계와 제도 그리고 관습을 지칭한다. 따라서 시민정신이라는 용어에는 정신과 육체의 이분법이 틈입할 여지가 전혀 없다. 오히려 시민정신은 마음과 물체의 이분법을 넘어 정신과 육체를 통전(統全)한 사회문화적 산물로 표상된다. 이런 문맥에서의 시민정신은 매우 구체적이며 현실적인 제도이자 상호 주관적 규범의 틀이며 사회적 관행에 다름 아니다. 나의 입장에서 그것은 철학사적으로는 헤겔의 인륜성(*Sittlichkeit*) 개념 가까이로 소급되며, 사회학적으로는 토크빌과 벨라의 '마음의 습관' 비슷한 사회자본 개념에 근접한다. 헤겔을 거론하면 당장 권위주의적 국가론자로서의 헤겔이 아니냐는 표준적 해석에 빗댄 인상 비평에 노출되기 쉽다. 그러나 나는 정치사상가로서 헤겔의 핵심은 국가론보다는 그의 시민사회론에 있다고 본다.[2] '시민사회론의 선구자 헤겔'의 성취는 제4장에서 논구할 마르크스의 치명적 약점을 더 도드라지게 한다.

---

2 이에 대해서는 졸고 《담론 이론의 사회철학》(1998) 제3장인 "시민사회론과 포스트 마르크스주의"에서 헤겔 시민사회론의 현대적 의미를 상론(詳論)한다. 현대의 진보적 시민사회론자들이 헤겔을 높이 평가하는 것은 우연이 아니다. 대표적 텍스트로는 Cohen, J., & Arato, A. (1992). 나아가 헤겔의 인륜성 개념은 칸트의 도덕성 이념과 생산적 방식으로 갈등하면서 주체 형성의 길에 대한 심원한 철학적 통찰을 제공한다. 철학사에서 독일 관념론이 차지하는 의의를 관념론적 외피를 벗겨내 적극적으로 수용하면 그 핵심은 '주체 형성의 동학(動學)'으로 압축 가능하다. 헤겔 변증법의 합리적 핵심도 그런 맥락에서 독해할 수 있다. 이 책 제6장에서 내가 개진한 시민교육(주체 형성)의 문제설정 자체가 헤겔철학의 맥락에서 노동과 인간 형성의 상관관계를 집중적으로 사유한 결과물이기도 하다. 나는 주체 형성과 연관된 헤겔 변증법의 의미에 주목한 대표적 현대 철학자가 바로 데리다와 지젝이라고 본다. 마음의 습관에 대한 현대적 연구의 효시로는 Bellah, R. et al. (1996).

어쨌든 한국 사회의 시민정신은 자유시장의 발전과 연계된 한국적 모더니티의 태동 이래 꾸준한 진화의 길을 밟아 왔으나 때로는 퇴조하기도 하고 폭발적인 방식으로 분출하는 경우도 있다. 여기서 중요한 것은 복수(複數)의 근대성이 기본적 대전제로 인정되어야 한다는 점이다. 시민 개념 자체와 모더니티 이념의 연원이 서양 근대라고 해도 그 사실이 서양적 시민상(像)의 보편성을 자동적으로 담보하는 것은 아니다. 보편성의 범주는 보편적 설득력과 현실적 정합성을 기반으로 삼아 각자의 구체적 역사 안에서 차근차근 구축되는 것이기 때문이다. 서양 시민사회의 행로는 의미심장한 참고자료이지 시민 이론의 배타적 준거가 아니라는 이야기다.

엄존하는 한국 시민윤리의 큰 특징 가운데 하나는 나름대로 다양한 시민정신의 발현에도 불구하고 그것이 안정된 마음의 습관으로 공고히 뿌리내리지 못했다는 점이다. 이런 척박한 현실의 뿌리는 자유시장이라는 제도와 아비투스의 불충분함에 기인한 바 크다. 시장의 왜곡은 한국 시민정신의 역동성과 휘발성을 모순적 형태로 합체시켜 시민윤리의 안정성과 장기 지속성을 방해했다. 부실한 시민정신이 시장질서를 왜곡시켰음은 물론이다. 그 결과 시민정신은 정치적 문맥에서 거리의 정치라는 방식으로 분출되어 과잉과 과소 사이를 위태롭게 넘나드는 경우가 잦다. 사회적 에너지를 과잉 소진함으로써 긍정적 변화의 동력까지 갉아먹기도 한다. 가장 대표적 근래의 사례는 2008년 광우병 사태이다. 한국 민주주의의 신기원을 기록했다는 당시의 찬사와 민주정치를 향한 그 잠재력에도 불구하고 허망하게 소실되고 만 광우병 사태의 애잔한 기억은 운동정치의 미래 에너지를 복원하는 데 커다란 걸림돌이 된다.

척박한 시민정신은 대한민국의 선진국 진입을 가로막는 대표적 장애물이다. 시민정신이란 화두를 통한 한국의 역사와 문화에 대한 관찰, 한국인의 가치관과 집단심성에 대한 조망은 '우리가 누구인가?'를 거울처럼 선명하게 보여준다. 앞서 이야기했듯이 한국인의 행복도가 OECD 국가 중 가장 밑바닥을 치는 현상도 한국인과 한국 문화에서 드러나는 시민정신의 빈곤에서 유래되는 측면이 크다. 열에 들뜬 상태와 비슷하게 사건이 터질 때마다 쉽게 흥분하고 쉽게 식는 감정 인플레 현상이 우리 사회와 나라 전체를 흔드는 것도 같은 맥락이다. 대중 민주주의의 휘발성이 과잉 증폭되는 것은 한국인의 삶에서 마음의 중심, 곧 시민정신이 견고하지 않기 때문이다.

2

〈허생전〉과 〈베니스의 상인〉

시장과 시민정신

●　　　여기서 나는 시민과 시민사회의 이념을 개념적으로 정의하면
서 그 변천의 역사와 함의를 꼼꼼히 짚어 재구성하는 방식을 택하지
않는다. 오히려 일종의 인문학적 비약법을 채택해 상징적으로 함의가
큰 우회로를 밟아 가려 한다. 현대 한국의 시민정신이 특유의 역동성
을 시현하지만 그런 특징과 대조되는 고유의 빈곤함과 왜곡의 특성 역
시 함께 가진 복합적 사정을 자유시장의 존재 여부라는 프리즘을 통해
방법론적으로 직격(直擊)해 보자는 취지다. 이 방법은 위험부담이 적
지 않지만 나는 이를 어떻게 수행하느냐에 따라 자유시장과 시민정신의
상관성을 해명하는 데 생산적 논쟁의 공간이 크게 확장될 수도 있다고 본다.

　시장철학이 지닌 사회문화적 함축을 궁구하는 데 내가 채택한 방법
은 연암 박지원의 《열하일기》(1793)에 수록된 〈허생전〉과 셰익스피어
의 〈베니스의 상인〉(1596)을 교차해 읽는 것이다.[1] 자유시장과 시민
의 형성 간 상관관계에 대한 인식적 지도 그리기를 겨냥해 시장철학의
정립에서 두 텍스트가 지닌 상징적 함의를 비교·음미해 보는 독법(讀

---

1 박지원 지음·허경진 옮김 (2014).

法)이다. 두 작품의 집필 시기는 거의 2백 년의 시차가 있고 문화적 배경도 매우 상이한 텍스트이지만 각각 시장과 시민사회에 대한 한반도 전통 문명과 유럽 전래 문명의 일반적 표상을 함축적으로 담았다는 점에서 주목할 만한 가치가 있다고 보는 게 논의의 출발점이다. 그리고 그런 표상은 변용되고 재구성된 모습으로 21세기 상황에서도 강력한 현재적 영향력을 행사함으로써 세계 10대 경제강국이 된 오늘날까지 우리의 삶에 심대한 역할을 한다. 결국 고전에 대한 이런 비교 연구는 '지금, 그리고 여기'의 우리를 이해하고자 하는 하나의 우회로이다.

세계 자본주의의 선두국가였던 영국과 산업자본주의의 지구적 흐름에서 격절(隔絶)되었던 '은둔의 왕국' 조선을 단순 비교하는 건 비교경제사의 시각에서 매우 부당하다는 문제 제기가 가능할 것이다. 하지만 경제학자와 역사가들의 시도처럼 동일한 시간대를 비교한 게 아니라 연암의 활동기가 셰익스피어의 그것보다 2백여 년 뒤라는 점에서 조선의 불리함이 시간적으로 상쇄된 측면이 있을 뿐 아니라 당대 영국의 자본주의 발전이 아직 본격화되지 않은 시기인 데 비해 조선은 개화의 영향을 받기 시작한 단계라는 사실을 감안하면 그런 간극이 많이 좁혀진다. 더욱이 연암의 북학파는 근대적 상업과 무역의 중요성을 조선 철학사상사 전체에서도 가장 강력하게 부각시킨 학파였으므로 질적 비교가 한층 정당화된다. 연암이 《열하일기》를 펴낸 때는 조선 왕조의 실질적 생명력이 최후의 불꽃을 피우던 정조 말기였고, 셰익스피어의 활동 무대는 '해가 지지 않는 대영제국'의 영광을 예비하던 엘리자베스 1세 여왕의 치세였다. 2세기의 시차에도 연암과 셰익스피어는 각각 당대의 조선 문명과 영국 문명의 성취를 문화적으로 압축해 보여주는 존재로도 독해가 가능한 것이다.

조선 지도층에 유일무이한 문명의 표준이었던 청나라 사행(使行: 사신 행차) 경험을 기록으로 남긴 책은 현재까지 조사된 것만 해도 5백여 편이 넘지만 연암의 경우는 매우 예외적 성취를 보여준다. 연암은 조선조 불변의 지배 이데올로기인 성리학의 공리공론적 성격에 대해 통렬한 비판의식을 가진 데다 전성기의 당대 청나라가 서양 각국과 교류하면서 획득한 서양적 문물자산에 대해서도 거부감이 거의 없었다. 덕분에 그는 당대 조선 사대부로선 가장 국제적 감각을 지녔던 인물이었으며 그 결과 지금 읽어도 《열하일기》는 흥미진진하다. 연암의 북학(北學)은 나름대로 열린 동아시아 읽기의 산물이었으며 이런 연암의 선진성이 셰익스피어와의 비교를 가능하게 하는 측면이 있는 것이다. 연암은 당시 조선의 잣대로는 가장 깨인 인물 가운데 한 사람이었으며 유학이 세상의 모든 것을 설명하지 않는다는 사실을 누구보다 잘 아는 사람이었다. 이는 그가 사농공상의 전통적 위계의식으로부터 상대적으로 자유로운 생각을 가졌던 인물이었음을 시사한다. 하지만 그런 연암조차도 사(士: 양반 사대부)와 농(農)의 직업과는 본질적으로 상이한 상업과 자유시장의 문명사적 의의를 잘 이해하지 못했다.

　《열하일기》 중에서 가장 널리 읽힌 단편인 〈허생전〉에서 우리는 그 증거를 무수히 찾을 수 있다. 남산골샌님 허생은 부인의 성화에 못 이겨 돈벌이에 나선다. 생면부지의 남루한 선비 허생의 한마디에 조선 제일의 부자 변 씨는 1만 냥을 선뜻 빌려준다. 허생은 그 돈으로 전국 물산의 집합처인 안성 장의 모든 과일들을 시세의 2배를 주고 매입한다. 이윽고 제사에 쓸 과일이 전국에서 사라져 과일 값이 폭등한 결과 허생은 열 배의 수익을 취한다. 이어 허생은 제주도로 건너가 같은 방법으로 갓의 재료가 되는 말총을 시세의 2배를 주고 모두 매집한 뒤

열 배값으로 되팔아 천문학적 거액을 취득한다. 그 후 허생은 싼 값에 쌀을 사 비축했다가 기근이 닥친 일본 규슈 지역에 되팔아 1백만 냥의 부를 쌓는다.

물론 〈허생전〉은 답답한 조선의 세태에 경종을 울리고자 한 교훈적 텍스트이다. 그러나 허생이 부를 쌓는 과정은 오늘의 시각에서 보자면 전형적인 매점매석 행위에 불과하다. 허생의 축재과정은 기존에 없던 새로운 물화(物貨)를 창출하는 생산적 행위이자 의미 있는 사회규범이 형성되는 창발적 통로라기보다는 마치 로또처럼 이미 산재한 부를 한 사람에게 몰아주는 일확천금의 투기 행위에 가깝다. 이는 허생, 나아가 연암이 창조적 파괴와 상상력에 의해 추동되는 인간 주체성의 정립, 근면과 정직성, 그리고 장인정신의 발휘로 작동하는 근대 경제행위와 자유시장의 본질에 대해 의외로 둔감했다는 사실을 암시한다. 하지만 돈을 번다는 것은 단순히 내가 소유하는 화폐가 증식된다는 결론만으로 축소되지는 않는다.

경제는 부의 증대라는 결론을 당연히 포함하지만 훨씬 방대한 생활 연관성으로 확대 심화된다. 나의 자발적인 노동에서 비롯된 창조성과 시행착오의 교차가 자유시장의 경제행위를 통해 확대 재생산됨으로써 재화(財貨)가 축적될 뿐만 아니라 근대 시민의 존재 근거인 자율성과 상호 신뢰에 근거한 계약과 법치주의의 지평으로 확장된다. 적어도 〈허생전〉의 지평에서 바라본 연암의 생각에 자유시장에서 가동되는 이런 근대 경제의 복합적 의미를 충분히 이해했다는 흔적은 거의 발견되지 않는다. 연암의 제자이자 동료였던 박제가의 《북학의》(北學議)도 조선 선비로서는 매우 예외적으로 상업과 무역의 중요성을 강조하나 시장경제의 본질을 이해하기에는 역부족인 쇄말적(瑣末的) 텍스트의 측면이 크다. 박제가가 청나라에서 목격했으나 조선에는 부재한 효율적인 여러 생활기기(器機)들의 제원(諸元)에 대한 상세한 관찰보고서의 측면이 강한 것이다.[2] 자유시장에 입각한 근대 경제의 본질에 대한 불충분한 인식은 국제 무역의 중요성을 깨달은 그의 선구적 혜안조차 빛이 바래게 만들고 말았다. 예컨대 박제가는 국가의 가장 큰 병폐가 가난에 있다고 설파하면서 "그 가난에서 벗어날 수 있는 길은 중국과 통상하는 것뿐"이라고 웅변하지만[3] 통상과 연계된 근대 경제의 복합적 의미 연관에 대해서는 침묵한다.

〈베니스의 상인〉의 담론 구조는 〈허생전〉의 그것과는 매우 다르다. 고리대금업자인 샤일록에 대한 권선징악이라는 교훈의 표피 밑을 들여다보면 당대 유럽 최고의 자유 상업도시였던 베니스의 속살, 나아가 자본주의 시장경제의 맹아가 성숙되던 영국의 사회문화적 풍토를 우회적으로 엿볼 수 있다. 중세 유럽 봉건사회의 제약 속에서도 몇몇 상업도시들을 중심으로 길드 시스템의 분업 생산이 체계화되고 무역과 상거래가 성황을 이루면서 중세 봉건질서에 대항하는 근대 부르주아 계층이 형성된다. 스스로의 노력으로 부를 이룬 이들 유산자 계층은 왕과 영주들에게 세금을 내는 대가로 상거래와 인신(人身)의 자유를 법의 이름으로 확보한다. 세계사 최장인 1천 1백 년간의 시민공화정을 발전시킨 베니스는 유럽 자유 상업도시 중에서도 가장 강력한 도시 부르주아들의 '순수' 상업국가였다. 베니스에는 아예 토지가 없었으므로

---

2 박제가 지음 · 박정주 옮김 (2013). 실학사상 전반에 대한 풍부한 개관(槪觀)과 각 실학자들의 심층적 텍스트 분석으로 유용한 일종의 실학 백과전서로는 기세춘 (2012)을 참고할 것. 박제가에 대해서는 기세춘 (2012), 561~597쪽 참고.
3 박제가 지음 · 박정주 옮김 (2013), 174쪽.

농업이 없었으며 봉건제도 부재했고 유일한 기술은 항해와 화물 수송이었다. [4] 베니스 자체가 석호(潟湖) 위에 건설된 인공섬이라는 드라마틱한 현실은 유럽 대륙을 지배한 중세 봉건질서에서 자유로운 상업도시인 베니스의 독자성에 대한 의미심장한 지리적 메타포라 할 수 있다. '도시의 공기는 자유다'라는 유럽의 오래된 금언은 이런 역사적 배경을 지닌다.

〈베니스의 상인〉의 줄거리, 즉 주인공인 베니스의 거상 안토니오가 유태인 고리대금업자인 샤일록에게 돈을 빌리고 약속기한에 갚지 못할 경우 자신의 가슴살 1파운드를 자른다는 터무니없어 보이는 약속이 〈허생전〉처럼 이심전심의 묵계나 말 차원에 머무르지 않고 정식 채무계약의 차용증서로 작성되고 상법 질서와 공권력으로 담보될 뿐만 아니라 굳건히 확립된 사회문화적 에토스로 이해 당사자들에게 널리 당연시된다는 사실이 흥미롭다. [5] 그것은 평등한 사회관계에서 상호 이익을 목표로 거래하는 쌍방의 자유로운 합의를 법이 보장하고 그 합의를 사회문화적으로 유효한 것으로 자발적으로 수용하는 관행이 뿌리내린 데다, 필요한 경우 그 시행 여부를 공동체의 질서를 관장하는 실정법이 강제하는 상호 계약이었던 셈이다. 이러한 모든 과정에서 법이 가진 사회적 의미는 가히 전 방위적이라 할 만큼 넓고도 깊다. 예컨대 안토니오의 가슴살을 자른다는 '인육계약'(the bond of flesh)의 타당성과 정당성을 둘러싼 서구에서의 법적 논쟁은 오랫동안 계속되었다. 반인륜적 계약을 제시하고 체결한 샤일록이 근현대 민법 차원에서 위법성

---

4 Crowley, R. (2011/2012), p. 28.

5 Shakespeare, W., *The Merchant of Venice*, 《셰익스피어 5대 희극 완역판》(2006), pp. 21~144 및 《베니스의 상인》(2010).

을 저지른 당사자라기보다 안토니오를 돕기 위해 법관으로 변장한 채 자의적 판결을 일삼는 포샤가 오히려 위법하다는 현대 법학자들 사이의 논쟁적 다수설도 흥미롭다. [6]

우리는 물론 〈베니스의 상인〉 결말을 알고 있다. 셰익스피어의 글쓰기가 상당 부분 제국주의적 편견에서 자유롭지 않다는 사실도 잘 알려졌다. [7] 그러나 샤일록의 악행(?)이 정죄되는 셰익스피어의 서술 과정이 철저히 자발적 상호 계약을 토대로 하는 법적 논변 위에 기초하며, 국가기구의 법 집행이 시민들의 공감대 위에 건설되어 진행되는 것으로 묘사되는 데 주목할 필요가 있다. 셰익스피어의 희곡 다수는 법정을 무대로 삼거나 배경으로 하는데, 사실 셰익스피어 자신이 숱한 법적 쟁송(爭訟)을 마다하지 않는 인물이었다. [8] 셰익스피어 당대에 유럽의 평균적 시민들에게 그런 법적 다툼이 일상의 항다반사였다는 사실이 셰익스피어 작품의 대중적 인기에 의해 우회적으로 증명된다. 〈베니스의 상인〉의 경우 그 법은 상인, 무역업자, 은행가들이 채택한 국제적 규칙과 관습의 총화로서 '상관습법'이나 '상사법'으로 불렸는데 현재에는 '상법'으로 통용되는 경우가 일반적이다. 중요한 것은 이 법이 베니스를 포함한 지중해 연안 도시뿐만 아니라 16세기 영국에서도 일상적으로 수용되었다는 사실이다. [9] 동아시아 전래 문명의 중국과 한반도에서 효율적 국가 통치를 위한 형법이 법의 대표주자였다는 사

---

6 예컨대 뉴욕대 로스쿨 교수인 켄지 요시노(Yoshino, K., 2011/2012, p. 91)는 셰익스피어의 희곡을 정의의 관점에서 분석하면서 "포샤의 작위적인 계약 해석은 그럴듯해 보일 뿐 명백하게 틀린 법적 판단이다"라고 단언한다.

7 박홍규 (2005), 60쪽.

8 박홍규 (2005), 60쪽.

9 Roe, R. P. (2011/2013), p. 226.

실과 선명히 대조된다.

셰익스피어는 카타르시스 효과를 극대화하기 위해 여러 허구적 장치들을 동원하지만 우리에게 중요한 것은 평등한 사회구성원 상호 간에 합의된 계약법의 지엄함이라는 베니스의, 나아가 영국을 비롯한 유럽 각국의 사회문화적 인식과 제도의 틀이다. 왕이나 바티칸조차도 그 계약법의 권위를 함부로 허물 수 없었음은 물론이거니와 궁극적으로 그러한 법의 아래에 있다는 사회문화적 인식이 중요하다. 유럽 법의 기원인 로마법의 중요성은 로마법학자 첼수스(Celsus)의 "법은 옳음과 형평의 학문이다"라는 정의로 압축되며, 아우구스티누스는 법의 철학적 토대를 "정의가 없는 곳에 법도 없다"라는 명제로 요약한 바 있다. [10] 법 정신의 핵심을 구성하는 정의와 형평의 원리에는 원론적으로 성역이 인정되지 않는다. 통치자를 비롯한 지배층조차 원리상으로는 법체계의 위에 있지 않았던 것이다. 이 대목이 결정적으로 중요하다. 유럽의 역사는 평등한 각자 사이의 상호 계약에 근거한 법을 도시의 평범한 시민들이 당대의 지배층에게까지 관철한 역사이기도 했다. 흔히 암흑기라 불리는 유럽 중세의 이미지는 근대 계몽주의에 의해 일방적으로 과장된 측면이 크다. 자발적으로 조직되어 봉건체제의 기득권층을 압박해 들어가는 시민들의 목소리가 시청 앞 광장에서 단체로 울려 퍼진 후 사회적 합의로 격상되어 계약법으로 성문화되는 과정은 곧 중세 성기(盛期: 11~13세기) 유럽 대륙 전역에서 광범위하게 관찰되는 다양한 코뮌운동에 의해 증명된다.

자율적 코뮌운동과 시민의 탄생은 그런 의미에서 서로 분리 불가능

---

10 한동일 (2012), 6~7쪽.

하다. 인신(人身)의 자유를 기반으로 하고 상인 길드를 주축으로 한 상인들의 자유로운 상업활동이 도시 공동체의 형성과 직접 결부되었던 것이다.[11] 부르주아 시민의 형성과 도시 자체의 번영 사이의 밀접한 상관관계도 비슷한 맥락을 지니는 까닭에 '중세 도시의 모습을 결정한 것은 상업이었다'라는 단언이 가능하다.[12] 유럽 도시 가운데서도 특히 기존 연구가 거의 주목하지 못한 이탈리아 상업도시의 특성이 있다.[13] 유럽 다른 나라의 경우 지배계급인 귀족과 성직자들의 상업활동이 금지되었던 것과 달리 중세 이탈리아 도시에서는 귀족들의 상업활동이 허용되거나 격려되었다는 사실이다. 그 결과 베니스를 포함한 제노바, 피사, 피렌체 같은 이탈리아 도시들에서는 지배계급 자신이 곧 상인이었고, 도시 정부의 이해관계와 상인의 이해관계가 일치했다. 조선의 지배계층이 직접 돈거래하는 것을 극도로 혐오했던 것과 선명하게 대조되는 풍경이다. 물론 유학자들에게는 돈과 시장에 대한 조선 버전의 편향적·위선적 태도를 공자의 정의관으로 소급시켜 정당화하는 유교 정치학의 아비투스가 있었다.[14]

　도시 공간과 건물 배치의 건축정치학도 시민의 형성과 변전과 뗄 수 없이 이어진다. 예컨대 현대 한국 도시에서 오랫동안 광장은 권위주의적 정치권력이 과시적으로 행사되는 전시무대에 불과했다. 공원으로 바뀌기 전의 여의도광장이 대표적이다. 현대 서울의 두 대표 광장인

11　Schulz, K. (1995/2013), p. 31.
12　Pirenne, H. (1927/1997), p. 114.
13　남종국 (2015), 50~51쪽. 근대 자본주의와 혁신의 기원을 이탈리아 자유상업도시에서 찾는 국내 학자의 선구적 업적인 이 책에서 남종국은 특히 이탈리아 도시들만의 특수성에 주목한다.
14　《論語》, "里仁", "君子懷德, 小人懷土".

서울광장과 광화문광장의 현황에 대한 논란은 사실 '군주에서 시민으로' 광장 권력이 이전되는 과도기적 진통에서 비롯된 측면이 크다. 자생적인 광장 질서가 형성되는 데는 장구한 집합적 시행착오와 노력이 요구되기 때문이다. 이는 온·오프라인 광장과 온·오프라인 공론장에 모두 적용 가능한 원론이다. 나중에 살펴보겠지만 성숙한 공중적 시민의 활동 무대인 공론장에 대한 하버마스의 연구는 비록 선구적이긴 했으나 이 부분을 충분히 고려하지는 않았던 것으로 보인다. 훗날 근대의 시민적 자유의 원천이 되는 재산권의 불가침성 명제는 철학 이데올로그의 머릿속에서 나온 사변적 주장이 아니라 치열한 사회 경제적 요구가 날카롭게 맞부딪히는 현실적 갈등 해소의 과정에서 이해관계의 당사자인 시민들에 의해 어렵사리 창출된 것임을 역사는 생생히 보여준다.

세계의 여러 문명 가운데서 계약법이 지닌 자발적 상호 구속성과 보편적 규범 능력이 법체계의 대종(大宗)인 보통법으로 착근(着根)되는 데 대한 일반 민중의 공감대는 유럽 문명에서 특징적으로 강했던 것으로 판단된다. 왕과 영주 같은 세속의 통치자조차 법의 아래에 있다는 유럽 사회의 확신은 매우 강력한 것이어서 종교권력이 정치권력의 절대성을 신앙의 이름으로 어느 정도 견제한 인도와 이슬람 문명과 비교해도 유럽 문명에서 법이 차지하는 독자적 특성이 도드라진다. 법치주의 자체의 본질을 이해하는 데 있어서는 법(law)과 입법의 법(legislation) 사이의 구별이 중요하다. 입법의 법은 주로 실정법을 지칭하는 데 비해 법은 공동체를 하나로 묶는 추상적 정의의 규범이다. 법치주의의 에토스는 이런 의미의 법이 입법의 법에 대해 주권을 가질 때에만 성립 가능하다. 즉, 권력을 가진 개인이 법에 구속을 받는다는 광범위한 인식이 한 정치 공동체 안에 널리 공유되어야 진정한 법치주의를 말할 수 있다는 것이다.[15] 법률가의 사회적 위상에 대한 전통사회의 대접에서 나타나는 문명 간 차이도 법치주의의 일반화와 밀접한 상관관계를 가진다.

　시장과 자본주의경제를 토대로 한 모더니티의 발전에 기여한 유럽, 특히 이탈리아 상인들의 선구적 업적을 부각시키는 연구는 숱하게 존재한다. 예컨대 브로델(Braudel, F.)은 베니스를 위시한 이탈리아 도시공화국의 중요성을 강조하면서 신용, 화폐 주조, 은행, 공공재정, 대부, 자본주의, 환어음 등 이 모든 근대 시장의 주요 특징들을 성숙한 형태로 발전시킨 중세 이탈리아 자유 상업도시의 성취에 주목한다.[16] 물론 '서구중심주의'의 통설에 선정적인 방식으로 반대하는 홉슨(Hobson, J. M.) 류의 소수설도 엄존한다.[17] 하지만 설령 홉슨의 주장처럼 중세 이탈리아 상업도시들이 은행 및 대부 제도를 비롯한 자본주의적 혁신 메커니즘을 역사상 처음으로 시작한 당사자가 아니라 해도 그런 인프라와 아비투스를 보통 사람들의 생활세계에서 장기 지속의 형태로 온존시키고 발전시켜 놀라운 성공을 거둔 중세 이탈리아 도시국가들의 특성을 부인하기는 쉽지 않다. 유럽의 특성에 대한 논의는 쉽게 서양의 우월함에 대한 논변으로 이어지는 경우가 많았기 때문에 중세 이탈리아 상업도시에 대한 진술이 유럽중심주의 또는 옥시덴탈리즘(*occidentalism*)에 빠지지 않도록 조심해야 하는 것은 기본이다.

　이와 동시에 유럽중심주의의 위험성에 대한 경고는 비록 정당하긴 하

---

15 Fukuyama, F. (2011/2012), pp. 280~281.

16 Braudel, F. (1986/1997), p. 120.

17 대표적 사례는 Hobson, J. M. (2004/2005) 참고.

지만 옥시덴탈리즘과 서구 식민주의의 연계성에 대한 아픈 기억 때문에 명백한 역사적 사실을 인정하는 걸 꺼려한다면 또 다른 편향으로 인도될 수도 있다. 베버나 마르크스 자신이 자유롭지 않았던 서양중심주의의 한계는 특히 근세 중국의 성취가 영국의 그것에 결코 뒤지지 않았음을 주장하는 캘리포니아학파의 득세와 함께 현대 학계에서도 치열한 논쟁이 각 분과 학문 영역에서 활발히 전개된다. 이른바 서양과 타 문명의 '대분기'(*the great divergence*)가 어떤 영역에서 어떤 양상으로 진행되었는가에 대한 논의는 현재진행형의 매우 흥미로운 질문이며, 어떤 의미에서도 아직 종료되지 않았거니와 합의에도 이르지 못한 논쟁적 사안이다.[18]

---

18 Pomeranz, K. (2000).

3

조선 문명, 중국, 일본
신뢰의 사회자본과 법

●   법의 지배라는 원칙에 예외가 없으며 법이 오히려 인간 존재를 자유롭게 한다는 법치주의의 보편화와 일상화라는 관점에서 보면 유럽 문명과 가장 대극적 위치에 있는 것은 이슬람과 인도 문명이라기보다는 중국 문명이다. 반만년 중국의 역사에서 통치자는 법 위에 있기 마련이었으며 법은 통치계급이 민중을 지배하기 위한 수단에 불과한 경우가 대부분이었기 때문이다. 국가 이데올로기인 유교 경전에서 어떤 민본사상의 미사여구로 분식(扮飾) 되었다 해도 역대 중국 문명의 내용적 통치 원리였던 법가(法家)가 말하는 법 정신과 법 실천은 오늘날 우리가 당연시하는 법치주의의 대명제, 즉 '법 앞에 만인이 평등하며 권력자일수록 법에 구속을 받는다'는 근본 지향과는 매우 다르다. 현대 중국에서도 이런 사정은 크게 변하지 않았으며 나는 이것이 장차 현대 중국 문명이 세계의 패권국으로 부상하는 데 결정적 걸림돌로 작용할 개연성이 매우 크다고 본다. 시진핑의 중국 공산당이 법치를 앞세워 부패 세력을 정화하려고 무진 애를 쓰는 지금의 상황은 중국 역사의 과도기적 상황을 예증한다.

현대에 들어서기 전 한반도의 역사와 조선 문명에서도 법과 관련된 실제 사회상황은 중국과 대동소이했으며 비슷한 생활 문법이 장기간 지속되었다. 여기에는 물론 양면이 있다. 형법 중심의 국법에 의한 통치 효율성이라는 관점에서 보면 《경국대전》에서 드러나듯이 중국 대륙과 한반도의 전통 법제가 비슷한 시기의 유럽에 비해서도 결코 뒤떨어지지 않았다는 주장도 엄존한다. 하지만 그런 논자들조차 중국과 한국의 전통사회에서 법의 지배를 빙자한 국가권력의 힘이 민중의 권리에 비해 압도적으로 강했다는 사실은 부인하지 못한다.

현대와 중세를 평면 비교하는 건 물론 조심스러운 일이다. 하지만 우리는 법치주의를 국가 이념의 토대로 삼았다는 21세기 한국 사회에서조차 왜 법조 전문가에 불과한 법원과 검찰 시스템 자체가 그리도 강하게 권력화되어 있는지 묻지 않을 수 없다. 힘 있는 자들이 법의 보편적 강제력을 비웃기 일쑤인 한국 사회의 관행은 일제 식민통치의 경험과 현대 군사권위주의 체제의 유제만으론 다 설명되지 않는다. 현대 한국인의 생활세계는 20~21세기의 집합 경험과 제도적 유산보다 더 오래된 과거의 아비투스에서 결코 자유롭지 않은 것이다. 이것은 매우 의미심장한 현상이며 정밀한 분석을 요하는 논제임이 분명하다.

점차 개선되는 것도 사실이지만 내가 집중적으로 관심을 가지는 부분은 거의 선진국 문턱에 이르렀다는 우리 사회에서 법치주의의 핵심인 '법 앞의 평등'을 실천하는 게 왜 그리 어려운가 하는 점이다. 예컨대 대통령과 재벌, 국회의원과 검찰권력 같은 이른바 사회지도층은 보통 사람들과 나란히 법 앞에 평등하기는커녕 적지 않은 경우에 마치 법 위에 서 있는 존재인 것처럼 보인다. 대한항공 조현아 전 부사장의 초법적 행태가 화산 같은 공분을 야기한 것도 장기간 온존된 이런 부당한 관습에 대항하는 시민들의 분노가 임계점에 이르러 한꺼번

에 폭발한 경우다. 그것은 법의 실천과 관련된 한국 시민사회의 역동
성과 빈곤함이라는 모순적 복합성을 증명하는 흥미로운 사례가 아닐
수 없다.

　시장과 시민정신의 상관성을 조명하는 데 〈허생전〉과 〈베니스의 상
인〉을 동원한 나의 가설은 앞서 인정했듯이 곳곳에 논리의 비약을 숨
기고 있다. 하지만 나는 이런 징후적 독해가 현대 한국인의 잠재의식
과 우리 사회의 실상을 돌아보는 데도 상당한 쓸모가 있다고 생각한
다. 과거 텍스트 자체에 대한 문헌학적 관심보다는 앞서 분석한 텍스
트의 면면이 21세기를 살아가는 우리의 빈 곳과 고칠 점을 우회적으로
가리키는 대목을 적극적으로 읽는 비판해석학이 나의 주요 관심사이기
때문이다. 비판해석학의 관점에서 보자면 한반도의 전래 문명, 특히
조선 왕조는 근원적으로 사농공상의 직업 체계에서 공업과 상업이 빈
약하거나 거의 결락된 문명이었다. 유교적 국가 이데올로기의 명분 아
래 공식적으로는 상업을 불온시한 중국 문명에서조차 안정된 천하대치
(天下大治) 시기의 경제생활에서 상업이 번성했던 것과도 결정적으로
차이가 난다.[1] 유가적 명분론과는 달리 중국인의 실용주의는 이미 사
마천의 《사기》 끝부분이 "화식열전"(貨殖列傳)인 데서도 예증된다. 상
업을 포함한 경제활동의 중요성이 예(禮)와 도(道)를 근거지우는 토대
에 다름 아니라는 주장을 사마천은 이미 그 어려운 시기에 유가의 반
발을 무릅쓰고 개진했던 것이다.[2] 역대 중국 왕조의, 특히 양자강 이
남 지역에서의 상업적 번영이야말로 그 구체적 성과이며 캘리포니아학

---

1 Perkins, D. H. (1969/1997) 및 리보중 지음·이화승 옮김 (2006).
2 이화승 (2013), 56쪽.

파는 이를 매우 중시한다.

일본 문명의 경우는 메이지 유신 이전 에도시대(1603~1868년)에 이미 각 지역 번(藩)들이 경쟁적으로 상업을 장려하였고 다대(多大)한 성과를 거두었다. 임진왜란 이후 열도를 방문한 조선 통신사 일행이 '야만국가 왜(倭)'에 대한 조선인의 평균적 선입견과는 전혀 다른 일본의 경제적 부요(富饒)와 물산의 풍부함을 목격하고 커다란 문화적 충격을 감추지 못하는 여행기를 여럿 남길 정도였다. 도덕과 문화를 알지 못하는 무도(無道)한 나라로만 알았던 왜(倭) 열도에서 조선 통신사 일행이 목도한 깨끗한 시가지와 화려한 도시 풍경은 조선 선비들에게 '착잡함과 우월감이 교차'하는 곤혹스러움을 선사했다.[3] 이는 우리 선조들의 여행기를 모아 규장각 한국학연구원이 엮어 펴낸 《조선사람의 세계여행》에 나오는 표현이다. 인상주의 화가들을 비롯해 근대 유럽 문화예술계를 강타한 일본풍(日本風: 야포니즘)은 도쿠가와 막부와 에도 시대의 이런 상공업 번성과 밀접한 상관관계가 있다. 줄곧 상업을 경시하고 천대한 원리주의적 성리학이 거의 전면적으로 지배한 우리와 달리 일본 조야(朝野)에 유학이 장기간의 영향을 미치지 못했던 것도 한 요인일 것으로 추측된다.[4]

---

3 규장각 한국학연구원 편 (2011) 제3장인 "착잡함과 우월함의 교차, 열두 번의 사행길"의 87쪽. 조선 통신사에 대한 학술연구로는 강재언 (2005)과 박화진 외 (2010) 참고. 조선인이 남긴 일본 사행록 가운데 가장 압도적인 것은 영조 때인 1763~1764년에 걸쳐 이루어진 제11차 사행에서 서기(書記)로 참가한 원중거(元重擧)가 남긴 《승사록》(乘槎錄)이다. 《승사록》의 번역본은 원중거 지음·김경숙 역 (2006) 참조. 원중거는 또한 일본에 대한 종합관찰보고의 결정판이랄 수 있는 《화국지》(和國志)도 남겼다. 《화국지》의 번역본은 원중거 지음·박재금 역 (2006) 참조. 《승사록》과 《화국지》둘 다 500~600쪽에 이른다.
4 이마이 준 외 편저 (2003), 255쪽.

그러나 조선 왕조는 상업을 국가 이념의 차원에서뿐만 아니라 실제 정책 차원에서도 억누름으로써 잉여자산의 확대 재생산이 봉쇄된 만성적 저생산 상태에 있었다고 보는 게 온당한 평가인 것으로 생각된다. 18세기 말 〈허생전〉의 연암조차 이런 조선 사회에 대해 '온갖 물화가 제자리에서 나서 제자리에서 사라진다'고 서술할 정도였다. 숨막히는 전통사회에서 독자적 발언권을 지닌 상인계층이 출현해 기득권층에 도전하는 자생적 사회제도로 상승할 여지가 이웃 중국과 일본에 비해서도 희박했음은 물론이다. 물론 균형 잡힌 전문적 한국 경제사학에서는 근대로의 이행을 위한 선행 조건이 미비한 측면만 강조하는 정체론(停滯論)적 시각과 선행 조건이 구비된 측면만을 강조하는 내재적 발전론의 양 편향을 다 비껴가고자 하는 중요한 시도를 하는 것도 사실이다. 5

번성하는 상업이 중상국가를 만들고 전통적인 바자르(bazaar)식 장마당이 국민경제로 변환되는 근대화와 산업화 혁명을 자발적으로 경험하지 못한 사회에서 시민정신의 뿌리는 상대적으로 척박한 것일 수밖에 없었다. 지금으로부터 1천 년 훨씬 이전부터 다수의 보통 사람들이 시장을 통한 상업 활동을 기반으로 콤뮨(commune: 자치도시)의 자유와 인권을 쟁취하면서 법치주의와 시민정신의 탑을 차근차근 쌓은 유럽과, 길게 잡아 1백 년에서 최소 반세기 미만의 시민적 삶을 체험한 한반도의 현실이 서로 다른 것만은 분명하다. 앞서 지적한 것처럼 오랜 역사적 뿌리를 가진 유럽 도시들의 시민광장을 중심으로 하는 건축학적 구조와 한국 도시들의

---

5 대표적인 사례로 이헌창 (1999), 191쪽. 또한 이헌창 (2013), 134~178쪽 참조. 매우 계발적인 이헌창의 상기 논문은 2011년 한국역사학회가 조직한 학술대회의 발표문이다.

구조가 매우 상이한 것도 비슷한 맥락이다. 이는 우리네 시민윤리가 보통 사람의 생활세계에서 견고한 정신사적 토대를 갖기가 그만큼 어려웠음을 의미한다. 이는 서양 추수주의적 진술이 아니라 객관적 사실에 대한 건조한 언명에 불과하다.

이런 사회문화에서 법이 시민의 자유와 권리의 최후 보루이기는커녕 지배계급의 통치수단으로 타자화되어 보통 사람들에게 경원시되는 경향이 있는 것은 자연스러운 결과일 터이다. 경제가 수단과 방법을 가리지 않는 돈벌이에 그치는 것이 아니라 고유의 시민윤리와 동행하는 경세제민의 복합 행위라는 문명론적 지평에 대한 광범위한 공감대도 그만큼 희미해질 수밖에 없다. 자본주의의 윤리와 합리성이 만들어지고 학습되는 공간은 오랜 시간의 시행착오와 거대한 집합적 노력을 요구하기 때문이다. 앞서 여러 번 예시된 대한항공 소유주 가문 부사장의 '슈퍼 갑질'처럼 허세를 부리는 졸부나, 롯데그룹처럼 재산을 둘러싼 부자들의 반인륜적 이전투구는 어느 문명 어느 사회에나 있지만 기적에 가까운 외형적 성취에 비해 자본주의의 역사가 일천한 데다 성숙한 시장과 연결된 시민정신의 축적 과정을 생략한 우리 사회에서 유독 도드라져 보이는 데에는 이러한 정신사적 배경이 있다.

나는 한국 사회가 세계 10대 경제대국의 외형적 성과를 거두었음에도 신뢰라는 사회적 자본이 매우 취약한 근본적 이유도 그 대종(大宗)은 여기서 비롯된다고 본다. 사회적 신뢰의 근본이 합리적 교환과 정직한 상거래 관계에서 비롯된 시민정신의 고양(高揚)과 법치주의의 보편화에서 나오기 때문이다. 오늘날은 말할 것도 없고 전통시대 우리네 삶의 현장에서도 정직성과 사회적 신뢰는 윤리적 덕목 리스트의 상위에 있지 않았던 것으로 보인다. 《하멜 표류기》에서도 조선인들이 궁핍한 가운데 인정은 많으나 거짓말을 하는 것에 별 부담을 느끼지 않는다는 흥미로운 관찰이 등장한다. '거짓말쟁이'라는 호칭이 가진 공적 부담과 책임이 서양과 한국 사회에서 매우 다르다는 문화인류학적 사실도 널리 알려졌다. 국회 인사청문회가 웅변하듯 공인의 정직성 수준이 상승하기는커녕 하락 일로인 것처럼 보이는 21세기 한국의 현실은 정직성의 사회문화적 의미에 다시 상도(想到)하게 한다. 이는 정직성을 축으로 하는 근대 시민의 존재 규범이 근대적 경제행위의 보편화와 밀접한 상호 연관성을 가진다는 나의 추가적 가설로 연결된다.

근대 시장경제의 제도화 및 생활화와 결합했던 사회적 신뢰의 미숙함은 현대에 들어서 현대적 시장질서의 왜곡과 결을 같이하면서 확대 재생산된다. 천민자본주의의 행태는 천민적 생활 형태를 낳고 둘은 상호 악순환한다. 전형적인 저신뢰 사회의 출현이 그 결과의 하나이다. '세계 가치관 조사'(World Value Survey)[6]에 의하면 한국에서 "생면부지의 다른 사람을 신뢰할 수 있습니까?"의 질문에 '그렇다'고 답한 사람은 2010년에 26%였다. 더 심각한 문제는 신뢰수준이 1982년 38%, 1990년 34%, 1996년 30%, 2000년 27%에서 2010년에는 26%까지 계속 추락했다는 사실이다. 이는 OECD 국가 가운데 가장 낮다.

비슷한 맥락에서 계발적인 다른 여론조사 결과도 참고할 가치가 있다. '세월호' 사태의 함의를 조사한 서울대 사회발전연구소와 SBS의 공동조사 결과는 한국 사회의 궁극적 문제를 '공공성의 부재'로 명명한 바 있다.[7] 공공성은 사람들로 하여금 자신만의 이기적 목표를 위해서가 아니라 사회 구성원 전체의 이익을 위해 활동할 수 있는 가치관과

---

6 미국 미시간대가 5년마다 조사해 발표함.

7 http://media. daum. net/series/112285

제도 등의 사회 인프라를 의미한다. 공공성의 구체적 내용에는 공익성, 공정성, 공개성, 공민성이 있는데 한국은 이러한 항목 중 공정성과 공익성이 33개 OECD 국가 중 33위, 공민성은 32위, 공개성은 31위로 나타났다. 이는 공화사회와 공론장에 대한 분석에서 따로 논의할 주제이지만 공공성의 낙후와 신뢰의 부재가 상호 되먹임 관계를 맺는 건 두말할 필요가 없다.

한국 기업들은 규모의 차이만 있을 뿐 거의 모두 1인 지배의 주식회사이다. 한국 경제의 핵심을 장악한 재벌기업들은 외형적 소유 형태와는 별개로 내용적으로는 소유주 1인이나 가문의 지배 아래 놓인 경우가 대부분이다. 구미 사회의 경우에는 여러 사람이 유한 책임을 지는 주주로서 경영에 동참하는 공동 경영의 합자회사가 매우 많은데 이러한 차이는 상당 부분 한국 사회의 만성적 신뢰 결핍에서 비롯된 측면이 있는 것으로 추측된다. 경제학적 관점이나 사회정의론의 시각에서 재벌체제의 개혁을 논하는 것과 함께 '신뢰'라는 사회자본의 맥락에서 한국 재벌의 봉건적 유산을 조명하는 것도 흥미로운 주제가 될 수 있다. 또한 정부나 법원, 검찰과 청와대 등의 공공기관에 대한 신뢰도가 삼성과 현대 같은 회사에 대한 신뢰보다 훨씬 낮은 것도 한국 사회의 특징이다. 공공기구에 대한 사회 신뢰도가 대기업 집단 같은 사적 기구에 대한 신뢰도보다 만성적으로 낮다는 사실은 치명적이다. 이는 사회 경제적으로 서구나 일본 같은 고(高) 신뢰 사회에 비해 엄청난 부가 비용을 치르게 만들어 선진국 진입의 꿈을 어렵게 한다.

동서양 각국의 사회적 신뢰에 대한 비교 연구를 넘어 일반 이론의 정립을 지향하는 김재한은 신뢰의 비교 연구에서 이보다 훨씬 조심스러운 입장을 개진한다. 그는 신뢰와 불신의 변화가 매우 순환적이고 유동적이므로 사회적 신뢰의 문제에서 "동양과 서양 어디가 선행이고 어디가 후행이라는 논의는 있을 수 없다"고 단언한다.[8] 하지만 나는 '선행, 후행'까지는 아니더라도 각 나라나 문명권에 따라 사회적 신뢰가 아주 상이하다는 사실 자체를 부인하기는 어렵다고 본다. 김재한도 신뢰와 제도화가 상호 관계에 있음을 주장하는 데다 특히 신뢰와 권력의 순환 관계에 주목하는 만큼 내용적으로는 이런 나의 논지와 크게 다르다고 보기 어렵다.

---

8 김재한 (2009), 177쪽.

4
직업윤리는 시민정신의 모태(母胎)다

●   지금까지 시장의 발전과 연계된 시민정신의 태동과 진화과정을 〈허생전〉과 〈베니스의 상인〉을 교차해 읽으면서 추적했다. 두 텍스트를 저본으로 삼아 자유롭게 상상력을 펼친 시장과 경제의 비판해석학적 독해 작업은 시장과 법치주의, 시장과 사회적 신뢰, 시장과 시민정신의 상관관계 등을 비교문명사적으로 읽음으로써 오늘의 한국 사회와 한국인을 비추는 거울 역할을 지향하도록 의도되었다. 이제부터는 직업윤리와 시민윤리의 상관성을 겨냥해 시장철학의 전사(前史)에 해당하는 지금까지의 논의를 조금 더 구체적으로 진전시켜 보자. 시장이야말로 근대적 직업윤리가 배태되는 핵심적 장소이기 때문이다.

근대를 규정하는 '신분에서 계약으로의 전환' 과정에서 근대적 직업이 시민정신의 형성에 기여한 바는 참으로 막대하다고 할 수 있다. 근대 직업이 가정경제의 유지나 생산력 증대의 차원에 머물지 않고 사회적 책임감과 역사의식 획득의 통로로 기능하면서 급속히 공적 성격을 추가했기 때문이다. 여기서 중요한 것은 생업(生業)과 직업(職業)이 서로 비슷해 보이지만 결코 같지 않다는 사실이다. 생업의 사전적 의미는 '살기 위해 하는 일'인데 말뜻이 보여주는 것처럼 '선택의 여지가 없이 부과된 일을 하는 것'의 느낌이 강하다. 반면 직업은 먹고살기 위해 일을 한다는 점에서 생업과 같지만 일하는 사람의 자율적 선택이 전제된다는 점에서 생업과 차별화된다. 직업과 생업의 범주적 구별은 이미 근대적 직업의 공공적 성격을 내포한다고도 할 수 있다.

일반론적으로 정리하자면 산업화 이전의 신분제 전통사회에서 직업과 생업은 크게 다르지 않았다. 양반은 양반으로 태어나 살고 농민의 자식은 농민으로 살 수밖에 없었기 때문이다. 특정 신분에 특정한 종류의 일이 자연스럽게 귀속되었으므로 왕조 교체나 전쟁 등의 혼란기가 아니라면 전통사회에서의 직업은 곧 생업일 수밖에 없었다. 이것이 이웃 중국이나 일본의 역사와 비교해도 사회적 이동성이 그리 크지 않았던 한반도의 전통적인 농업 사회의 일반적 삶의 풍경이었다. 자발적 선택이 아니라 출생 신분에 의해 생업이 규정되고, 그런 생업으로 산출하는 미미한 잉여자산조차 관리들에 의해 대부분 합법의 탈을 쓰고 수탈되기 일쑤일 때 기층 민중의 차원에서 법과 그 법이 대표하는 정치 공동체에 대한 자발적 충성심이 생겨나는 것은 결코 쉬운 일이 아니다. 특히 조선 왕조 시대 외침(外侵)과 전란의 시기에 농민과 노비 같은 하층 민중들의 상당수가 유가의 논리에 정면 배치되는 부역(附逆)의 길을 간 까닭을 무겁게 새길 필요가 있다.[1]

20세기 후반에 들어 자본주의 시장경제가 착근한 뒤 직업과 연관된 사회적 풍경은 일변한다. 산업화가 본격화되기 이전과 비교 자체가 불가능할 정도로 직업의 숫자가 폭증하고 직역이 분화되기 시작한다.[2]

---

1 이 주제는 민족주의적 명분론의 전통이 강한 데다 변절과 배신을 비도덕적 행위의 표본으로 보는 한국의 지식 사회와 국사학계의 풍토에서 아직 본격적 조명을 받지 못한 미개척 분야인 것으로 생각된다. 국사학자들의 연구를 기대한다.

대한민국의 대다수 서민들에게 이런 획기적 변화가 삶의 현장에서 실감나기 시작한 것은 대략 1970년대 이후의 사정으로 짐작된다. 보통 사람들 대부분이 현대적 의미의 직업인으로 살기 시작한 것이다. 제2차 세계대전 이후에 산업화와 민주화를 동반 성취한 유일한 국가라는 한국의 표준적 위상은 한국적 삶의 현장에서는 근대적 직업인의 일반화 현상으로 번역이 가능하다. 한 인간이 자발적으로 직업을 선택하고 그것으로 생계를 해결함과 동시에 타인과 공동체에 기여하는 공공의식을 계발하며, 일을 하는 과정에서 스스로의 자아를 실현하는 근본 거소(居所)인 근현대적 의미로서의 직업 사회의 출현이 가진 혁명적 의의는 결코 과소평가될 수 없다.

앞서 밝힌 것처럼 실학(實學)의 대두를 예비한 북학파의 일원이었음에도 연암은 근대적 의미의 경제행위에 내재된 고유의 합리성과 윤리성을 잘 이해할 수 없었다. 위선적인 데다 한없이 무능한 조선의 양반체제보다 연행(燕行: 사신이 중국의 베이징에 가던 일) 도정(道程)의 길거리에서 목격한 벽돌 부스러기들이 더 인상적이라고 일갈한 연암이지만 그에게 상업의 궁극적 존재 이유란 아마도 풍부한 물산을 생산해 국리민복(國利民福)에 기여하는 것이라는 정도가 인식의 최대치였을 가능성이 크다. 〈허생전〉 말미에 허생이 쌓은 거부를 가지고 낙도에 농업 이상향을 건설하는 것도 이를 암시한다. 결국 연암의 인식체계에서 상업과 공업은 사대부가 나라를 다스리는 통치체제를 보완하는 치부의 수단에 불과했던 측면이 크다. 그는 특히 상업을 추동하는 자발성이 근대적 인간의 윤리적 토대인 도덕적·법적 자율성의

---

2 이대근 외 (2005)와 이헌창 (1999) 참고.

기초라는 사실을 정확히 인식하지 못했다는 점에서 여전히 중세인의 한계에 머물렀던 것으로 판단된다.

이 지점에서 우리는 다음과 같은 현재적 질문을 제기할 수 있다. 조선 문명의 가치관과 잠재의식에서 상인은 '장사치'에 지나지 않았고 공인(工人)은 '공돌이'에 불과한 '천한 것들'인데, 성공적인 한국판 산업혁명으로 상황이 180도 역전된 21세기 한국 사회의 가치관과 잠재의식에서는 과연 어떠한가? 현대 한국 사회는 '재벌공화국'이라 불릴 정도인 데다 '돈이 모든 것'이라는 물신주의적 가치관이 시대정신 비슷하게 수용되는 실정이다. 몇 년 전 '부자 되세요'라는 말이 가장 인기 있는 새해인사로 통용된 적이 있을 정도로 돈이 득세한 실정이므로 상업에 대한 편견은 영구히 사라진 것일까? 현대 한국의 산업혁명을 가능케 한 생산력 창출의 주요 분야가 공업이므로 공업 전문가와 기술자가 자신의 기여에 비례한 사회적 대우를 받는 것일까? 그리하여 사농공상의 위계적 인식체계와 무의식적 감수성이 종언을 고한 것일까?

이는 매우 흥미로우면서도 중요한 질문이다. 한국 자본주의의 현황을 묘사할 때 '천민자본주의'라 칭하는 사례가 예증하듯이 절대 다수의 한국인들은 부자를 부러워하지만 존경하지는 않는다. 경제행위 본연의 창발성 및 합리성과 경제적 재화 창출의 결과가 거의 완전히 분리된 채 따로 노는 것으로 인식되는 게 엄연한 현실이다. 이는 철학사상 차원의 도저(到底)한 유교적 명분론이나 도덕적 염결(廉潔)주의와는 별 관계없이 평균적 한국인의 가치관과 행복 의식에서 현세에서의 부귀영화가 삶의 최대 목표로 여겨졌으며 그런 현상이 현대 한국 사회에서도 끈질기게 지속되는 현실과 긴밀히 조응한다.[3] 이때 부귀영화의 알파와 오메가는 '나와 우리 가족이 현세에 물질적으로 잘 사는 것'을 지칭한다.

상업의 입체성과 복합성이 건전한 시민정신과 동행함과 동시에 상호 보완하는 집합적 경험을 축적하기는커녕 시민윤리를 배제해 버린 부(富)의 나상(裸像)에 대한 즉물적 추구와 투기가 횡행할 때 상업이 사회문화적으로 존중되기는 쉽지 않다. 그것이 바로 21세기 한국의 압도적 현실이라고 말한다면 너무 지나친 말일까? 국가 최고 지도부에서 여전히 이공계 전문가의 비율이 매우 낮다는 통계도 한국인의 삶에서 사농공상의 위계서열이 아직 완전히 불식되지 못했다는 하나의 간접적 증거일 터이다. 세계기능대회에서 우승하는 마이스터급 장인들이 과거에 비해 숫자가 부쩍 많아진 사정이 있기도 하지만 정작 그들이 일하는 회사와 공장의 울타리를 벗어나 범(汎)사회적 인정의 대상이 되는 것 같지는 않다. 그런 점에서 현대 한국인조차 여전히 중세적 사농공상의 가치관과 봉건적 직업관에서 자유롭지 못한 것처럼 보인다. 21세기에 진입한 지도 한참이 지났건만 지배계층에 편입되는 지름길은 여전히 현대적인 사대부의 길이다. 현대판 신분제의 축소판인 대학입시제도에서는 자연계보다 인문계가 상대적으로 선호되었는데 학생과 학부모들이 '인문학적 가치'를 존중해서가 결코 아님을 한국인은 직관적으로 이해한다. 법대에 가서 고시 패스 후 판검사가 되거나 고급 공무원이 되는 것이 아직도 '출세'의 첩경으로 인식되기 때문이다.

가장 결정적인 것은 21세기 대한민국에서도 정치가 사회의 다른 모든 영역과 인적자원을 블랙홀처럼 빨아들인다는 사실이다. 법조계, 경제계, 언론계, 체육계, 예능계, 교육계 등 대부분의 직역(職域)에서

---

3 최정호 (2014).

성공한 수많은 사람들이 경력의 정점에서 정치 진입을 꿈꾼다. 무에서 유를 이룬 신화의 주인공인 재벌총수들조차 정치에 투신한다. '장사치'의 주홍글씨를 넘어 입신(立身)하는 궁극의 길은 대통령이 되는 데 있다고 생각하기 때문이다. 한 시대를 풍미한 '멘토'도 전격적으로 대권 가도에 뛰어드는 풍경을 우리는 이미 목도한 바 있다. 서울대를 위시한 유수 대학의 총장 출신들도 이름뿐인 총리 자리를 물리치기는커녕 자신과 가문의 광영(光榮)으로 받아들인다. 대선 때마다 수백 수천여 명의 교수와 지식인들이 유력주자의 캠프에 구름처럼 모여들어 한몫 잡으려는 현상이 갈수록 심해지는 것도 유사한 사회문화적 맥락의 산물이다.

거버넌스의 시대에 민관이 협동해야 한다고 정부 관리들은 입버릇처럼 되뇌지만 공무원들의 행태에서 여전히 관은 갑(甲)이고 민은 을(乙)에 불과하다. 이는 일제 식민지 시절과 현대 한국의 발전국가 모델에서 정부가 과대국가의 권한을 독점한 오래된 현실의 반영이기도 하지만 고급 관료들의 심층 무의식에는 아직도 사대부 의식의 잔재가 자리함을 부인하기 어렵다. 시민사회가 이토록 강성해진 '87년 체제'의 한국 사회에서도 시민사회의 힘과 매력지수는 관료국가의 그것과 결코 대등하지 않다. 한국 시민운동의 전설적 지도자조차도 단번에 정치의 블랙홀로 흡수해 버릴 정도로 정치권력의 흡인력이 대단하다. 결국 한국에서 모든 길은 정치로 통한다. 조선 문명에서 소수의 사대부들이 정치를 독점하고 다수의 민중을 국가적 의사결정 과정의 바깥으로 밀어내던 문명의 심층 구조가 여야 직업정치인들이 민의(民意)와 유리된 채 제도화된 과잉 권력을 행사하는 현대 한국 정치에서 크게 변하지 않았다고 말한다면 지나친 추론일까? 역사가 진화하는 것도 분명 사실이지만 변화에 저항하는 기득권의 논리구조와 집단 무의식은 의외로 완강히 지속되기도 한다.

민주다원사회의 겉모습에도 불구하고 우리 사회의 핵심 가치관은 매우 단원적(單元的)이다. 무릇 인재라면 '출세'해야 하고 출세의 종착점은 '벼슬'하는 데 있으며 정치에서의 입신에 있다고 일컬어진다. 직업정치인들이 국가와 민족을 위해 긍정적 기여를 한다는 대중의 인식이 거의 부재함에도 불구하고 수많은 훌륭한 인재들이 꾸역꾸역 정치로 모여든다. 시민적 참여의 에센스이자 나라에 대한 봉사로서의 정치가 아니라 입신출세의 통로로서의 정치관이 깊숙이 뿌리내린 사회에서는 정치 영역의 이상 비대화와 중앙정치권력의 획득을 위한 '소용돌이의 정치'가 불가피하다. 현대의 민주적 정당정치라는 외형으로 포장된 한국 정치가 중세적 당쟁에 매몰되는 경우가 많은 데에는 여러 현실적 이유가 있지만 지금까지 분석한 심층적 사회문화소(素)도 적지 않은 역할을 하는 것으로 보인다.

우리 사회에서 '몸'을 써서 일하는 노동에 대한 사회적 인정과 보수가 아주 낮은 것도 비슷한 맥락의 소산으로 이해 가능하다. '노동자'란 명칭 자체가 멸칭(蔑稱) 비슷하게 통용되는 사정도 마찬가지이다. 얼마 전 새누리당 혁신위원회에서 '무노동 무임금'을 제안해 직무에 태만한 국회의원들을 압박했더니 국회의원들이 '우리가 노동자냐?'며 반발한 것은 우연이 아니다. 단순히 국회의원들이 특권을 포기하길 거부해서라기보다 '나랏일'을 하는 자신들은 결코 '노동하는 자'가 아니라고 여기는 무의식에 주목해야 한다. 교수, 교사, 성직자가 자신들을 강의·연구 노동자나 설교 노동자로 규정하면 펄쩍 뛰는 것도 비슷한 반응이다.

상업과 공업의 일들이 사회문화적 가치관의 위계에서 이른바 '펜대 잡는 일'보다 현저히 열등한 처우를 받는 사회에서 진정으로 평등하고 다원적인 집단심성(心性)이 창출되기란 쉽지 않다. 나아가 전통적 농업 사회에서 '농자천하지대본'의 국가 이데올로기가 합창되었음에도 지배층이 상징적 의례를 제외하고는 직접 농업 노동에 종사했다는 기록은 거의 전무하다. 농업, 상업, 공업을 불문하고 몸을 써서 땀 흘려 일하는 행위는 '아랫것들'의 몫이고, 철학과 시문(詩文)으로 포장한 권력 투쟁으로 점철된 국사(國事)야말로 사대부들의 배타적 임무였기 때문이다. 사색당쟁에 가까운 여야의 격렬한 다툼에도 불구하고 오늘의 한국 제도정치권과 직업정치인들은 중요한 지점에서 현대적으로 변형된 사대부적 이해관계와 집단 무의식을 공유하는 것처럼 보인다.

현대 민주사회에서 '모든 직업은 다 신성하고 평등하다'고 교과서적으로 회자(膾炙)된다. 물론 인류의 역사 현실은 교과서의 서술과 크게 다르다. 그러나 '직업에 대한 사회적 처우가 같지 않을 뿐만 아니라 직종에 따라 매우 차별적이다'라는 사실을 한국인보다 더 냉정하게 생활화한 경우도 드문 것으로 판단된다. 우리 사회의 학벌 문제와 입시 경쟁이 완화되기는커녕 갈수록 과열되는 배경도 근원적으로 직업의 문제로 귀속된다. '좋은 학교를 나와야 성공한 삶을 살 수 있다'고 한국인은 확신하기 때문이다. 다른 사회에서도 명문 학교에 대한 대중의 기대가 엄존하지만 피라미드적 학벌 체계와 그 위계의 실질적 영향력이 한국처럼 전면적으로 사회문화적 인식 체계를 규정하는 사례는 찾아보기 어렵다.

대한민국 건국 이후 입시제도의 변천이 크게만 해도 수십 차례 있었지만 입시 경쟁과 관련된 상황이 나빠지기만 하는 근본적 이유가 여기에 있다. 특히 대학입시는 학벌이라는 상징자본이 모두가 선망하는 직업 획득과 연계된 계급갈등으로 수렴되는 구조이기 때문에 원천적으로 경쟁이 완화되기 어렵다. 나는 이런 근인(根因)을 짚지 않는 입시제도의 개혁 정책은 모두 '언 발에 오줌 누는 격'이라고 본다. 물론 교육을 중시하는 전통이 경제발전에 좋은 영향력을 끼친 측면도 동시에 분석되어야 할 것이다.

'돈과 권력과 명예'를 모두 가지는 직업이 어느 사회에서도 극히 희소할 수밖에 없는 터에 한국에서는 이 세 가지 자원이 비대칭적으로 정치권력과 고위 관직에 집중되었다. 그리하여 한국적 정치과잉 현상은 부단히 확대 재생산된다. 직업으로서의 정치를 해서 구체적으로 얻는 게 별로 없다면 그리도 많은 사람들이 여러 위험 부담에도 불구하고 현실정치로 투신할 까닭이 없다. 정치와 공직이 가진 이런 막강한 위상이 공공을 위한다는 그 활동을 손쉽게 사사화(私事化)의 유혹에 빠트린다. 자고로 '권력은 부패하고, 절대권력은 절대적으로 부패한다'고 했다. 돈과 권력, 명예를 결합해 삼위일체화한 현실의 권력보다 더 강력한 유혹이 어디 있겠는가.

세월호 참사에서 선장과 선원들의 직업윤리 부재를 해운사 사주의 탐욕과 부실기업의 신자유주의적 효율성 논리의 결과로 분석하는 것은 너무나 명백한 호소력이 있지만 그만큼 안이한 설명방식이기도 했던 것은 이 때문이다. 선장과 선원들이 임시직이 아니라 연안 해운업계 평균 수준의 처우가 보장되었다면 그들의 행태가 그토록 엉망은 아니었을 것이라는 진단도 일정한 설득력이 있다. 하지만 그들의 비루한 행태는 전래의 사회적 상호 인정의 체계에서 어업·해운업 종사자들을 무지막지하게 비하했던 관행(이른바 '뱃놈'이라는 사회적 명명 방식)의 파괴적 영향에서 완전히 자유롭지는 않은 것으로 보인다. 어쨌든 세월호 참사는 다양한 현상적 진단의 저 아래 버틴 심층적 차원에서 한국적 직업윤리를 낳은 시장과 시민정신의 실상에 대한 한 편의 비극적인 보고서라 할 수 있다.

수천 수만 가지의 현대 직업이 서로 경쟁하고 분화하는 와중에서도 극소수의 직업이 사회적 인정을 독차지한 채 돈, 권력, 명예 등의 희소자원을 독점한다면 건강하고 성숙한 직업윤리와 시민윤리의 생성은 요원하다. 따라서 정치를 비롯한 공직에 너무나 많은 희소자원이 집중된 현실을 타개하는 것이 선결되어야 마땅하다. 그리고 돈과 권력, 명예가 한 군데로 집중되는 사회적 메커니즘을 단호히 끊어야 진정한 민주주의로의 출발이 가능할 것이다. 돈, 권력, 명예에 대한 추구는 각각 자신의 영역 안에 머무르도록 민주적으로 통제되면서 사회적 감시 앞에 개방되어야 한다. 정치나 고위 관직의 탈(脫)신화화야말로 한국 사회가 한 단계 더 진화하기 위한 필수적 초동조치일 수밖에 없다.

끝이 뾰쪽한 피라미드형 위계구조를 허리가 불룩한 항아리형 구조로 바꾸는 건 소득모형의 민주적 평등화에서만 요구되는 과업은 아니다. 직업의 위계구조를 항아리형으로 변환하는 작업은 시장에서의 균등한 소득분배와 긴밀히 연동되는 것과 동시에 독자적인 사회문화적 함의를 가진다. 이것이 지금까지 내가 집중적으로 점검하려 한 대목이었으며 나름의 문명사적 조망을 동반하기도 한 작업이었다. 한국적 가치관의 통폐 가운데 하나는 몸과 머리의 과도한 이분법으로 귀속된다. 이런 이분법은 몸의 노동과 마음의 노동을 갈라 몸의 노동을 지나치게 폄하하는 장구한 문화적 편견에서 비롯된다. 이것은 전통적 조선 문명에서 유교가 남긴 거대한 어둠의 발자취라 할 만하다.

장인(匠人)의 현대적 중요성이 이런 맥락에서 재조명되어야 마땅하다. 타율적으로 주어졌다는 의미에서의 생업이 아니라 자발적 선택의 결과로서의 직업활동에서 장인정신(*craftsmanship*)이 구현될 수 있는 사회가 좋은 사회임은 두말할 필요가 없다. 그런 관점에서 보면 각 직역에서 장인의 반열에 오르는 것을 사회문화적으로 중시하는 유구한 전통을 지닌 유럽 문명의 전통은 매우 시사적이다. 물건을 잘 만드는 행위가 기예(技藝)의 경지에까지 이른 장인의식이 인간의 삶에 대해 가지는 본원적 중요성을 천착한 세넷(Sennett, R.)은 보수나 대가보다 일 그 자체를 위해 일을 훌륭히 하려는 장인의식이 인간의 좋은 삶과 성숙한 사회에 대해 가진 본질적 중요성을 논증한다.[4] 그 결과 몸의 노동이 정신과 뗄 수 없이 이어진다는 인간학적 통찰이 자연스럽게 도출된다.

우리와 특수한 애증의 관계에 있기는 하지만 장인정신에 대한 사회적 승인의 정도가 매우 높은 예로서 일본 문명도 빠트릴 수 없을 터이다. 앞서 논의했듯 중세 유럽과 일본 둘 다 근대적 자유시장경제가 본격화되기 이전 중세 때 이미 상업이 융성하고 독자적 상인윤리가 깊이 뿌리내린 것은 결코 우연의 일치가 아니다. 우리로서는 가슴 아픈 일이지만 일본 문명에 대한 서양의 평가가 매우 높은 데는 이런 문화적 배경이 상당한 몫을 담당했다고 나는 본다.[5]

---

4 Sennett, R. (2008), p. 25. 아렌트의 제자인 세넷의 연구는 호모 라보란스와 호모 파베르에 대한 아렌트의 일면적 이해를 교정한다.

5 일본 문명에 대한 서양인들의 높은 평가는 일본과의 역사 관계에서 비롯된 애증 관계에 시달리는 한국인에게는 당혹스러운 경험이다. 그것은 단지 근현대 일본의 경제적 성공과 경제력에 입각한 그들의 대(對) 서양 '로비 능력' 때문만은 아니다. 유럽법을 전공한 한국 학자가 이탈리아 대학에서 공부할 때 이탈리아 교수에게 비교법학의 관점에서 "일본은 우리와 같은 유

'세월호 참사'는 여러 생각거리를 제공하는 중대 사건이며 관점에 따라 정반대의 견해가 충돌하는 뜨거운 논쟁의 장이다. 하지만 적어도 한 가지 교훈만은 진영논리를 넘어 이론의 여지없이 동의할 수 있다고 본다. 즉, 세월호 참사는 지금까지의 분석이 드러내듯 '좋은 학교-좋은 직업-성공한 인생'이라는 단선(單線) 가치관의 구도를 깨트릴 수 있는 통렬한 집합적 성찰의 계기를 제공했다는 것이다. 기존 가치관의 구도는 여전히 강력하게 버티지만 모두의 실천으로 그것에 균열을 내는 작업이 불가능하지만은 않다는 사실을 우리는 섬광처럼 깨닫게 되었다.

　한국 사회에서 좋은 학교를 나오는 것은 여전히 중요하다. 그러나 세월호 참사가 폭로한 기득권층의 총체적 무능과 책임 회피 앞에서 우리는 세상 사람들이 말하는 좋은 직업이 진정 좋은 직업인지를 묻기 시작했다. 가장 중요한 것은 '진정한 성공이란 무엇인가?'에 대해 사람들이 공공연히 질문하기 시작했다는 데 있다. 세월호 참사 이후 한국인들은 의미와 가치에 대한 집단 개안(開眼)을 경험하기 시작했다고 해도 과언이 아니다. 지금까지의 '고전 다시 읽기'를 통한 "시장철학 전사"의 비판해석학은 시장과 연계되어 있으면서 동시에 시장 너머를 가리키는 시민정신의 의미와 가치의 지평을 발굴하려는 창조적 시도에 다름 아니다.

럽으로 간주한다"는 말을 듣고 충격에 빠진 경험은 비록 개인적 사례이긴 하나 음미할 만한 가치가 있다〔한동일 (2012), vii〕.

시장의 정치철학

- 복지와 경제민주화,
  21세기 한국의 시대정신이 되다
- 한계에 이른 한국형 발전국가
- 시장철학이 필요한 까닭은

1
복지와 경제민주화,
21세기 한국의 시대정신이 되다

●   "시장철학 전사"는 시장철학을 위한 사전 정지(整地) 작업임과 동시에 시장의 경세제민적 일반 이론에 해당된다. 이런 서술이 현재성과 구체성의 얼굴을 가진 시장경제와 접맥되기 위해서는 먹고사는 문제를 포함한 일자리, 경제성장, 복지, 양극화 해소 등 일반적으로 '경제문제'로 여겨지는 논제를 분석해야 한다. 따라서 시장질서와 연계된 공공성과 법치주의, 공론장, 과학적 합리성, 비판적 시민교육 등의 주제는 시장철학의 핵심 테제를 정립한 다음에 추가적으로 궁구(窮究)하려 한다. 방법론적으로 좁게 이해된 '경제' 영역을 집중 탐구한다고 할 때 최근 한국인의 관심을 가장 크게 끄는 단일 주제를 든다면 그것은 사회 경제적 양극화 해소와 결부된 복지 확대의 필요성과 불평등 완화, 경제성장과 일자리 창출 등의 경제적 사안이다. 절대 다수의 보통 사람에게 '먹고사는 문제라는 의미의 경제가 항상 생활의 주된 관심 사항이다'는 사실은 거의 불변에 가까운 삶의 경험칙이기 때문이다.

단 한 세대 만에 놀라운 경제발전의 성과와 모순을 동시에 압축적으로 경험한 한국인들에게 경제문제가 주는 실감은 특히 강력하다. 그게 일상생활의 핵심이기 때문이다. 단적으로 작금의 사회 경제적 정책을 둘러싼 논란의 핵심인 복지 논쟁은 2012년 대선과정에서 사회적 화두로 떠오른 바 있는 경제민주화와 복지강화 공약의 연장선 위에 있다. 연속적으로 이어지는 전 지구적 경제위기가 현재의 민생고로 악화하고 미래에 대한 불안으로 확산되면서 사람들의 삶의 세계에서 다시금 경제가 가장 절박한 현안으로 등장하고 있는 것이다. 이제 복지와 경제민주화가 우리 시대의 화두로 등장한 맥락을 한국 경제사에 대한 거시적 조망을 통해 좀더 포괄적으로 들여다봄으로써 시장철학의 실마리를 본격적으로 풀어가 보기로 하자. 그러기 위해서는 한국 경제에 대한 최소한의 총론적 정리가 필수적이다.

이헌창은 《한국경제통사》(韓國經濟通史)에서 중세사에서 현대사에 이르기까지의 경제사를 총관(總觀)하는데 특히 해방 이후 한국 자본주의의 발전과정을 3단계로 나누어 설명한다.[1] 식민지 자본주의의 종속적 자본주의로의 전환과 국민경제의 형성(1945~1960년), 국가 주도하 외향적 성장전략과 고도성장의 달성(1961~1979년), 그리고 선진 자본주의로의 구조전환을 위한 모색과 경제위기(1980~1998년)의 3단계가 그것이다. 이헌창의 "총론"에는 21세기 진입 이후의 연구가 빠지긴 했지만 1998년 출판 당시까지 축적된 한국 경제 발전사에 대한 선행연구들을 객관적으로 종합한 것이어서 한국 경제의 흐름을 거시적으로 조망하는 데 매우 유용하다. 종속적 자본주의를 벗어나 국가 주도하에 고도성장을 달성하는 데는 성공했으나 선진 자본주의로 전환하기 위한

---

1 이헌창 (1999) 의 제3부를 보라(363~555쪽). 한국 경제 발전사를 개관한 비슷한 성격의 텍스트로는 이 근 외 (1997), 이병천·김 균 편 (1998) 참조. 2000년대 이후 최근까지의 연구 성과까지 두루 담아내어 널리 읽힌 총론적 성격의 최신 저작으로는 장하성 (2014), 이병천 (2014) 참조.

직전 단계에서 경제위기를 위시한 여러 대내외적 문제로 심각한 진통을 겪는 한국적 시장발전의 얼개를 중립적 입장에서 담담히 보여준다는 점에서 이헌창의 연구는 시사적이다.

한국 자본주의 모델에 대해 극도로 비판적 태도를 견지하는 이병천조차 한국 현대가 압축 산업화와 정치적 민주화의 이중혁명을 성공시켰다는 것을 사실로서 인정한다. 그는 총론의 차원에서 현대 한국이 이룬 "이중혁명은 한국사는 물론이고 현대 세계 발전사에서도 기념비적인 것으로 크게 자랑할 만한 성취다"고 단언한다.[2] 이병천이 1980년대를 풍미했던 한국 사회구성체 논쟁에서 한때 정통 PD(민중민주진영)가 제창한 이른바 신식민지국가독점자본주의의 주요 이론가 가운데 한 사람이었다는 사실을 감안하면 참으로 놀라운 변화가 아닐 수 없다.[3] 물론 그는 지금도 진보 경제학계의 대표주자 가운데 한 사람이지만 한국의 경제적 성취 자체를 객관적 실체로 인정하지 않고 허구라고 강변하는 극소수의 자폐적 진보 경제학과는 거리를 멀리한다. 다만 한국 경제의 현실을 바라보는 이병천의 전반적 시각은 이헌창에 비해 매우 비판적이다.

이병천에 의하면 한국 현대 경제사는 3단계로 요약 가능하다. 돌진적 동원형 성장제일주의가 특징인 박정희 시대의 신중상주의적 개발독재 시기는 '한국 자본주의 발전모델 1.0'(1961~1987년)로 명명된다. 박정희 시대 국가 주도의 관민협력 체제가 '87년 체제' 성립 이후 세계화와 연동된 재벌 주도의 민관협력 체제로 전환되었다가 1997년 외환

---

2 이병천 (2014), 418~419쪽.

3 박현채·조희연 편 (1989).

제2장 시장의 정치철학 81

위기로 잠정적 종말을 맞은 게 '한국 모델 2.0'(1987~1997년)이다. 특히 1997년 이후 지금까지 계속 가속화되는 '한국 모델 3.0'에 대한 이병천의 평가는 가혹할 정도다. 국제 금융자본과 초국적 블록을 구성하면서 민관협력의 주도권을 장악한 소수 재벌이 경제권력 피라미드의 정점에 자리해 노동자 대중과 하청 중소기업·영세 자영업자를 착취함으로써 대중의 보편적 복지권과 민주적 참여권을 막아버린 게 지금의 한국 버전 '정글자본주의'라고 주장한다.

그리하여 이병천은 '계급적·사회적 불평등과 민생의 위기가 오늘처럼 심각한 문제로 대두된 때가 과연 있었던가?'라며 개탄한다. 그의 이런 논조는 한국 자본주의 모델에 대한 평가에서 '자학과 자만을 넘어서야' 한다고 스스로 전제함에도 불구하고 어두운 측면을 집중적으로 부각시킨다는 의념(疑念)을 불가피하게 한다. 한국 현대사에서 지금이 사회 경제적 불평등과 민생의 위기라는 측면에서 최악의 순간이라는 그의 진단은 마르크스주의와 좌파학자들에게 관습이 되다시피 한 자본주의경제 필망론(必亡論)의 한국적 변주에 가깝다. 물론 이런 종류의 위기필연론은 단순히 주장되기보다 엄밀히 논증되어야 할 소론이다. 더욱이 마르크스주의적 경제종말론의 예측이 크게 빗나가기 일쑤였다는 사실을 우리는 잘 알고 있다. 이병천은 사회 경제적 기본권이 보장되고 성장과 분배가 균형을 이루며 숨 가쁜 성장제일주의를 벗어나 사람이 먼저인 세상인 '한국 모델 4.0'을 역설하는데,[4] 그런 지향이 정당하고 아름다운 것만은 분명하다. 하지만 그의 모든 논의에서 한국 경제의 밝은 측면은 최소화된 데 비해 어두운 측면은 최대화된 형태로

---

4 이병천 (2014), 422쪽.

서술하는 경향이 엄존한다.

중요한 것은 이병천보다 중도적이며 온건한 데다 오랫동안 시민운동의 방식으로 체제 내 개혁을 주창해 온 장하성조차 '한국 자본주의가 고장 났다'고 단언한다는 사실이다. 한국 경제에 대한 충정에서 나온 장하성의 고언이 세계 3대 국제신용평가사인 스탠더드앤드푸어스(S&P)·무디스·피치가 2015년 9월 시점으로 한국 경제에 모두 AA-등급을 준 것과 논리적으로 충돌하는 건 아니다. 흥미롭게도 주요 20개국(G20) 가운데 3대 신용평가사에서 AA- 이상의 신용등급을 받은 국가는 우리나라를 비롯해 미국·독일·캐나다·호주·영국·프랑스 등 8개국뿐이다. 모두 우리가 일반적으로 선진국으로 인식하는 나라들이다. 이는 1997년 이래 한국 경제에 대한 신용도에서 최고치를 기록한 평가이다. 일본조차 국제 신용평가가 한국보다 뒤진 데다 앞으로의 경제 전망이 한국에 비해 부정적인 것으로 나온 것도 참고할 만하다.

결국 현실의 국가경제에 대한 판단은 놀라운 성취가 가져온 명암을 동시에 보아야 균형 잡힌 평가가 가능할 것이다. 굳이 이런 사례를 드는 이유는 간단하다. 이상주의적 경향이 강한 학자들일수록 빠지기 쉬운 지나친 비관론이나 이병천의 사례가 입증하듯 위기론의 과잉이 부를지도 모를 또 다른 편향을 경계하기 위해서이다. 2015년 하반기 현재, 실물경제가 그리 좋지 않다는 말이 무성한 것은 부인하기 어려운 사실이다. 그럼에도 한국 경제의 성장 추세는 5년째 2~3%대여서 여전히 견고한 편이며 대외유동성 자산이 계속 확대되면서 외환보유액이 3천6백억 달러를 넘는 데다 국가채무의 비율도 OECD 국가 평균이 114%인 데 비해 우리나라는 2016년 기준으로 40.1%에 머무른다는 거시경제지표도 엄연한 객관적 사실이다. 결국 사실이라고 하는 것은 특정 이념이나 통계자료로 쉬이 재단되지 않는 입체적 복합태인 것이다.

장하성이 집중적으로 주목하는 것은 기적에 가까운 압축성장의 결과로 오늘의 현실에서 평범한 한국 시민들이 지불해야만 하는 사회 경제적 비용이 가히 천문학적이라는 점이다. 장하성의 이런 경고는 한국 국가경제의 거시적·객관적 성취와 배치되는 게 아니라 오히려 그것과 모순적인 방식으로 상호 동행한다고 보는 것이 온당하다. '한국 자본주의가 고장 났다'고 주장하는 까닭을 그는 다음과 같이 설명한다. 역대 보수·진보 정부를 막론하고 공통적으로 관찰되는 소득 재분배 정책의 실패, 양극화의 확대, 고용·임금·분배가 멈춘 3무(無) 성장, 벼랑 끝 비정규직 노동자의 처지, 줄어든 가계소득과 늘어난 기업소득 사이의 격차 확대, 기업의 과다한 내부 유보금 축적, 만성화한 불공정 경쟁, 재벌의 얼룩진 축재 과정, 독과점 기업들의 담합이 구조화된 상황에서 한국 자본주의가 앞으로 나아가기 위한 기본 원리이자 동력인 건전한 경쟁과 공정이 크게 훼손되고 있다는 것이다.

그러나 장하성은 "시장이나 자본주의에 원천적 결함이 있다는 근본주의자들의 주장은 현실적 대안을 마련하는 데 별 도움이 되지 않는다"며 일축한다.[5] 현실주의자로서의 면모가 선명하게 드러나는 지점이다. 그런 연유로 나는 재벌개혁을 위시로 한 경제민주화와 공정경제 등 적지 않은 대목에서 한국 경제 개선을 위한 장하성의 제안에 동감하는 편이다. 다만 나의 시장철학 관점에서 볼 때 의미심장한 대목인데도 내가 동의하기 어려운 장하성의 결정적 논점이 있다. 최장집의

5 장하성 (2014), 589쪽.

논리를 따라 시장과 민주주의를 대극적 위치에 놓는 그의 단순 논법이 바로 그것이다. 장하성에 의하면 고장 난 한국 자본주의를 교정하는 힘은 시장 자체에서 나오지 않는다. 자본주의 시장경제에서 경쟁이야 말로 가장 핵심적인 작동 원리이지만 "시장은 공정한 경쟁을 스스로 만들어 내지 않으며 공정한 경쟁이라 할지라도 시장은 공정한 분배를 만들어 내지 않기 때문이다"고 그는 역설한다.[6] '가치중립적 제도'일 뿐인 시장을 왜곡되지 않게 하는 것은 시장이 아니라 정치이자 민주주의를 운영하는 국민의 몫이라는 것이다. 장하성이 700쪽이 넘는《한국 자본주의》의 결론을 '민주주의가 희망이다'라는 화두로 결론짓는 것은 이런 맥락에서이다.

하지만 나는 장하성이 시장과 민주주의의 복합관계를 너무나 소박한 이항대립 관계로 환원시켰다고 판단한다. 물론 대중을 위한 계몽의 시도가 앞섰을 수도 있지만 시장 자체의 본질이 가치중립적이라고 보는 건 지나치게 소박한 관점이 아닐 수 없다. 제 1장에서 "시장철학 전사"라는 테마로 개진한 시장질서의 입체적 차원에 대한 비판해석학에 비추어 보아도 장하성의 시장 개념은 일면적이라고 평가할 수밖에 없다. 제 3장에서 본격적으로 논변하겠지만 시장과 민주주의, 즉 시장질서와 민주질서의 관계는 훨씬 역동적이며 입체적인 방식으로 동시에 함께 논의되어야 한다. 민주주의는 평등의 원칙을, 시장은 불평등의 원리를 내포한다는 장하성의 논법은 사뭇 명쾌하지만 복합적 현실을 너무 단순화시킴으로써 시장과 경제의 다면성을 지나치게 협애화(狹隘化)한다고 나는 본다.

한국 현대사를 조망하는 표준적 경제학과 경영학 영역에서 일정한

---

6 장하성 (2014), 601쪽. '스스로' 부분은 내가 의도적으로 강조한 것이다.

대표성을 가진 보수·진보·중도 이론가의 관점을 지금까지 소략하게 나마 살펴보았는데 그 교훈을 내 방식대로 비판적으로 종합해 요약하면 대략 다음과 같은 그림이 추출된다. 그 출발점은 '한강의 기적'이라는 찬란한 객관적 성취에도 불구하고 복지강화와 경제민주화가 우리 시대의 화두로 떠오른 데는 거의 필연적 맥락이 존재한다는 것이다. 복지와 경제민주화는 '선동가'형의 정치인이 집권하기 위해 내놓은 포퓰리즘적 공약이라고 단순히 폄하될 수 없다. 한국 경제의 성취를 기본 전제로 깔고 있는 비판적 조망은 다음과 같이 정리 가능하다. 분단 체제하의 일천한 자유민주주의와 한국적 중상주의 국가가 견인한 원시적 자본 축적에 전념한 경제적 자유주의의 그늘은 21세기에 들어서도 변함없이 우리를 강력히 옥죈다. 막강한 자본의 힘에 비해 노동의 목소리는 과소 대표되며 그나마도 대기업 노조라는 또 다른 기득권 집단에 편중되어 있다. 보수 정치권력이 노동개혁을 사회 전체 차원의 과제로 부각시키면서 여론의 상당한 호응을 얻는 것도 다 이유가 있다. 강성노조가 보호하는 소수 대기업·공기업 노동자의 특권 자체가 노조 없는 다수 중소기업 노동자·비정규직 노동자의 눈물과 청년층 산업예비군의 희생을 담보로 한 것이라는 여론을 외면하고서는 진보의 미래가 밝지 않다.

대기업·공기업 강성노조를 주요 지지기반으로 하는 진보적 노동운동이 공정성과 형평성의 원리 자체를 위반한다는 의심을 받는 사태는 진보의 존재기반을 허무는 자해행위나 다름없다. 하지만 강성 민주노총의 급진노선이 진보의 미래에 도움이 되지 않을 게 분명함에도 불구하고 한국 보수처럼 민노총만을 비난하는 것은 균형 잡힌 태도가 아니다. 일반론의 수준에서 평가할 때 과다한 사회보장제도가 재정과 노동의 건전성을 위협하기는커녕 한국의 상황은 그 정반대에 가깝기 때문이다. 우리 사회의 복지 현실이 인간의 존엄을 보장하기에는 갈 길이 멀다는 사실이 논의의 출발점으로 인정되어야 합리적 토론이 가능한 것이다. 기본적 복지제도의 확보가 강력한 시대적 요구로 떠오르는 오늘의 흐름 자체가 한국의 엄혹한 현실을 반영한다. 분단체제의 현실에서 비롯된 과다한 국방비 지출 비용을 감안해도 OECD 국가 최고의 자살률과 노인 빈곤율, 최저인 청소년 행복도, 세계 최저 수준의 저출산 현상은 21세기 한국 사회가 중대한 내적 위기에 봉착했음을 증명한다.

2012년 대선 과정에서 경제민주화와 복지강화 공약이 여야와 보수·진보를 관통한 공통의 시대정신으로 부상했던 배경은 여기에 있다. 신자유주의적 세계화의 광풍에 노출된 다수의 노동자·실직자·실업자들을 위한 사회안전망 구축조차 태부족이라는 평가가 불가피한 것이다. 발전국가의 일관된 압축성장 정책의 결과 이제 국가를 넘보게 될 정도에 이른 독점자본의 힘은 '재벌공화국'을 일컫는 지경에까지 이르러 공정한 시장경제의 질서 자체를 위협한다. 부동산 문제에서 집중적으로 발현되었던 투기적 거품경제의 적폐는 건전한 근로와 투자 의욕을 왜곡시켜 한국 자본주의의 도덕적 기초를 흔든 바 있다. 한국 대기업이 외치는 것처럼 불필요한 국가 개입을 줄이고 규제를 감소시키며 시장의 기능을 투명화하고 사유재산권과 기업가 정신을 장려하는 것은 참으로 정당하며 한국 자본주의의 현 발전 단계에서도 시의적절한 일이다.

하지만 그런 주장을 극단화된 일반 경제이론의 차원으로 이전시키는 것은 또 다른 부작용을 초래할 수밖에 없다. '국가의 실패'를 시정하려는 진단과 처방이 '시장의 실패'를 간과하는 오류로 이어지는 위험성에 대해서 경계할 필요가 있는 것이다. '재벌'이라는 고유명사로 불릴 만큼 커졌으나 사회적 책임과 경영윤리에는 소홀한 것이 대기업 집단의 민얼굴이다. 사회적 공분을 불러온 국적 항공사의 '땅콩 회항'이나 롯데 사태는 얼핏 돌출사건으로 보이지만 재벌기업의 봉건적 사내 문화가 필연적으로 잉태한 산물이기도 하다. 물론 재벌이라 불리는 한국적 대기업 집단이 오늘의 위치에 오른 데는 소유주 가문의 뛰어난 기업가 정신과 경영능력이 있었다. 그러나 국가의 전폭적 지원과 국민들의 전면적 희생이 동반하지 않았더라면 재벌의 성공은 원천적으로 불가능했다. 대기업 집단 자신만의 힘으로 오늘의 성취에 이르렀다는 주장은 한국 현대사의 객관적 사실(史實)에 어긋난다.

한국처럼 대기업의 약육강식과 승자독식이 제도화된 나라는 전 세계적으로도 거의 찾아보기 어렵다. 유사 봉건세습 체제를 구축하는 재벌의 선단식 경영과 총수의 무한권력에 반비례하는 무책임 경영행태도 크게 달라지지 않았다. 경영의 성과는 재벌과 총수 일가가 독식하는 데 반해 그 비용과 손실은 '사회화'해서 국민 전체가 나눠 부담하는 불공정과 특혜의 관행은 한국 경제의 오래된 풍경이다. 국민경제에서 재벌이 차지하는 비율은 갈수록 높아만 간다.

이런 현실은 공정한 시장질서를 왜곡할 뿐 아니라 민주공화정 자체를 위협할 지경에 이르렀다고 보아야 한다. 한마디로 '재벌공화국'이란 표현이 결코 과장이 아닌 것이 21세기 대한민국의 현실이다. 따라서 2012년 대선 때 한국 보수블록의 이해관계를 대표했던 당시 박근혜 후보가 공약했던 경제민주화와 복지강화는 시장경제의 투명성을 높이고 사회 양극화를 줄여 대한민국 체제를 지키려는 보수의 합리적 노력이었던 것으로 해석되어야 한다. 2012년 대선 국면에서 13명의 전직 경제장관들이 "시장경제 체제 수호 차원에서 대기업이 양극화 해소에 앞장서야 한다"고 요청한 것과 같은 문맥이다.

2

한계에 이른 한국형 발전국가

●   2013년 1월 15일 발표된 현대경제연구원 보고서에 의하면 2012년 3분기 저소득·취약계층의 체감 생활고는 악화일로였다. 통계청 자료를 토대로 추산된 소득 하위 20% 계층의 엥겔지수(소득 대비 식료품비 지출 비중)가 23.4%로 통계 작성의 역사 이래 가장 높았다. 전체 가구의 평균 엥겔지수(15.5%)와의 격차도 사상 최대로서 임계점에 이른 양극화의 위태로움을 웅변했다. 여러 사회적 취약계층 중에서도 노인가구의 엥겔지수가 최악(35.5%)이라는 사실도 충격적이었다. 근래에 노인 자살률이 급증한 데는 다 이유가 있었던 것이다. 이런 추세가 완화되고 있다는 증거는 찾아보기 어려운 것이 지금의 현실이다. 한국 사회에 안개처럼 스며든 불안과 불만이 우리의 영혼을 잠식하는 데에는 손에 잡히는 긴박한 사회 경제적 이유가 존재한다. 보편적 기초연금은 참담한 현실에 처한 노인들의 인간적 삶을 보장하는 최소한의 방안이다.

우리 수준에 걸맞은 복지체계를 만듦으로써 한국 사회의 긴장과 스트레스를 근본적으로 줄이기 위한 방안의 하나로서 노인 빈곤과 자살 문제에 대한 대응책은 좀더 상세하게 다룰 가치가 있다. 급속히 고령사회로 진입하는 현실은 노인 문제가 곧 한국인 모두의 문제임을 웅변한다. UN은 고령사회를 3단계로 나눈다. 65세 이상 인구가 전체인구의 7% 이상이면 '고령화사회', 전체인구의 14% 이상이면 '고령사회', 20% 이상이면 '초고령사회'로 구분된다. 우리의 경우 2000년에 65세 이상 인구가 전체 인구의 7.2%를 차지하면서 고령화사회에 진입했고, 2017년에는 14%를 넘어 고령사회가 될 것으로 예상된다. 진행 속도가 세계 최고 수준이다. 이런 상황에서 한국보건사회연구원의 〈최근 빈곤 및 불평등 추이와 시사점〉 보고서에 의하면 한국 노인층의 상대 빈곤율은 2012년과 2013년 모두 48%를 기록했다. 국내의 전체 빈곤율 13.7%보다 3.5배 높고, 한부모 빈곤율의 2배를 훌쩍 상회할 정도이다. 노인의 처지가 사회 경제적 약자 중에서도 가장 열악하다. OECD의 연령대별 빈곤율에서도 한국의 66~75세 빈곤율은 45.6%로 OECD 평균 11%의 4배를 넘는 실정이다. 55세가 넘어 연령이 높아질수록 자살률도 급상승한다.

평균적인 한국 노인이 사회 경제적 위기에 직면하는 가장 큰 이유는 우리의 공적 연금제도가 부실한 데 있다. 대다수 선진국들이 1백여 년에 가까운 공적 연금제도의 역사를 가진 데 비해 우리네 공무원연금(1960년)·군인연금(1963년)·사립학교 교원연금(1973년)이 도입된 것은 불과 40~50여 년 전의 일이다. 삶의 질을 말할 때 한국과 여타 선진국의 가장 큰 차이 가운데 하나가 공적 연금의 성숙도이다. 한국의 경우 전 국민 가운데 상술한 3가지 특수 직역(職域)을 제외한 일반 직장 근로자를 대상으로 한 국민연금은 1988년에야 처음 도입되었고, 1995년에 농어촌 지역으로, 그리고 1999년에야 도시 자영업자에게까지 확대되었다. 산업화의 역사가 일천했음을 감안해도 한국 경제의 객관적 성취에 비해 매우 지체되었다고 할 수밖에 없다.

통계청 조사에 의하면 2014년 기준으로 우리나라 노인 가운데 공적 연금 수급자 비중은 39.6%에 불과하고 금액 면에서도 52%가 월 25만 원 미만을 받는다. 노인 10명 가운데 6명은 어떤 종류의 공적 연금도 받지 못하는 것이다. 10~20만 원의 기초연금은 너무 액수가 미미해 노인 빈곤율 해소에는 큰 도움이 되지 않는다. 2015년 10월 20일 호주 금융연구센터와 컨설팅기업인 머서가 발표한 '멜버른·머서 글로벌연금 인덱스(MMGPI)도 한국 연금제도의 후진성을 증명한다. 이 인덱스에 의하면 한국 연금의 글로벌 순위는 총점 43.8점으로서 평가 대상인 주요 25국 가운데 24위다. 인도네시아와 중국에도 뒤진 순위였으며 25위인 인도(40.3점)에만 앞섰을 뿐이다. MMGPI는 2009년에 11개국으로 시작해 점차 평가 대상국을 늘렸는데, 국민연금·기초연금 같은 공적 연금과 퇴직연금 등 사적 연금을 포함한 각국의 연금 시스템의 적정성, 지속 가능성, 완전성 등을 종합적으로 평가해 도출된 지수다.

부실하고 불충분한 공적 연금제도는 노후를 제대로 대비하지도 못한 채 인생의 종반전에 선 한국인들을 불안하게 만든다. 한국 노인들은 어떤 나라의 노인들보다 더 늦은 나이까지 일하지만 일자리 자체가 찾기 어렵거니와 대부분 저임금-저숙련 일자리에 머무르는 실정이다. 일을 한다고 해도 삭풍이 몰아치는 황야에 내몰릴 게 불을 보듯 뻔한 평균적 한국인의 불행감이 하늘을 찌르는 근원적 배경이다. 또 다른 비교지표가 참고할 만하다. 2015년 9월 UN 산하단체인 헬프에이지(Help Age)는 '세계노인복지지표'를 발표했는데, 우리나라는 '소득보장 부분'에서 96개 조사대상국 중 82위에 그쳤다. 세계 최하위권의 열악한 기록으로서 아시아 주변국인 베트남, 중국, 태국보다 낮은 수준이다. 세계 10위권 경제대국이란 이름이 무색할 정도가 아닐 수 없다. 따라서 노인 빈곤 문제의 해소 및 감소를 위한 정책 실행은 중대한 의미를 가진다. '헬조선'이라고까지 불리는 한국 사회의 첨예한 긴장을 낮추는 획기적 방안이 될 게 분명하다.

나라에 따라 상황은 다르지만 노인 문제를 '나이 듦의 시대'(*the age of aging*)인 현대의 보편적 도전으로 보는 매그너스(Magnus, G.)는 우리의 생활방식을 총체적으로 바꿀 '고령화시대 경제학'의 필요성을 예시한다. 베이비붐 후 세대들은 부모가 노후를 위해 가진 재산을 소비하는 기간이 길어지면서 물려받을 재산은 점차 감소하고, 여러 세대가 관련된 정책문제들이 더 복잡해지며, 가족 구조가 급변하므로 전 지구적 차원의 인구구조 변화가 야기한 복합적 도전에 적극적으로 응전해야 한다는 것이다.[1] 노인 빈곤을 비롯한 고령화사회의 문제가 비단 우리만의 고민거리가 아님을 알 수 있다.

무상보육 정책도 세계 최저 출산율의 재앙을 벗어나기 위한 출발점이며 4대 중증질환 관련 의료공약 등도 마찬가지 맥락으로 이해될 수 있다. 우리나라 복지체제의 뼈대인 저(低) 부담 저(低) 복지 제도에 일대 개혁이 불가피하다는 인식은 국민적 합의에 가깝다. 우리나라의 사회복지 지출의 비율은 2014년 기준으로 GDP 대비 10.4%인데 과중한 국방비 부담을 감안해도 OECD 회원국 가운데 최저 수준(평균 21.6%)이며, 국민 부담률도 24.3%로 역시 가장 낮은 편에 속한다(평균 34%). 2015년에 발표된 여러 여론조사에 의하면 국민적 공론화와 합

---

1 Magnus, G. (2008/2010), pp. 375~376.

의의 과정을 거쳐 저부담 저복지에서 중(中)부담 중(中)복지로 나아가야 한다는 데 대해 일반 시민과 전문가 집단의 의견이 일치했다. 복지 강화는 국민들의 불안·불만·불신이 분노로 폭발하는 것을 막아 한국 경제를 지속 가능한 경제로 전환하는 기본 전제에 가깝다.

구체적 통계자료는 한국 경제가 고장 난 지점을 추가적으로 드러낸다. 국세 수입에서 가장 큰 것이 부가가치세·소득세·법인세인데, 2008년 이명박 정부는 법인세 최고율을 25%에서 22%로 하향 조정한 데 비해 2011년 소득세 최고율은 35%에서 38%로 상향 조정한 바 있다. 하지만 투자 확대와 일자리 창출을 명분으로 강행한 법인세 축소의 결과 국내 투자나 일자리는 크게 늘어나지 않았고, 20대 대기업들이 현금으로 쌓아 놓은 사내유보금만 2008년 이후 5년 동안 322조 원에서 589조 원으로 80% 증가했다. 또 2013~2014년 2년간 소득세수가 11조 더 걷힌 데 비해 법인세수는 2조 더 걷힌 데 불과했다. 세수 증가 규모에서 소득세가 법인세에 비해 5배 이상 가파르게 늘어난 것이다.

그 결과 그전 39년 동안 부동의 세수 1위였던 부가가치세를 제치고 2014년 기준으로 소득세가 국세 수입 1위가 되었다. 이명박 정부 5년간 탕감되었던 법인세가 30조 원 가량이고 그중 24조 원이 대기업으로 돌아갔다는 통계가 입증하듯이 이명박 정부 시대의 부자 감세와 봉급 생활자·자영업자의 부담 폭증은 입증된 통계적 사실이며 박근혜 정부는 그런 흐름을 계속 이어 가고 있다. 이런 명명백백한 현실은 경제 정책을 둘러싼 보수·진보 사이의 섣부른 이념논쟁 자체를 공허한 것으로 만들 정도로 강력한 보편적 울림을 지닌다.

지금까지의 논의가 가리키는 방향은 자명하다. 오늘의 한국 사회는 복지와 상생 없이 더 이상의 경제성장조차 어려운 한계점에 봉착한 것이다. 따라서 대대적 복지 확대야말로 대한민국이라는 정치 공동체 체제 유지의 비용이자 미래 성장을 위한 사회적 동력의 핵심이라는 발상의 전환이 절박하다. 인류 역사상 최초의 복지제도 도입 자체가 프러시아의 철혈(鐵血) 재상 비스마르크의 철권통치 아래 체제 유지를 위해 처음 시행된 사례는 매우 의미심장하다. 1870년 프러시아를 앞세워 독일 통일을 이루려던 비스마르크는 보불전쟁에서 프랑스를 굴복시켜 알자스-로렌 지방을 할양받았다. 하지만 피폐한 독일 경제로 사회가 불안해지자 독일제국의 체제 유지 차원에서 기업가들의 반대를 물리치고 1881년에 사회의료보험제도, 1883년에 연금제도를 도입하였다.[2] 1977년 박정희 정부가 의료보험을 도입할 때나 1988년 노태우 정부가 국민연금을 도입할 때도 시기상조라고 비판하거나 제도의 장기 지속성을 문제 삼는 관료집단과 국책연구기관의 반대가 극심했다.

오늘의 복지와 증세 논쟁, 나아가 경제민주화 논쟁도 역사적이고 거시적인 맥락에서 조명되어야 비로소 균형 잡힌 평가가 가능하다. 단적인 사례로 1997년 외환위기 당시 한국 사회를 신자유주의적 구조조정의 태풍 속으로 밀어 넣은 국제통화기금(IMF) 부총재가 2015년 초 방한 당시 남긴 한국 경제에 대한 충고가 자못 의미심장하다. 적극적 사회 경제 정책을 통해 한국 경제의 전망을 어둡게 하는 양극화 심화와 중산층 붕괴 추세에서 하루빨리 탈출해야 한다는 것이다. 자본 친화적일 수밖에 없는 IMF 지도부조차 한국형 발전국가 모델이 심각한 위기에 직면했음을 우려하는 실정인 것이다.

---

2 김종인 (2012), 22쪽.

3
시장철학이 필요한 까닭은

•   지금까지의 국내 상황에 대한 분석은 한국형 발전국가 모델이 심각한 내적 위기를 맞고 있는 까닭에 한국 시장경제 모델의 질적 전환이 시급히 요구된다는 우리의 주장을 증명한다. 나는 국내적 분석에 이어 자본주의 시장경제의 세계적 흐름에 비추어보아도 한국형 발전국가의 질적 전환에 대한 이런 요구가 설득력이 크다고 본다. 이런 관점에서 다보스포럼의 기류 변화가 다대한 상징성을 가진다. 주지하다시피 전 지구적 자본주의를 이끄는 주요 경영자들과 이론가들 수천 명이 1년에 한 번씩 모여 전 세계적 현안을 다루는 대표적 모임이 다보스포럼이다. 그런데 '2012년 다보스포럼'의 주제는 '대전환: 새로운 모델의 형성'이었다. 오늘의 자본주의가 중대한 위기에 빠졌다는 보편적 공감대를 반영한 것이었음은 물론이다. 자본주의 시장경제의 미래에 대한 전문가들의 확신은 유럽 대륙을 휩쓰는 재정위기의 폭풍 앞에서 '파멸의 날' 시나리오에 대한 집단적 우려로 바뀌었다.

상당 부분 허구로 판명된 '자기조절적 시장경제'의 신화가 '악마의 맷돌'이 되어 인간적 가치들을 '갈아 버리고' 있는 총체적 도전 상황에 대해 다보스포럼은 2013년 '불굴의 역동성', 2014년 '세계의 재편', 2015

년 '새로운 지구적 맥락'이라는 대(大) 주제로 응전하는 중이다. 2008년 이래 구미 선진국들을 동시다발적으로 통타하는 유사(類似) 경제공황이 그 생생한 증거다. '투자가 중의 투자가'라 불리는 조지 소로스는 2012년에 당시의 세계 경제의 상황이 1929년 미국 대공황 못지않게 심각하다고 주장한 바 있다. 세계 경제가 과거보다 훨씬 촘촘히 연동된 데 비해 1930년대에 위력을 발휘했던 개별 국민국가의 위기관리 능력은 현저히 떨어진다는 점을 그는 특히 우려한다. 비우량 주택담보대출로 촉발된 2008년 금융위기를 오바마 정부가 '헬리콥터로 돈을 쏟아붓는' 사상 최대의 구제금융을 투하해 급한 불을 잠시 끈 미국에 비해 통합된 정치적 리더십이 결여된 유럽의 재정위기는 지금도 현재진행형이다. 2015년에도 그리스발 위기가 남유럽으로 확대되고 EU 전체가 흔들리는 상황이 진정되지 않는 실정이다.

칼 폴라니는 반세기도 훨씬 전에 저술한 예언적 대저인 《대전환》에서 사회 통제에서 벗어난 현대 자본주의경제의 폭주를 칼같이 규탄한 바 있다.[1] 폴라니에 대해서는 제3장 "시장질서의 논리와 동학"에서 상세하게 다루겠지만 현대 자본주의 옹호자들의 성소(聖所)인 다보스포럼이 자기반성의 시도로서 '주류 자본주의 경제학의 영원한 비주류'였던 폴라니와 동일한 주제인 자본주의의 '대전환'을 외치는 것보다 더 상징적인 사태 변환도 드물 터이다.

잘 알려진 것처럼 신자유주의는 자본(특히 금융자본)의 유통을 전 지구적 차원으로 확장시켜 개별 민족국가나 지역 블록들의 경제 제어능

---

1 Polanyi, K. (1957/2009). 원저인 *The Great Transformation*: *The Political and Economic Origins of Our Time*은 1944년에 첫 출간되었다.

력에 큰 타격을 주었다. '작은 정부, 큰 시장'이라는 신자유주의의 구호는 세계적 차원에서 자본의 자유로운 운동을 원활하게 해 이윤을 극대화시키기 위한 논리에 가까웠다. 각국에서 추진된 형태에 차이가 있긴 하지만 신자유주의는 노동시장을 극단적으로 유연화하고 경제적 개인주의를 상찬하며 사회적 불평등을 무한경쟁의 불가피한 결과로서 적극 수용했다. 그렇게 해서 획득된 생산성과 효율성이 미국발 금융위기와 유럽발 재정위기의 회오리를 낳는 것을 우리는 현재진행형으로 보고 있는 중이다.

고용불안과 사회 경제적 불평등은 갈수록 심화되고 경제의 열매는 자본가와 금융 CEO, 극소수 전문층과 노동 엘리트에게 집중될 뿐이다. 다수의 비숙련 임(賃)노동자들은 부분노동이나 서비스 관련 산업으로 내몰리거나 장기 실업의 상태로 떨어짐으로써 잉여인간화된다. 산업구조가 빠르게 개편될수록 일자리 자체가 줄어들거나 사라지고 마는 '노동의 종말' 현상이 현실화되는 것이다. 그 결과 신자유주의적 자본주의 아래 적지 않은 보통 사람들의 삶의 질은 경향적으로 악화되거나 최소한 항상적 불안정 상태에 놓여 있다.

논란 많은 '신자유주의'의 특징은 세계사적으로 다음과 같이 압축이 가능하다.[2] 신자유주의는 자본주의경제와 관련해서만 자유의 가치를 강조하는 경향이 있으며, 상위계급이 자신들의 기득권을 극대화하기 위해 신자유주의화(특히 세계화)를 추동하고 이런 신자유주의화가 지리적으로 불균등하게 진행되며 신자유주의화의 성과가 생산성 증대를 통한 자본 축적이 아닌 탈취에 의한 축적을 지향한다는 것이다. 이는

---

2 Harvey, D. (2005/2007) 참고.

실물경제의 생산성 향상에 의거하지 않은 최첨단 금융 파생상품이 견인한 월가(Wall Street)의 거품경제가 타국과 미래 세대의 자산을 앞당겨 탈취해 낭비함으로써 파국에 이르렀던 금융자본주의의 현실에 비추어 볼 때 의미심장한 진단이 아닐 수 없다.

세계체제의 모순과 분단 구조의 모순을 응축한 한반도의 상황은 훨씬 복잡하다. 돌진적 방식으로 추진된 압축성장이 세계가 놀란 '한강의 기적'을 창출함과 동시에 특유의 한국형 '위험사회'를 만들었기 때문에 우리의 문제는 더 복합적이다. 한 세대 동안의 피땀 어린 노력으로 형성되었던 중산층의 두께가 얇아지는 흐름이 신자유주의의 지구적 팽창과 궤를 같이한다. 문제는 한국형 신자유주의 정책이 보수와 진보 정부를 불문하고 단순 재생산된다는 데 있다. 최근의 두 보수 정부에서는 그런 흐름이 더욱 빨라질 뿐이어서 보수와 진보 정부 간에 현격한 사회 경제 정책의 차별성은 그다지 눈에 띄지 않는다.

한국적 발전국가 주도의 전면적 동원체제와 불균형 성장정책과 맞물린 정경유착과 관치금융, 노동 배제적이고 재벌 중심적인 천민자본주의, 구조적 부정부패, 패거리 정치문화는 두 차례의 수평적 정권 교체에도 불구하고 본질적 변화가 없었던 것이다. 발전국가 모델의 견인차로 여겨진 과대국가·독점자본연합이 경제성장의 주체이던 시절은 빠르게 종료되는데 이런 발전국가 모델을 대체할 수 있는 사회 경제적 대안은 아직 불투명한 상황에서 만성적 경제위기가 반복되는 것이다. 결국 산업화 시대를 견인한 옛 경제 패러다임의 유효성은 줄어드는데 새 패러다임은 아직 오리무중인 현실이 위기를 가중시킨다.

이것이 바로 시장철학이 긴급히 요구되는 까닭이다. 그것도 시장의 경제철학을 넘어 시장의 정치철학이 필요한 것은 무엇보다도 세계화와 연동된 21세기 자본주의의 위기가 민주질서에 커다란 충격을 가함으로써 시장경제의 본질에 대한 총체적 반성을 불가피하게 만들기 때문이다. 자유민주 체제로 출범한 한국 사회에서 우리의 삶을 전일적으로 규정하는 자본주의적 시장경제의 의미와 행로에 대한 본원적 성찰이 필요한 긴박한 시점이 아닐 수 없다. '카지노 자본주의'로 명명된 신자유주의의 적폐가 온 세계를 휩쓸고 전 지구적 경제위기의 책임이 신자유주의적 시장의 전횡에 있는 것으로 여겨지는 작금의 상황은 시장의 본질에 대한 탐구를 절실히 요구한다. 고삐 풀린 신자유주의라는 과잉과 그 정반대 지점에 있는 비자유주의적 반(反)시장 정서의 과잉이라는 오늘날 이중과잉의 상황은 특히 한국 사회에서 시장에 대한 균형 잡힌 입체적 사유를 더욱 어렵게 만든다.

시장의 본질적 의미에 대한 논구는 서양에서도 희소하지만 머리말에서 길게 밝힌 것처럼 특히 우리 학계에서는 시장에 대한 도덕적 판단을 넘어선 인문학적 분석이 드물고 철학적 논의는 거의 전무하다시피 하다. 나는 이를 한국의 지식 사회와 보통 사람의 생활세계에서 자유주의 일반에 대한 과소평가를 낳은 가장 큰 이유 가운데 하나라고 본다. 그러나 마르크스를 찬탄케 한 자본주의 사회구성체의 생산력 창출능력 문제를 떠나서도 온전한 시장 없이는 현대적 삶의 핵심인 자율성의 공간으로서의 공론장이 만들어지기 어렵고 성찰적 시민사회도 생성될 수 없다. 시장이 부재한 모더니티(현대성) 자체를 상상조차 하기 어려운 것은 이 때문이다.

정치철학적으로 볼 때 건강한 시장과 건전한 자유 민주정치는 복합 상관적으로 연계되어 공존하면서 갈등한다는 판단이 불가피하다. 시장과 민주주의는 서로를 겨눈 적대자로 단순 규정될 수 없는 것이다.

시장철학은 시장질서와 민주질서의 본성을 추출한 뒤 두 질서가 어디서 만나고 어떻게 길항(拮抗)하며 어떤 방식으로 공생하는지 밝히는 작업에서 출발한다. 바꿔 말하면 시장의 철학은 시장질서와 민주질서의 복합 상관성을 해명하려는 지적 노력이 그 단초인 것이다. 여기서 중요한 것은 시장의 철학이 주로 시장의 정치철학으로 형상화된다는 사실에 있다. 그런 시장철학의 시각에서 볼 때 오늘의 전면적 위기는 시장질서와 민주질서 사이의 선택적 친화성과 긴장 관계가 적절한 균형을 잃었기 때문에 발생했다. 시장과 시민사회 그리고 주권국가가 자기조정 능력과 상호 견제 그리고 상호 균형을 상실함으로써 단일국가 안에서뿐만 아니라 21세기 세계 사회의 질서 전체가 궤도를 일탈할 위기를 맞은 것이다.

시장질서가 너무 커질 때 민주질서는 커다란 위기를 맞는다. 민주주의가 절제되지 않을 때 시장질서도 타격을 받는다. 위기에 빠진 민주질서는 '정치적인 것의 재생'을 통한 시장질서의 정상화를 거쳐 복원될 수 있으며, 역으로 시장의 생명력은 민주주의와 정치적인 것의 토대를 굳건히 한다. 시장의 철학은 궁극적으로 시장질서, 민주질서 그리고 정치적인 것의 복합 관계를 해명해야 그 구도와 지향점이 선명하게 드러난다.

이러한 삼중적 복합 관계의 지평이 21세기 한국 사회의 구체적 현안으로 돌출한 결과물 중의 하나가 '경제민주화'로 이해되어야 한다. 하지만 한국의 보수 세력은 시장의 입체성을 제대로 사유하지 못하고 자유방임 시장의 물신화(物神化)에 집착함으로써 균형 잡힌 시장의 철학에 이르지 못한다. 또한 진보진영은 시장의 복합성을 제대로 고려하지 못한 채 근본주의적 역사관에 함몰됨으로써 시장과 시민권, 시장질서와 민주질서 사이의 복합적 상관관계를 단선적 적대 관계로 환원시켰다. 시장과 자본 일반에 대한 한국 사회 일각의 깊숙한 적대감은 사실 자유시장이 가진 다면적 함의를 제대로 이해하지 못한 데서 기인한 것이다.

이런 사상적 편견은 우리 사회에 의외로 널리 퍼져 있다. 2008년 미국발 금융위기로 촉발되고, 2012년 유럽발 재정위기의 형태로 현재까지 계속되고 있는 전 세계적 공황의 와중에 더욱 힘을 받은 이런 편견을 극복하는 작업이 시장철학의 주요 목표 가운데 하나이기도 하다. 시장질서와 민주질서의 복합적 상관관계를 해부하려는 나의 시도는 일반 이론의 수립을 지향하기도 하지만 자유주의와 자유시장경제의 가치를 폄하하는 경향이 있는 한국 사회의 왜곡된 이념적 지형도에 대한 치유 효과를 겨냥하고 있기도 하다. 그런 점에서 시장철학은 얼핏 모순된 듯이 보이는 두 가지 목표를 지향한다. 즉, 자유시장의 본질적 가치를 밝힘과 동시에 공정한 시장의 논리와 구조를 함께 파악하려 한다.

대내외적 맥락에서 자본주의의 총체적 위기와 신자유주의의 조종(弔鐘)은 서로 동행한다. '카지노 자본주의'로 명명된 신자유주의의 적폐가 온 세계를 휩쓸고 전 지구적 경제위기가 신자유주의의 전횡에서 비롯되는 지금의 상황은 자유주의의 진보적 의미에 대한 논의 자체를 '시대에 어긋난' 시도로 만드는 정세적 효과를 창출하기도 한다. 특히 우리 사회에서는 자유주의가 강자의 이익에 복무하는 퇴행적 이념으로 간주되거나 시대착오적인 반동적 사유로 받아들여지는 경향까지 존재한다. 한편으로 이는 자연스러운 반응일 수도 있거니와 한국의 진보 지식인 진영에서 자유주의는 특히 낮게 평가된다. 하지만 자유주의에 대한 인식의 빈곤과 시장의 입체적 의미에 대한 관심의 부재는 서로 긴밀히 이어진다고 해도 과언이 아니다. 자유주의에 대한 자기성찰적 재구성의 시도가 시장철학의 단초로서 긴급히 요구되는 것은 이 때문이다. 시장철학의 출발점은 따라서 자유민주주의의 역사와 동학(動學)에 대한 개관에서 출발하지 않으면 안 된다.

시장질서의 논리와
동학(動學)

1

시장과 자유민주주의

•   자유민주주의는 이념적 지향과 뿌리가 다른 자유주의와 민주주의가 역사적으로 결합해 성립한 수정자유주의의 한 형태이다. 고대 아테네로부터 기원한 민주주의가 평등한 시민들이 국정에 동등하게 참여하는 정치질서를 지향한 데 비해 근대 유럽으로부터 연원한 자유주의는 부르주아적 개인의 경제적 위상에 걸맞은 정치사회적 권리에 대한 요구로부터 발원되었다. 민주주의의 평등 지향성과 자유주의적 개인의 권리 보존이라는 근본 가치 사이에는 해소하기 쉽지 않은 이질성과 내적 긴장이 엄존하는 것이다. 이는 자본주의와 시민권, 사적 자율권과 공공적 자율권 이념 사이의 혼재와 갈등이 역사적 자유주의의 길과 서로 뗄 수 없이 결합되어 있다는 사실과 관련된다. 이 문제는 근대 시장경제와 근대 민주주의 사이의 내재적 균열과 긴장이라는 논제로 개념화할 수 있다. 시장의 철학은 이런 문제의식을 지나치게 단순화시키려는 과잉을 될 수 있으면 절제하면서 오늘의 상황에 맞게끔 더 발전시키고 심화시키는 작업이기도 하다.

시장의 철학은 시장의 동역학(動力學) 자체가 모더니티를 창출하는 차원에 대해 관심을 가지지만 초기 자유주의를 이끈 고전경제학의 '보이지 않는 손'을 그대로 수용하지는 않는다. 다만 시장 고유의 역동적인 활력이 현대적 삶에 필수적인 "인간행동의 결과이기는 하지만 인간의 설계의 결과는 아닌" '자생적 질서'(spontaneous order)로 이어지는 이유에 대해 우선적으로 주의를 기울인다.[1] 각자의 자발적 노력이 경제활동의 복잡한 질서를 만들고 근대 특유의 현상인 '큰 사회'를 창출하는 과정이 현대적 삶에 필수적인 자율성과 활동성의 토대로 작동한다는 통찰을 중시하는 것이다.

마르크스가 《공산당 선언》에서 찬탄한 바 있는 자본주의 사회구성체의 생산력에 대한 비밀은 물적 차원에만 국한해서는 제대로 해명될 수 없다. 그것은 진화론적인 '암묵지'(tacit knowledge)의 축적과 자유로운 지식정보 순환에 기초한 자생적 질서와 '자유의 법'과 연계되어야만 균형감 있게 설명될 수 있기 때문이다. 따라서 교환가치에 입각한 시장은 인간소외의 원흉이자 생산력과 이윤 극대화를 위한 단순 도구로 폄하될 수 없으며 그 자체로 전향적 가치를 가진다. '구성주의적 합리주의'의 전형인 사회주의와 마르크스주의가 시장 고유의 의미에 대한 몰이해로 '치명적 자만'에 빠질 수밖에 없었다는 하이에크의 고발은 정녕 의미심장한 것이다.[2]

그러나 현대 신자유주의의 비조로 간주되는 하이에크의 논리를 시장의 철학이 액면 그대로 수용하는 것은 아니다. 내가 구상하는 시장의 철학은 민주적 시민권의 원리가 전일적 시장논리로 환원되는 것에 반대하기 때문이다. 특히 사회 속의 인간 존재가 화폐의 추상성에 의

---

1 Hayek, F. A. (1973), p. 20.
2 Hayek, F. A. (1988), p. 69.

해 배타적으로 규정되는 현상을 경계하며 신자유주의적 세계화의 부정적 함축을 우려한다. 이윤 동기에 의해 견인되는 경제적 사고를 정치 영역으로 그대로 이월시키려는 시도에 대해서도 저항하며 공동체의 중요성에 대한 경제적 자유주의의 감수성의 결여를 우려한다. 현대인의 전형으로 묘사된 '호모 이코노미쿠스'는 결코 현대적 인간의 모델로 간주되어서는 안 된다. 이 지점에서 폴라니의 문제 제기는 중요한 의미를 가진다.

시장의 철학을 정초(定礎)하려는 기획에서 중요한 현대 사상적 원천은 하이에크와 폴라니의 대립쌍이다. 이 두 고전가는 상대방을 직접 공격하지는 않았지만 동시대를 살았으며 시장의 문제를 현대성의 최대 과제로서 사유한 드문 보편사상가들이라는 점에서 서로 만난다. 현대적 의미의 경제학이나 경영학 전문 담론에서 철학으로서의 시장 문제는 적절한 조명을 받지 못한다. 그러나 나는 21세기 초 금융위기의 배경과 그 해결책에 대한 모색에서도 시장의 문제에 대한 철학적 성찰로부터 일정한 실마리를 발견할 수 있다고 본다. 예컨대 하이에크의 시장철학은 사회주의 중앙통제경제가 작동할 수 없는 근원적 이유를 밝히고 시장의 보편적 의미를 논구하는 데 탁월한 설명력을 가진다.

하지만 하이에크의 시장이론은 온건한 한계를 넘어 시장제일주의로 확장되는 경향성을 드러내기도 한다. 당대의 현실에서 그런 시장제일주의를 '경제주의의 오류'로 명명한 폴라니는 시장경제 자체를 탄생시킨 바 있는 사회 전체를 부숴버리는 고삐 풀린 근대 시장의 위험성을 '악마의 맷돌'이라 고발한 바 있다.[3] 이는 반세기 전의 언명이지만 시

---

3 Polanyi, K. (1957/2009), p. 39. 번역본에서는 '사탄의 맷돌'로 옮기고 있다. 원래 이 표현

장의 폭주가 야기한 금융위기와 연결된 21세기 경제공황을 묘사하는 데도 적절한 표현이 아닐 수 없다. 그러나 시장이 비록 악마의 맷돌이라 할지라도 현대적 삶에 필수적인 맷돌이라는 사실은 바뀌지 않는다. 폴라니는 바로 그 점을 과소평가했다. 시장의 악마성은 시장이 지닌 야누스적 얼굴의 일면에 불과하므로 시장의 구조와 역학을 입체감 있게 해명하는 시장에 대한 철학적 사고가 필수적으로 요청된다.

은 윌리엄 블레이크의 시편 "밀턴"(1804)의 서시 제2집의 "And was Jerusalem builded Here/Among these dark Satanic Mills?"에서 유래된 것이다. 여기서 블레이크는 산업혁명이 문화를 파괴하는 현상을 경고한다.

2
시장철학의 논리와 동학

• 　　시장철학에서의 선결과제는 근대 자본주의 시장이 전(前) 자
본주의의 장마당이나 저잣거리, 즉 바자르(*bazaar*)적 시장과 본질적으
로 어떻게 다른지 이해하는 일이다. 보다 엄격하게 정의하자면 시장과
시장경제, 자본주의는 각기 그 외연과 내포가 결코 같지 않다. 역사적
으로 보자면 시장은 고금동서 거의 모든 시대와 지역에 존재한 제도라
고 할 수 있다. 생존과 생활의 필요를 충족시키기 위해서라도 원시적
형태의 장마당이나 저잣거리가 석기시대에도 존재했던 것으로 추측되
기 때문이다. 이에 비해 시장경제는 어떤 사회가 생산할 재화의 양과
생산방법 그리고 생산된 재화와 용역의 분배방식을 시장의 체계에 의
해 결정하는 경제사회를 의미한다. 시장 메커니즘이 훨씬 고도화되고
삶 전체에 걸쳐 전체적인 영향력을 갖게 됨으로써 형성되는 근대적 사
회체계가 곧 시장경제이다. 보다 정밀하게 정의하자면 자본주의는 노
동·토지·화폐같이 전면적으로 상품화될 수 없는 생산 요소까지를 상
품화한 특정한 형태의 시장경제이지만 근대 이후의 시장경제를 자본주
의와 동일시해도 큰 무리는 없는 것으로 판단된다. '시장의 철학'에서
전제하는 시장은 위에서 정의된 시장·시장경제·자본주의를 함께 포

괄하는 개념이다. 나아가 시장철학의 시장은 확대 심화된 경세제민으로서의 경제 개념을 기반으로 작동한다. 즉, 시장철학은 '인간의 삶에 필요한 재화와 용역을 생산·분배·소비하는 활동과 그런 활동을 통해 이루어지는 모든 사회활동'을 의미하는 경제라는 표준적 개념보다 훨씬 더 큰 경세제민의 철학적 의미까지를 논구하는 통합 학문이다.

따라서 시장철학에서는 시장논리의 전일화가 초래한 인간의 소외 현상에 주목하는 것과 함께 전통적으로 그 중요성이 간과된 시장의 긍정적 성격, 즉 화폐와 교환을 매개로 시장을 작동시키는 기제인 가격의 의미를 성찰하는 작업이 중요하다. 교환의 일반화를 거쳐 가격과 화폐의 사회 경제적 역할이 확립되고 안정된 가격과 화폐의 존재가 농촌경제에 고유한 물물교환의 한계를 넘어설 때 자본주의 시장경제가 출현한다. 바자르적 시장과 자본주의 시장경제의 차별 지점은 시장철학의 정립을 위해서도 의미심장한 것이다. 가격의 추상화와 일반화가 교환가치의 보편화와 연결되면서 비로소 근대적 의미의 대규모 경제가 운용되고 사람들의 물질적 필요가 충족될 수 있다.

중요한 것은 이때 창출된 자율성이 바로 모더니티를 가능하게 한 시민적 자발성과 다원적 자유의 물질적 기초가 된다는 사실이다. 이런 관점에서 보자면 시장과 교환가치에 대한 최대의 고전적 비판가로서의 마르크스가 개진한 소외론과 노동이론은 근대 시장경제의 복합성에 대한 일정한 단순화의 산물이라 할 수 있다. 마르크스 시장이론의 단순 구도 안에서는 모든 것을 물화(物化)시키는 시장의 부정적 속성이 부각되는 데 반비례해서 시장의 계몽적 성격은 축소되는 경향이 있다. 하지만 다시 말하거니와 시장은 근대인의 자발성과 자유의 질료적 토대이다. 근대 시민의 이런 자발성과 자유 없이 근대 민주주의를 말할 수 없다는 것은 너무나 당연한 일이다. 이는 나중에 민주주의와 관련된 시장옹호론과 시장비판론의 대립을 넘어 시장질서와 민주질서의 상호 복합 관계를 균형감 있게 사유하는 데 필수적인 인식이다.

시장 메커니즘에 대한 부정적 선입견을 넘어 시장철학의 기본 논제를 입증하기 위해서는 시장의 연원에 대한 이념형적 재구성이 요구된다. 어원적으로 경제(*economy*)가 'oikos'(집)와 'nomos'(질서)의 결합이라는 것은 주지의 사실이다. 어원 자체가 고대 희랍 도시국가의 경우 경제의 대종이 '가정경제'였다는 역사의 흔적을 보여준다. 가정의 영역인 오이코스는 생산노동에 기초한 일상생활과 욕구의 충족이 이루어지던 공간이었다. 정체(政體)로서의 폴리스는 크게 oikos와 agora의 두 영역으로 구성되었는데 참정권이 행사되는 복합 지평으로서의 아고라가 철저히 공적인 성격을 지닌 데 비해 통상적으로 대가족 공동체였던 오이코스는 배타적인 사적 공간이었다.

당시 생산의 주체들이 남는 물건을 팔고 필요한 물품을 사는 물물교환에 가까운 소박한 수준의 상거래가 아고라에서 이루어졌는데 남에게 노출되는 아고라에서는 남성만이 상거래를 할 수 있었다고 알려졌다.[1] agora의 동사형인 agorein은 '연설하다' 외에 '사들이다'의 의미를 함께 가진다. 나중에 밝혀지겠지만 폴라니는 근대 시장경제의 자족화가 초래하는 부작용을 맹렬히 비판했는데, 홍기빈은 폴라니가 아리스토텔레스 경제사상의 후예로 간주될 수 있다고 주장한다. 홍기빈의 주장은 하이에크와 폴라니의 시장이론을 대비하고 그것들의 현대적 적실성을 비교해 점검하는 데 의미심장한 함축성을 가진다. 비판적 관점에서 볼 때 폴라니의 견해가 하이에크의 대체재가 아니라 보완재라는 판단도

---

1 고대 희랍 폴리스에서 시장이 가진 의미에 대한 설명은 홍기빈 (2001), 37~43쪽과 Held, K. (1990/2007), pp. 205~224에 의존한 것이다.

가능할 것으로 생각된다.

경제철학의 관점에서 볼 때 중요한 것은 오이코스와 아고라의 모든 풍경들이 근대에 들어 일변한다는 사실이다. 근대 시장경제의 논리는 물건을 사고파는 장마당의 수준을 넘어 상품의 수요와 공급이 만나는 추상적 장으로서 현현된다. 가정경제가 시장을 규정했던 고·중세의 시장논리가 시장이 가정경제를 규율하는 근대의 시장논리로 전화되고, 생산노동과 욕구충족의 기제가 급변하게 되는 것이다. 이윤 획득을 목표로 한 생산과 노동의 일반화로 경제 자체가 헤겔의 말처럼 개인이 노동을 통해 각자의 욕망을 매개하고 충족시키는 '욕망의 체계'로서 형상화된다.[2] 이는 중세 말과 근대 초에 국가가 상업 거래의 일선에 등장하면서 경제의 주류가 가정경제에서 국민경제로 이행하는 과정과 동행한다. 나중에 폴라니가 해부하는 것처럼 중상주의국가의 선도에 의해 시장이 꽃필 수 있게 되고 시장이 경제주체들의 이익을 극대화하기 위해 인위적 욕망을 부풀리면서 치열한 경쟁을 불사하는 근대적 양상을 띠는 것이다. 이런 '경제의 정치화'는 분업과 기계화에 의해 추동된 근대 상품경제의 출현과 경제적 사안의 공공화 현상을 낳는다. 이는 근대에 들어 오이코스가 공적 사안으로 변화하면서 국가적 정치경제로 전환하는 시발점을 이룬다.

현대 경제학이 당연시하는 이러한 시장 개념은 역사적 진화의 산물이다. 국민경제라는 말 자체가 서양 근대의 소산인 것이다. 시장경제는 '국민경제의 여러 문제들을 기본적으로 시장의 힘에 의해서 해결하려고 노력하는 체제'로 정의되며, 그 체제에서는 '모든 상품의 가격이

---

2 Hegel, G. W. F. (1970), p. 346.

시장에서 자유로이 결정된다'는 점이 강조된다.[3] 이런 문맥에서 시장은 '수요와 공급이 만나 하나의 가격을 형성하는 장소'로 정의되므로 시장이 모란시장이나 남대문시장과 같이 꼭 구체적 형태를 취할 까닭은 전혀 없다. 시장에 대한 이런 일반론적 정의는 대부분의 경제학 교과서에 공통된다.

예컨대 국내에서 가장 널리 읽힌 경제학 교과서는 시장을 '어떤 특정 장소라기보다는 상품에 대한 수요와 공급에 관한 정보가 교환되고 그 결과로 상품이 매매되는 매개체'로 규정한다.[4] 전 세계 대학의 경제학과에서 가장 널리 사용되는 맨큐의 경제학 교재와 대안적 경제 교과서의 모델인 스티글리츠 교재에서의 정의는 두 학자의 기본 정향의 차이에도 불구하고 훨씬 더 간명한 공통점을 지닌다. 맨큐는 시장의 정의를 '특정한 재화나 서비스를 사고파는 사람들의 모임'이라고 규정하며[5] 스티글리츠는 '교환이 일어나는 모든 상황'으로 규정한다.[6] 시장을 이렇듯 탄력적으로 정의하면 '판매자와 소비자가 상품 교환을 목표로 정보를 나누면서 소통하는 장'이 곧 시장이라고 규정할 수도 있을 것이다. 결국 시장은 무수히 많은 개인 사이의 교환 관계로 구성되며, 분업, 기계화, 화폐가 교환 관계를 촉진해 상호 이익을 증진시킬수록 근현대적 자본주의 시장경제 모델에 근접한다.[7] 오늘날 시장경제와 자본주의는 거의 동일시되지만 원래 시장의 개념이 자본주의보다 훨씬

---

3 이준구·이창용 (1999), 21쪽.
4 조 순·정운찬 (1997), 172쪽.
5 Mankiw, N. G. (2011/2013), p. 82.
6 Stiglitz, J. (1997/2002), p. 52.
7 Friedman, M. (2002), p. 13.

포괄적인 배경을 짐작할 수 있다.

흔히 시장의 논리는 '1원 1표'인 데 비해 민주주의의 논리는 '1인 1표'라고 말해진다. 민주질서가 정치주체의 동등성을 전제하는 데 비해 시장질서는 경제주체의 구조적 불평등성을 함축한다는 것이다. 그러나 나는 널리 받아들여지는 이 정의가 시장철학의 핵심 논제로서 훨씬 조심스럽게 분석되어야 한다고 생각한다. 민주질서가 '공적 사안들을 모든 시민이 동등하게 참여해 결정해야 한다'고 주장하는 데 비해 시장질서는 '독립된 경제주체들이 효용을 극대화하기 위해 개별적이고 자발적인 교환 관계를 맺는 시스템'으로 정의되지만 이 둘 모두를 포괄하는 상위의 개념 정의가 불가능한 것은 아니다. 인간이 생존을 위해서라도 서로 모여서 상호 관계를 맺을 수밖에 없는 존재라는 사실을 감안하면 민주질서와 시장질서 모두 '자유와 평등, 재화와 용역 등을 포함한 광의의 의미에서 가치의 생산과 분배를 어떻게 정할 것인가'를 다루는 조직으로 이해될 수도 있기 때문이다.[8] 이 논점은 시장옹호론과 시장비판론을 접합시키려는 "시장철학의 3가지 테제" 논의에서 다시 다루어진다.

시장질서와 민주질서의 결정적 차이는 가치의 생산과 분배를 다룰 때 이념형적 의미의 시장질서가 자발적 선택과 교환에 기초하는 데 비해 민주질서는 일정한 강제력의 동원을 상정한다는 점이다. 물론 민주주의는 강제력의 정당화 근거가 정치주체의 자발적 동의에 달렸다고 주장한다. 양자의 중요한 차이점은 민주정을 포함한 정치체(*the body politic*)가 '나의 의사로부터 발원했지만 나의 의지에 강제적 힘을

---

8 조홍식 (2007), 21쪽.

행사하는 권력'을 특정한 장소에서 독점적으로 행사하는 국가의 권능을 필연적으로 끌어들이는 데 비해 시장질서는 개인의 자발적 선택에 기초한다는 데서 생성된다. 그러나 폴라니를 비롯한 시장 비판가들은 시장질서에 대한 이런 정식화를 수용하지 않는다. 나아가 폴라니는 역사 현상으로서의 시장경제의 출현과 교환의 보편화에 대해서도 위에서 논의된 일반론과 전혀 궤를 달리하는 입론을 전개함으로써 표준적 주류 경제학으로 포섭되지 않는 경제인류학이나 경제사회학의 새로운 이정표를 세운다.

폴라니와는 대극적으로 개인의 자발적 선택의 집합으로서의 시장을 시인하는 하이에크는 시장에 대한 보편적 일반 이론을 전개함으로써 시장철학의 원형적 모델을 확립한다. 하이에크는 다수결이 공동체 전체의 이익과 반드시 일치하지는 않는다는 등의 이유로 대의(代議) 민주주의에 대해 유보적 태도를 취하면서도 시장경제와 민주주의가 그 근원에서 동행해야 한다고 믿는다. 물론 이는 하이에크의 민주주의론에 대한 나의 적극적 해석의 산물이다. 시장경제와 근대 민주주의가 같은 근원을 갖지만 하이에크 체계 내에서 굳이 선차성을 따지면 시장질서가 민주질서를 규정한다고 할 수도 있다. 그러나 하이에크 시장론의 합리적 핵심은 사적 사율성과 공공적 자율성이 상호 의존적이고 상호 침투적이라는 사실을 시장철학의 기본 전제로서 입론하는 것이다. 하이에크에게 이는 역사적 현실로도 그렇거니와 구조 논리적으로도 적확한 평가인 것이다.

하이에크에게서 시장이론과 지식이론은 불가분리적 상관관계를 맺는다. 그는 시장질서를 지칭하면서 oikos의 용례로부터 비롯된 '언어적 혼란'을 극복하기 위해 경제라는 전통적 개념 대신 '카탈락시'(catallaxy)

라는 말을 사용한다.[9] 카탈락시는 '교환하다', '공동체에 수용하다' 또는 '적이 친구가 되다'라는 뜻의 희랍어 'katallattein'에서 유래되었다. 따라서 하이에크적 문맥에서의 경제학은 '교환학'(*catallatics*)으로 정의될 수 있다.[10] 이는 인간이 인위적으로 만든 위계적 질서인 조직질서 (*taxis*)와 개인들 행위의 산물이지만 인간 설계의 결과는 아닌 자생적 질서(*cosmos*)를 구분하기 위해 도입한 용어다. 의미심장하게도 하이에크는 아리스토텔레스를 비롯한 고대 희랍인들이 조직과 자생적 질서의 차이점에 대해 알지 못했다고 주장한다.

이 논제의 타당성 여부를 떠나 하이에크의 이런 자의식은 그가 철저히 모더니티(현대성)의 경제철학자라는 사실을 예증한다. 하이에크에 의하면 도덕률, 화폐, 시장, 언어 등이 바로 자생적 질서의 사례인데, 이 가운데 "확장된 인간 협동의 질서"인 카탈락시야말로 가장 중요한 자생적 질서라는 것이다.[11] 시장질서는 특정한 목적을 위해 설립된 조직이 아니라 수많은 경제주체들이 다양한 목표를 추구하는 가운데 자생적으로 생겨나는 질서들의 집합적 연결망이다. 작은 집단이나 원시사회는 규모 때문에라도 위계적 질서의 부과가 용이하지만 근대 이후의 사회는 복잡성의 사회로서 상이한 목표를 지향하는 구성원들이 살아남고 번성하기 위해 각자 선택한 부단한 진화 과정의 결정체이다.

하이에크의 진화론적 합리주의는 마르크스나 사회주의자들뿐 아니

---

9 Hayek, F. A. (1973), 특히 10장.
10 민경국 (2007), 137~138쪽 참조. 이 책은 하이에크의 자유주의 사상에 관해 신뢰할 수 있는 종합 설명서 가운데 하나이다.
11 Hayek, F. A. (1988), p. 6.

라 데카르트식의 이성주의도 합리적 구성주의(rational constructivism)의 오류를 범한다고 비판한다. 프랑스 계몽주의자들이 복잡성의 사회인 근현대의 거대 사회를 인간 이성의 그림에 따라 총체적으로 설계하고 인위적으로 개편할 수 있다고 믿는 점에서 시대착오적이라는 것이다. 이 지점에서 하이에크는 프랑스 계몽주의와 연관된 주류 자유주의 전통을 스코틀랜드 계몽주의의 자유주의 전통과 구별하면서 스스로를 후자에 귀속시킨다. 조직적 위계질서에 비해 자생적 질서의 제어력의 강도는 상대적으로 약하지만 그 질서 속에 소속된 개인들이 선택한 행위규칙을 자발적으로 따르는 보편성의 정도가 훨씬 넓기 때문에 복잡성의 사회에 부합한 정밀한 복합적 질서가 창출될 수 있다고 그는 주장한다. 카탈락시적 시장질서의 규칙성은 자발적으로 규칙을 따르는 개별 행위들의 집합적 결과가 만든 질서인 것이다.

　자생적 질서 속에서 행위주체들은 전체적 그림을 알 수도 없고 알 필요도 없지만 추상적 행위규칙을 수단으로 삼아 다종다양한 목표를 추구한다. 전체질서라는 청사진이 투명한 인식의 대상이 될 수 있다면 그것은 구성주의자들이 믿는 것처럼 '이성의 이름으로' 강제될 수도 있을 것이다. 이는 혁명이나 개혁의 시기에 흔히 목도할 수 있는 광경이다. 그러나 질서의 전모가 미리 확실히 알려지는 것은 인간 지식의 한계 때문에 원천적으로 불가능하다. 그렇다면 왜 카탈락시가 질서를 산출하면서 평화적 협동과 조정을 만들어 낼 수 있는가? 그 이유는 '교환'을 뜻하는 카탈락시의 의미 자체에서 발견된다. 즉, 시장 속에서 목적과 욕망이 상이한 행위주체들이 거래하고 교환하는 가운데 자신의 목적을 달성하고 동시에 다른 이들의 목표 실현도 돕게 되는 것이다. 부를 창조하고 생산력을 확장하며 사회문화적 창신(創新)의 능력을 북

돋는 시장질서의 선순환적 성격을 하이에크는 '카탈락시 게임'이라 부른다.[12]

시장철학과 상호 되먹임 관계를 맺는 하이에크 지식이론의 출발점은 인간 지식이 구조적으로 불완전하다는 사실이다. 이것은 그가 초기에 수행한 생물학적·감각적 연구로부터 포퍼의 반증주의를 수정해 수용한 인식론에 이르기까지 일관되게 견지하는 입장이다. 여기서 하이에크는 인간의 지식을 두 가지로 나눈다. 한 장소에 집중시킬 수 있는 법칙적 성격을 가지는 과학적 지식 그리고 특수한 장소·특정한 시점·특정 인간들 사이에 나뉘어 흩어져 존재하는 국지적·암묵적 성격을 지닌 비법칙적이며 실천적인 지식들 사이의 구분이 그것이다.[13] 시장질서와 관련해 하이에크가 주목하는 것은 당연히 후자이다. 실천적 지식은 언표할 수 있는 것과 할 수 없는 것으로 다시 나뉘는데 둘 다 계량화가 불가능한 지식들이다.

하이에크는 복잡성의 사회인 큰 사회에 필수적인 실천적 지식은 본질적으로 '분산된 지식'의 특성을 갖기 때문에 사회가 복합화될수록 정교한 분업이 수반된다고 주장한다. 구성주의적 합리주의에서 보듯 희소자원을 효율적으로 배분하기 위해 분업을 상정하는 것이 아니라 특유의 지식론의 결과로 분업이 동반된다는 논리인 것이다. 하이에크의 이런 분업론(分業論)을 아담 스미스의 견해와 비교하면 매우 흥미롭다. 스미스는 부를 예측하고 겨냥한 인간의 의도에서 분업의 원리를 찾지 않는다. 그에 의하면 분업은 "광범위한 유용성을 고려하지 않은

12 Hayek, F. A. (1976), pp. 108~109.
13 Hayek, F. A. (1948), p. 80.

인간성의 어떤 성향, 즉 어떤 물건을 다른 것과 거래하고 교환하며 교역하는 성향의 … 필연적 결과인 것이다".[14]

어쨌든 '카탈락시'로서의 시장질서는 이런 실천적 지식의 자유로운 운용을 가능케 한다. 카탈락시가 인위적 질서체계에서는 상상하기 어려울 정도로 복잡하고 섬세하며 신축자재(伸縮自在)한 융통성을 발휘하는 것은 이 때문이다. 카탈락시는 가격이라는 교환기제를 통해 소비자와 생산자 사이의 자유로운 정보 유통을 촉진하므로 인위적 계획의 정보처리 능력과는 비교 불가능할 정도로 우월한 현실대처 능력을 과시한다는 것이다.

하이에크의 시장철학은 미제스를 비롯한 오스트리아학파의 선구적 업적 위에서 가능했다. 미제스는 멩거(Menger, C.) 그리고 바베르크 (Böhm-Bawerk, E.)의 한계효용 및 주관적 가치론을 발전시킨 인물이지만 시장철학의 맥락에서 그의 최대 공헌은 가격의 중요성을 입증한 데 있다. 미제스에 의하면 시장가격은 각 개인이 소유권을 갖고 재화, 서비스, 노동 등의 생산 요소들을 자유롭게 거래할 수 있을 때만 생겨난다. 그런데 사회주의 통제경제 체제에서는 시장가격이 존재하지 않으므로 현대 사회에 부합한 대규모 생산을 제대로 계획할 수 없다는 것이다. 시장경제에서는 가격이라는 교환 비율을 통한 소비자와 생산자 사이의 피드백이 존재한다. 생산자와 기업가에게 가격은 무엇을 생산하고 어떻게 경영할 것인가를 판단하게 하는 시금석인 것이다.

하지만 가격이 부재한 사회주의 계획경제에서는 시장도 존재하지

---

14 Smith, A. (1986), p. 117.

않고 경쟁도 있을 수 없다. 사회주의 계획경제가 제대로 작동할 수 없었다는 것은 역사적 맥락이나 사회주의 사회의 현실을 떠나서 가격 부재의 당연한 논리적 결과인 것이다. 예컨대 미제스는 시장가격에 기초한 계산이야말로 현대 경제 운용에서의 시금석임을 다음과 같이 역설한다.

> 경제적 계산, 따라서 모든 과학기술적 계획은 소비재뿐만 아니라 생산의 제요소에 대한 화폐가격이 성립할 경우에만 가능하다. 이것이 의미하는 바는 모든 원료, 모든 반제품, 모든 도구와 기계, 그리고 모든 종류의 인간노동과 인적 서비스를 위한 시장이 있어야만 한다는 것이다. 이 사실이 발견되었을 때, 사회주의자들은 어떻게 대처해야할지 몰랐다. [15]

유명한 '사회주의 계산 논쟁'의 당사자인 미제스는 여기서 마르크스 (주의) 정치경제학의 근본 맹점을 짚는다. 북한체제의 재생산이 한계 상황에 이른 근본 원인도 이런 관점에서 재조명이 가능할 것이다.

통제경제가 아니더라도 가격이 왜곡될 때 경쟁과 시장이 제대로 작동하지 않는다는 것은 오늘날에도 필지의 사실이다. [16] 이런 통찰을 하이에크식으로 발전시키면 시장의 요소들, 즉 교환, 가격, 경쟁도 모두 정보의 순환과 검증 체계라고 할 수 있다는 점에서 지식의 문제로 간주된다. 사회주의 계획경제가 작동할 수 없었던 근본 원인은 가격의 부재와 교환기제의 실종에 있었는데 이를 철학적으로 표현하면 자생적으로 솟아나는 분산된 암묵적 지식을 제대로 다룰 수 없었던 지식 이

---

15 Mises, L. von (1979/1995), pp. 58~59.
16 우리 사회 최대 문제 가운데 하나인 부동산 가격의 경우를 생각해 보라.

론의 문제로 소급되는 것이다. 세계 각국의 구체적 사례를 풍부하게 제시하면서 하이에크 주장의 정당성을 논변하는 맥밀런은 "중앙계획경제의 함정은 근원적으로 정보라는 문제에 있다. 계획경제로는 의사결정에 필요한 지식을 동원할 수 없다"고 단언한다.[17] 이는 마르크스 본인이나 그 후의 마르크스주의자들이 상도(想到)하지 못했던 하이에크의 탁견(卓見)이며 신자유주의에 대한 논란과도 관계없이 중시되어야 할 언명이라 판단된다. 여기서 하이에크의 시장철학과 지식 이론은 유기적으로 통합된다.

앞서 언급한 것처럼 하이에크는 시장경제와 민주주의의 상관성을 확신했다. "자본주의가 사유재산의 자유로운 처분에 근거한 경쟁체제를 뜻한다면 그런 체제에서만 민주주의가 가능하다"는 것이다.[18] 이런 논지는 시장과 민주주의 사이의 자연적 친화성을 주장하는 시장옹호론의 원형이 되었다. 시장옹호론에도 분분한 논의들이 있지만 그 핵심 주장은 다음과 같이 간명하게 요약될 수 있다.[19] 첫째, 정치적 자유와 경제적 자유가 밀접한 상관관계를 지닌다는 것이다. 시장경제를 채택한 국가 모두가 민주주의를 누리는 것은 아니지만 정치적 민주주의를 향유하는 나라들이 예외 없이 자유시장경제 체제라는 사실은 적어도 이 명제를 지지하는 간접적 증거이다.[20] 둘째, 시장경제의 소비자 주권과 민주주의의 인민 주권이 같은 작동 원리에 입각한다는 주장이다. 둘 다 경제적 재화와 정치권력이라는 재화를 효율적으로 분배하는 근본 문제를 공유한다는 것이다. 셋

---

17 McMillan, J. (2003/2007), p. 265.
18 Hayek, F. A. (1944), p. 79.
19 임혁백 (2005), 102~104쪽.
20 Berger, P. (1992), p. 9.

째, 시장경제가 창출한 경제적 풍요가 민주주의를 촉진한다는 가설이다.[21] 앞서 인용한 것처럼 시카고학파의 대부 프리드만은 시장옹호론을 단순화시킴으로써 현대 신자유주의의 대중화에 앞선 인물이다.

그러나 시장옹호론은 민주주의와 시장경제 사이의 내재적 긴장을 강조하는 반론에 즉각 부딪힌다. 시장비판론도 매우 다양하지만 그 원형은 다음과 같이 정식화할 수 있다.[22] 첫째, 시장경제적 자원 배분과 민주주의적 자원 배분의 목표는 동일하지 않다. 둘째, 시장적 교환이 주창하는 자발성에는 강제성이 숨겨졌을 뿐만 아니라 시장 안에서의 불평등이 자본의 구조적 힘에 의해 갈수록 악화된다는 주장이다. 셋째, 시장의 의사결정은 '1인 1표'가 아니라 '1원 1표'의 원칙에 의해 진행되므로 시장을 가능하게 하는 사유재산 배분의 불균형이 권력자원에 대한 동등한 접근이라는 민주주의 원칙을 침해한다는 입장이다. 예컨대 1998년 노벨경제학상 수상자인 센(Sen, A.)은 시장이 절차적 평등의 필수요건인 익명성과 중립성을 충족시키지 못하는 비민주적 의사수렴 방법임을 논증했다고 주장한다.[23] 익명성은 찬성자와 반대자가 누구인지 여부가 의사수렴 결과에 영향을 주지 말아야 한다는 요건이며, 중립성은 결정에 참여하는 사람과 결정의 대상이 되는 사안들 둘 다 동등하게 취급되어야 한다는 요건이다. 센에 의하면 시장은 두 요건을 다 충족시키지 못한다. 오늘날 일반화된 이런 시장비판론의 기초를 현대적 거대 이론으로서 선취한 논자가 폴라니이다. 따라서 우리

---

21 시장과 민주주의의 관계에 대한 좀더 상세한 국내 논의로는 이정전(2002) 참조. 이 논제에 대한 외국 학계의 논쟁 구도를 정리·요약해 소개한 글로는 민경국(2005), 27~57쪽을 보라. 주류 정치경제학과 마르크스주의 정치경제학 사이의 대립 구도에서 바라본 시장에 대한 해석으로는 이정전(1993) 참조.

22 임혁백(2005), 106~111쪽과 이정전(2002), 263~326쪽 참조.

23 Sen, A.(1970), pp. 78~80.

는 폴라니의 시장이론을 살펴보고 그것을 하이에크의 시장철학과 대비시켜 봄으로써 시장옹호론과 시장비판론의 공과를 입체적으로 조망할 수 있으며, 시장질서와 민주질서의 상관성과 갈등 관계의 본질에 대한 이해의 지평을 넓힐 수 있다.

3
시장철학의 3가지 테제
시장질서와 민주질서의 변증법

●   폴라니는 하이에크와는 정반대로 현대 경제학과 현대 사회가 시장의 참모습을 왜곡한다고 주장한다. 폴라니적 관점에서 보자면 시장의 진면목을 하이에크의 시장철학이 극단적인 방식으로 굴절시킨다고 할 수도 있다. 폴라니 시장이론의 요체는 시장을 인류학적이고 사회학적인 맥락 속에 위치시킨다는 점인데 이는 추상화되어 있는 시장에 역사적 지평을 복원함으로써 시장의 참된 모습과 위상을 밝히려는 작업이다. 시장의 얼굴에 구체성이 부여될 때 신자유주의가 당연하게 생각하는 시장근본주의의 보편성과 제일성(齊一性)은 더 이상 유지될 수 없는 것으로 여겨진다. 추상화된 시장에 역사성을 부여하는 작업은 시장보다 큰 개념인 '경제'에 대한 거시적 성찰로부터 비로소 가능해진다.

폴라니는 두 가지의 경제 개념을 준별한다. 형식적(*formal*) 의미의 경제와 실질적(*substantive*) 의미의 경제가 그것이다.[1] 전자는 신고전파 주류 경제학이 상정하는 경제로서 자원이 희소한 상황에서 최대의 만

---

1 Polanyi, K. (1977), pp. 19~20.

족을 얻기 위한 인간의 선택에 합리성을 부여하는 경제관이다. 즉, 경제 일반이 인간의 목적을 충족시키기 위한 수단-목적 관계의 최적화(optimization) 계산으로 환원된다. 이 경제관이 다대한 이론적 업적을 산출했음을 폴라니는 인정한다. 문제는 지나친 성공 덕택에 형식적 의미의 경제가 현대 경제의 유일한 의미로 간주되고 실질적 의미의 경제가 망각의 늪에 빠지게 되었다는 것이다.

그 결과 인간이 삶을 영위하기 위해 다른 인간들과 자연에 의존하지 않을 수 없다는 경제의 실질적 차원이 경제학 연구에서 은폐된다고 폴라니는 본다. 인간이라는 존재는 타인 및 자연환경과의 제도화된 상호작용 덕택에 살아갈 수 있는데 그러한 상호작용의 물질적 과정 자체가 경제 담론에서 탈락되고 만다는 것이다. 모든 사회에서 인간의 생존을 위한 재화와 서비스는 의식주라는 기본 물질에 대한 욕구와 사회 정치적 집단의 성원에게 요구되는 교육적·군사적·관습적·종교적 관행과 제도 영역에서의 재화와 서비스 요구를 충족시키게 마련이다. 그런 욕구와 요구를 함께 충족시키지 못하는 사회는 지속될 수 없다.[2]

이런 맥락의 경제는 형식적 의미의 경제보다 훨씬 입체적이다. 실질적 경제가 '인간과 환경 사이의 상호작용과, 그런 상호작용 과정의 제도화'를 함께 포괄하므로 자신의 이익을 극대화하려는 최적화 계산 행위는 결코 시공을 초월한 인간 본성일 수 없다고 폴라니는 역설한다.[3] 우리가 자연과 맺는 상호작용은 제도화되어 표현되며 역사는 다양한 형태의 경제 제도화를 기록하기 때문에 형식적 의미의 경제, 즉

---

2 Polanyi, K. (1977), p. 31.
3 Polanyi, K. (1977), p. 31.

근대적 의미의 시장경제는 결코 보편성을 주장할 수 없다는 것이다. 그에 의하면 자기충족적인 '자기조절적 시장경제'(*self-regulating market economy*)는 19세기 유럽이라는 특정 공간에 최초로 등장한 특이 현상에 지나지 않는다.[4]

인류 보편적인 것이라고 강변된 추상화된 시장경제의 역사적 위치를 밝히기 위해 폴라니는 '통합형태'(*forms of integration*)와 '지지구조' (*supporting structure*)의 개념을 해명한다. 통합형태란 '물질적 자원과 노동에서부터 재화의 수송, 저장 및 배분에 이르기까지 경제 과정의 요소들을 결합시키는 제도적 운동'[5] 또는 '경제가 통일성과 안정성을 획득하게 되는 방식'을 지칭하며,[6] 지지구조란 어느 사회에서 특정한 통합된 형태를 떠받치는 사회구조적 맥락이라 할 수 있다.[7] 폴라니는 호혜성, 재분배, 교환이라는 3가지 이념형적 통합형태와 각각 그에 조응하는 대칭성, 중심성, 시장이라는 지지구조를 제시한다. 나아가 서양 근대 이전에는 호혜성과 재분배가 지배적 통합형태, 즉 생산과 분배의 질서였는 데 비해 근대 이후에야 비로소 교환과 시장이 지배적 경제 형태로 뿌리내린다는 사실을 다양한 역사적 전거를 동원해서 예시한다.

물론 호혜성, 재분배, 교환이라는 3가지 통합형태를 역사의 순차적 발전 단계를 지칭하는 것으로 읽는 것은 폴라니의 의도를 심각하게 오독하는 것이다. 통합형태와 지지구조를 석명하는 데 폴라니의 서술이 그리 투명한 것은 아니나 전체 취지를 이해하는 데는 별 문제가 없다.

---

4 Polanyi, K. (1957/2009), p. 68.

5 Polanyi, K. (1977), pp. 35~36.

6 Polanyi, K., Arensberg, C. M., & Pearson, H. W. (eds.) (1957), p. 250.

7 Polanyi, K., Arensberg, C. M., & Pearson, H. W. (eds.) (1957), p. 251.

즉, 경제와 사회는 불가분리적이므로 경제 현상도 큰 틀의 사회문화적 맥락과 같이 조명되어야 경제의 전모가 파악될 수 있으며 시장경제 자체가 다양한 사회적 배경 속에서 배태된 경제 제도화 원리 가운데 하나에 불과하다는 입론이다.

시장보다 포괄적인 경제 제도의 문제를 해명하고 경제와 사회문화의 상호 관련성을 밝히는 폴라니의 논변에서 핵심적인 '짝' 개념이 사회적 배태(social embeddedness)와 사회적 탈구(social disembeddedness)이다. 사회적 배태는 경제의 전 과정이 비경제적인 사회 영역과 제도들에 밀접하게 이어져 경제 메커니즘이 사회적 이해관계에 의해 규정되는 현상을 말한다. 즉, 경제적 의미를 가진 행위들이 정치적·사회적 제도나 관행으로부터 독립해 존재할 수 없었음을 강조하는 개념으로서 마르크스의 역사 유물론과도 선명한 긴장 관계에 서는 입장이라고 할 수 있다. 사회적 탈구는 경제가 사회와 공동체 전체로부터 분리됨으로써 경제를 담당하는 시장이 자기충족적 독립기제로 부풀려지고, 그 결과 경제가 모든 비경제 영역을 '부수물'로 삼는 이상 현상이다.[8]

경제가 비경제 영역으로부터 분리되어 비경제 영역들을 식민화하는 사회적 탈구현상은 서구적 시장경제와 함께 시작되었으며 사회에 의한 통제를 거부하는 시장경제의 전면화는 모든 것을 집어삼키고 파괴하는 악마의 맷돌에 다름 아니라는 것이다. 폴라니가 보기에 폭주하는 시장경제는 사회와 공동체 전체의 이해관계에 반(反)하므로 자기조절적 시장의 광풍은 경제를 사회와의 연계와 통제 안으로 다시 집어넣으려는 사회의 자기보호 움직임을 촉발할 수밖에 없다. 특히 근대 이후의 역

---

8 Polanyi, K. (1957/2009), p. 57.

사는 자기조절적 시장의 질주와 경제에 대한 정치적·사회적 재통제 시도 사이의 '이중운동'을 증언하며 또한 요구한다고 폴라니는 역설한다. 그의 이런 입론은 전 지구적 시장실패가 드러나는 21세기적 현실에서도 생생한 실감을 발휘한다.

이 지점에서 하이에크의 카탈락시, 즉 자생적 질서 그 자체인 시장과 폴라니의 자기조절적 시장 사이의 차이점이 극명하게 드러난다. 하이에크에게는 선(善) 그 자체라고도 할 수 있을 시장에 대해 폴라니는 다분히 유보적이다. 물론 폴라니가 시장경제 그 자체를 거부하는 것은 아니며, 그는 마르크스의 역사유물론뿐만 아니라 사회주의 계획경제에 대해서도 자유를 부정한다는 이유로 비판적 태도를 취했다. 폴라니가 집중적으로 비판하는 것은 시장경제의 자기조절성이 끼치는 해악이다. 하이에크적 시장의 자생성 테제에 대해서도 폴라니는 의미심장한 반론을 전개한다. 시장에 대한 일반 이론이 밝힌 것처럼 근대적 시장경제의 도래 이전에는 국민경제 자체가 부재했다. 국민국가 초기의 경제는 가계경제와 흩어진 촌락 공동체 단위의 지역적 바자르(bazaar)적 시장으로 느슨하게 이어졌을 뿐이었다.

하지만 생산수단으로서의 기계의 도입·공장제도의 확산과 국민국가라는 정치적 실체의 공고화는 상황을 일변시킨다. 하이에크 시장철학과 폴라니 시장이론의 비판적 대면에서 중요한 것은 국민국가가 중상주의 정책을 동원해 시장의 체계화·전국화를 치밀하고 강력하게 추진했으며 그에 필요한 제도와 법률 등을 앞장서 시행했다는 사실이다. 역사가 보여주는 것은 근대의 "자유시장이 가만히 두어서 저절로 생겨나는 것이 아니라 국가가 강제적으로 시행하는 일련의 조치를 통해 비로소 만들어"진다는 점, 그리고 우리가 목도한 시장경제의 종국적 탈구 현상 자체가 "지속적이고, 중앙집권적이며 치밀하게 통제된 국가의 개입"을 출발지점에서 근원적으로 안았다는 아이러니컬한 상황이다.[9]

시장에 대한 하이에크와 폴라니의 대비는 시장옹호론과 시장비판론의 공과에 대한 잠정적 종합을 가능하게 하는 시사점을 제공한다. 자생적 질서로서의 시장 자체가 마냥 자생적인 것만은 아니라는 사실이 여기서 명확히 드러난다. 따라서 신자유주의의 전면화와 함께 다시 논란이 되며 한국 사회에서도 논쟁의 초점이 되고 있는 '큰 정부, 작은 시장' 대(對) '큰 시장, 작은 정부'의 대립 구도는 일종의 사이비 문제라 할 수 있다. 근대적 의미의 시장, 즉 우리가 자연적 실체로 보는 시장 자체가 국가의 강력한 개입에 의해 비로소 출범할 수 있었거니와 조정과 통제기구로서의 국가 없이는 시장이 작동할 수 없으므로 시장의 자율성에 대한 신자유주의의 집착은 독단론에 지나지 않는다. 시장과 정부의 크고 작음이 문제가 아니라 크던 작던 간에 시장과 정부가 제대로 작동하느냐의 여부가 현대 정치경제 연구의 진정한 문제인 것이다. 지금 우리가 세계적 차원에서 경험하는 '시장의 실패'가 다름 아닌 '정부의 실패'이기도 한 것은 이 때문이다. 역대 보수 정부가 선호한 '큰 시장, 작은 정부'의 수사학은 이런 역사적 이해를 결여할 뿐만 아니라 경제 회생의 기획을 정부가 선도한다는 점에서 자신의 레토릭을 스스로가 부인하는 형국인 것이다.

시장의 철학에서 시장옹호론과 시장비판론은 다음과 같은 3가지 명제의 형태로 잠정적으로 접합될 수 있다. 이를 나는 '시장철학의 3가지 테제'로 명명하려 한다.

---

9 Polanyi, K. (1957/2009), pp. 139~140.

첫째, 정치적 자유와 경제적 자유가 필연적 상관관계를 가지는 것은 아니지만 경제적 자유와 풍요의 증대는 '경향적으로' 정치적 자유를 위한 공간과 기회를 증대시키는 것 같다. 이것은 시장과 민주주의의 관계가 이념적으로 재단될 수 없고 경험적으로 확증되어야 하는 차원을 반드시 내포한다는 사실을 시사한다. 바꿔 말하면 정치적 자유와 경제적 자유의 상관성은 경험적이고 사후적인 방식으로 측정될 수 있을 뿐이며 이념적으로 재단되거나 선험적으로 선포될 수 없다. 경제적 자유와 정치적 자유의 연관성은 특히 현실사회주의의 붕괴 이후 자유시장을 도입한 나라들의 변화과정이 생생히 증명한다.

둘째, 시장적 교환의 자발성의 이면에 엄존하는 강제성과 불평등성에 대한 지적은 비록 사실이기는 하지만 일면적 사실이라는 점이다. 이른바 '1인 1표'와 '1원 1표' 사이의 존재론적 불균등성은 복합적 논점을 제대로 짚지 못한 문제 제기가 아닌가 생각된다. 점증하는 현대 대의민주제의 형식화가 예증하는 것처럼 '1인 1표'의 구호는 민주주의의 필요조건에 불과할 뿐이지 충분조건이 아니며, 나아가 시장적 교환이 상정하는 자발성 자체가 시민권의 강력한 물적 근거로 작동하기 때문이다. '1인 1표'와 '1원 1표' 원리의 복합적 상관관계를 균형 있게 다루기 위해서는 근대인이 향유하는 자유의 물적 근거가 바로 사유재산권이라는 사실, 나아가 근대적 자유 자체가 사유권에 기초한 교환의 자유와 동행한다는 사실을 상기할 필요가 있다. 근대적 개인도 사유재산권에 기초한 사회계약과 교환이라는 토대 위에서 비로소 출현할 수 있었다. 제1장 "시장철학 전사"에서 밝힌 그대로이다. 교환의 자발성과 권리의 불평등성 사이의 개념 대립으로 축소된 시장질서와 민주질서 사이의 단순충돌 논리는 둘을 매개하는 근대적 자유 이념의 동역학(動力學)을 충분히 설명하지 못하는 것이다.

셋째, 시장경제의 자원 배분과 민주주의적 자원 배분은 완전히 동일한 것도 아니지만 동시에 아주 이질적인 것이라 할 수도 없다. 바꿔 말하면 두 영역은

'상당한 정도'의 공통성과 '중요한' 차이점을 내포한다. 먼저 현대 민주주의에서는 갈수록 시민 주권과 소비자 주권이 수렴되는 지점이 증가하는 것처럼 보인다. 민주주의의 합리화 과정 자체가 시장질서의 합리화 도정과 궤를 같이하는 영역이 빈발하기 때문이다. 하지만 시장경제의 자원 배분과 민주주의의 자원 배분 사이의 큰 차이를 급진자유주의의 문맥에서 설명하자면 시민 주권에 '정치적인 것'의 엄중하고 다원적인 계기가 필수적인 데 비해 소비자 주권에는 그 계기가 부재한 경우도 있고 최소화되어 있는 경우가 적지 않다는 점에 있다. '시장의 철학'에서 가장 중요한 것은 세 번째 명제이지만 두 번째 명제도 세 번째 명제와 가까이 이어지므로 이 둘을 입체적 방식으로 이해하기 위해서는 '정치적인 것'의 이념에 대한 최소한의 설명이 요구된다. 시장질서와 민주질서의 긴장된 병행관계에 대한 이해를 더 높이기 위해 그 긴장 구도 속에 정치적인 것의 이념을 대입해 작동시킬 필요가 있는 것이다.

내가 보기에 '정치적인 것'의 개념은 현대 자유민주주의의 질곡을 철학적으로 돌파할 수 있는 유망한 이론적 자원이다. 논의의 단초는 현대 자유민주주의 정치가 형식화함으로써 정체(政體)의 생사를 가르는 '정치적인 것'의 엄숙함에 대한 인식을 잃어버렸다는 슈미트(Schmitt, C.)의 입론이다. 주지하는 바와 같이 그는 국가개념 자체가 정치적인 것에 의존하며, 정치적인 것의 개념은 적과 동지의 구별에서 출발한다고 주장한다.[10] 슈미트의 견해는 시대착오적 결단주의와 몽매주의의 전형이라고 자유민주주의자들에 의해 너무 쉬이 매도되었다.[11]

---

10 Schmitt, C. (1985), p. 13 그리고 Schmitt, C. (1927/1992), pp. 31~33.

11 Mouffe, C. (ed.) (1999), p. 3. 슈미트를 너무 안이하게 희화화하는 자유민주주의적 경향에 대항해 슈미트 이론이 자유주의적 법질서의 근간에 대해 던지는 심중한 철학적 질문에

그러나 슈미트 이론의 중핵은 모든 법질서의 시원(始原)에 정치가 자리하며, 정치의 단초는 외침과 내란으로부터 특정한 정치체를 보위하는 데 있다는 원초적 명제다. 국가의 정치적 실존 없이 헌법이 있을 수 없으며 정치적 통일성으로부터 나오는 국가주권 없이 자유민주주의와 시장경제 자체가 성립 불가능하기 때문이다. 슈미트의 문제 제기는 결과적 파탄과 관계없이 본원적 의의를 지니며 시장과의 관계에서 국가의 역할을 야경국가로 축소하려는 일체의 시도에 대해 경종을 울린다. 사이비 문제인 '국가 또는 시장'의 단순 이분법적 논리를 폐기한 연후에 우리는 다원주의를 원천적으로 불허하는 슈미트를 넘어 '민주국가와 공정한 시장'의 상보 논리 위에 시장의 철학을 다시 정초해야 하는 것이다.

정치적인 것의 독자성과 통합성을 슈미트와 정반대 방향에서 천착한 아렌트의 '활동유형론'도 시장철학의 명제들에 큰 도움이 된다. 그에 의하면 인간 신체의 생물학적 과정에 조응하는 생존 활동(labor)과 자연환경과 상이한 인공세계를 만드는 제작 행위인 생산 활동(work)과 모두 차별화되는 인간 활동(action)으로서의 정치적인 것은 모든 인간이 평등하면서도 개성을 가진다는 존재론적 복수성(multiplicity)으로부터 나온다.[12] 인간이 말과 행동을 통해 노동이나 제작의 공간과 다른 정치의 지평을 창발적으로 생성한다는 것이다. 정치적인 것은 자기표현과 자기향유를 통해 인간이 자신의 유적 특질을 만들어 가는 창조적 과정을 지칭한다.

대한 천착은 Scheuerman, W. E., & Schmitt, C. (1999) 참조.

[12] Arendt, H. (1958), pp. 7~9에서 일단 활동유형론의 시론이 제시되고 이어 3~5장에서 상론된다.

아렌트의 인간존재론의 시각에서 볼 때 의미심장한 사건이 우리의 '2008년 촛불'이다. 비록 '촛불'에 문제가 없었던 것은 아니지만[13] 그 사건이 지닌 긍정적 함축 가운데 하나가 바로 정치적 인간의 자기표현과 자기향유의 차원이기 때문이다. 시민의 미학적 자기표현은 대중으로서의 시민이 공민으로 격상되는 실천 과정이며 정치적 주체 형성의 본질적 계기인데, '촛불'의 경험은 시민 주권과 소비자 주권의 유기적 통합이 불가능한 꿈이 아니라는 것을 생생히 보여준다. 자유민주국가로서의 민주공화국의 존재 이유에 대한 재조명이 소비자 주권으로부터 촉발된 것은 특기할 만한 일이다. '정치의 미학화'가 일상적 생활정치로 이어지면서 정치적인 것의 계기가 최대화되었고 '1인 1표'로 왜소화한 민주질서의 한계 극복 전망이 열렸던 것이다.[14] 수입 쇠고기 시장의 불평등 구조도 국제적 교환의 산물이었지만 부당하다고 간주된 시장적 교환에 대한 저항도 시장으로부터 비롯된 자발성과 자유에 의해 추동되었다는 사실은 시장질서와 민주질서의 복합 상관성에 대한 인식을 한층 더 제고시킨다. 이처럼 시장철학의 맥락에서도 '2008년 촛불'은 매우 다층적인 역사적 텍스트라고 할 수 있다.

---

13 촛불의 복합성에 대해 시평 형식으로 다룬 글이 졸고 "사실과 합리성의 관점에서 본 '촛불'" 《철학과 현실》 79호(2008년 겨울), 57~67쪽이다. 이는 시평이지만 중요한 글이라고 판단해 《급진자유주의 정치철학》에 부록으로 다시 전재했다.
14 나는 '정치의 미학화'라는 말을 유사한 표현(정치의 예술화)을 맨 처음 만든 벤야민과는 정반대로 긍정적 의미로 사용했다. 주지하다시피 벤야민에게 정치의 예술화는 파시스트적 선전선동의 맥락을 지칭한다.

4

자유시장은
민주주의의 적(敵)이 아니다

●   시장철학의 주요한 이론적 원천인 하이에크와 폴라니의 대립 구도에 대한 평가는 자유주의 이론과 실천의 역사의 전체 지평 위에서 만 제대로 내려질 수 있다. 절대 다수의 한국인들이 현재 자유민주주의 체제에 산다는 것을 자연스럽게 받아들이지만 그럼에도 자유주의가 원래 서양의 소산이라는 사실은 변함이 없다. 자유주의가 근대 서양의 주요 이념으로 등장하고 유럽 국가들의 국가통치와 운영체제의 핵심으로 구체화된 이후 자유주의는 여러 번의 중대한 질적 전환을 경험했다. 이런 변화의 과정은 수많은 요인들에 의해 촉발되었다. 그러나 변화를 초래한 핵심 동력 가운데 하나를 개념적으로 압축하면 그것은 경제적 자유주의와 정치적 자유주의 또는 시장과 시민권 사이의 모순적 공존, 즉 시장질서와 민주질서의 변증법적 대립 구도라고 표현될 수 있다.

하이에크와 폴라니는 모더니티의 이런 모순에 각자의 방식대로 전면적으로 대응하였다. 하이에크의 두 적(敵)은 시장을 폐절시킨 국가 사회주의 그리고 시장을 국가가 통제하는 국가 복지국가적 수정자유주의였다. '지식의 한계'로부터 발원되는 인간 '이성의 한계'를 망각하고

'치명적 오만'에 빠져 버린 나머지 몰락하고 만 마르크스주의를 포함한 사회주의의 기획을 일단 논외로 한다면 그의 기획은 서구 복지국가의 주요 모순, 즉 '과대국가의 실패'에 대한 대응 기획인 것이다. 바꿔 말하면 하이에크적 진단과 처방의 물질적 기초는 성숙한 사회복지국가 체제의 현존인 것이다. 자유주의 담론의 역사에서 하이에크에 대한 정확한 평가는 이런 역사적 맥락을 감안해야만 가능하다.

하이에크의 길을 따라 불필요한 국가 개입을 줄이고 규제를 감소시키며 시장의 기능을 투명화하고 사유재산권과 기업가 정신을 장려하는 것은 참으로 정당하며 한국 자본주의의 현 발전 단계에서도 지극히 시의적절한 일이다. 그러나 그런 주장을 극단화된 일반 이론의 차원으로 이전시키는 것은 또 다른 부작용을 초래할 수밖에 없다. '국가의 실패'를 시정하려는 하이에크의 진단과 처방이 '시장의 실패'를 간과하는 오류로 이어지는 위험성이 다분한 것이다. 서구로부터 유래했지만 그 맥락과 역사가 다른 한국의 자유주의 이론과 실천에 하이에크를 그대로 대입할 때 그 순기능은 줄어들고 역기능이 오히려 극대화될 가능성이 크다. 우리 사회에서 하이에크 담론을 앞장서서 장려하는 사회적 주체가 독점자본(또는 대기업의 이해를 교육·보급하는 전경련 같은 대변 조직)이라는 사실은 의미심장하다. 하지만 국내 독점자본이 국내 시장에서 해외 초국적 독점자본 때문에 위협을 느낄 때는 민족주의라는 지극히 비(非)하이에크적 전략에 호소하는 것은 앞뒤가 맞지 않는 처사라는 점은 분명히 지적되어야 한다.

사유재산권이 자유의 기초이며 인격과 자율성의 근원이라는 사실을 나는 "시장철학 전사"에서 분명히 밝혔다. 이런 통찰은 자유주의자들에게서뿐만 아니라 자유주의에 비판적이었던 독일 관념론자들에게도 공통된 인식이었다. 사적 소유가 없는 '자생적 질서'의 창출이 원천적으로 불가능하기 때문이다. 그러나 성숙하고 자율적이며 민주적인 모든 삶의 '아르키메데스의 점'인 사유재산권에 대한 하이에크의 논변은 오히려 '분산 소유'(several property)를 강조한다. 가능한 한 소유를 분산시킴으로써 자유경쟁을 촉발하고 특정인에 의한 소유의 배타적 집중 통제를 막는 것을 하이에크가 중시하는 것이다.

사적 소유의 분산에 의한 지식의 확대와 의사결정의 분권화가 교환과 가격을 정착시켜 협업적 '큰 사회'를 생성시킨다는 하이에크의 중심 테제는 중요하다. 물론 예상할 수 있듯이 하이에크는 독점 그 자체나 독점의 이념형이 자유주의와 직접 충돌한다고는 믿지 않았으며 독점에 대해 상당히 부드러운 태도를 유지했다. 그러나 그런 그도 독점이 자유경쟁을 방해할 때는 비판해 마지않았다. 특히 그는 독점기업들의 집단을 맹렬히 비난했는데 이는 '조직화된 집단의 이기심'을 현대 사회의 적으로 보았기 때문이다. 독점기업 간에 경쟁을 제한하기 위해 체결된 합의를 법률적으로 모두 무효화시키는 강경한 법 제정까지 하이에크가 제안했을 정도였다. 이는 이른바 재벌공화국으로까지 일컬어지는 우리 사회에 대한 통렬한 비판으로 바로 읽힐 수 있다.

앞에서 논한 것처럼 폴라니의 시장철학은 정확히 이 지점에서 심중한 함의를 지닌다. 자기조절적 시장이 경제를 삼키려 할 뿐만 아니라 경제 자체가 사회와 정치, 그리고 문화 영역까지를 식민화시키려 하는 상황에서 폴라니의 고발은 심대한 의의를 가질 수밖에 없다. 하이에크적 시장주의가 시장제일주의로 기울어지고 시장독재로까지 악화될 때 시장은 시장을 낳은 사회 전체를 분쇄해 버리는 악마의 맷돌로 타락할 수도 있기 때문이다. 케인즈의 국가개입주의와 하이에크의 자유시장주의가 번갈아 현대의 경제 패러다임을 주도하면서 망각의 늪에 빠졌던 폴라니의 얼굴이 21세기 금융공황의 파장 때문에 재조명되는 것이 단순한 우연이 아니었던 것이다. 폴라니의 혜안에 새삼 주목하게 만드는 신자유주의의 특징과 역사의 핵심은 다음 몇 가지로 요약될 수 있다.[1]

먼저 신자유주의는 자본주의경제와 관련해서만 자유의 가치를 강조하는 경향이 있으며, 상위계급이 자신들의 기득권을 극대화하기 위해 신자유주의화(특히 세계화)를 추동하고, 이런 신자유주의화가 지리적으로 불균등하게 진행되며 신자유주의화의 성과가 생산성 증대를 통한 자본 축적이 아니라 '탈취에 의한 축적'을 지향한다는 것이다. 실물경제의 생산성 향상에 의거하지 않은 최첨단 금융 파생상품이 견인한 월가의 거품경제가 결국은 다른 나라들과 미래 세대의 자산을 앞당겨 '탈취'해 낭비함으로써 세계사적인 일대 파국에 이른 2008년의 현실을 폴라니적으로 한번 번역해 보는 건 무척 흥미로운 일이다. 즉, 21세기 금융공황은 무한에 가깝게 부풀려진 신자유주의적 자기조절적 시장의 광풍(狂風)과 거품의 소산이며 이는 사회의 통제를 벗어난 시장이 궁극적으로는 '자기조절' 능력을 가질 수 없다는 역설적 교훈을 웅변하는 사태인 것이다.

'21세기 초반 전 세계를 휩쓸었던 경제공황의 본질과 한국 사회가 직면했던 위기를 어떻게 해석해야 하는가?'라는 질문은 현재진행형의 거대 문제가 아닐 수 없다. 이런 총체적 문제에 대한 답변이 과연 추출 가능한 것인지조차 아직은 분명치 않다. 최소한의 잠정적 답변을

---

1 Harvey, D. (2005/2007) 참조.

위해서도 적지 않은 시간과 세계 지식인 사회의 학제적 협동작업이 필수적이다. 하지만 하이에크와 폴라니의 대립 쌍에서 출발하는 시장철학의 관점에서 볼 때 다음과 같은 잠정적 답변이 도출될 수도 있다. 21세기 초 상황에서 고삐 풀린 신자유주의가 초래한 전 지구적 금융위기와 한국 사회의 경제위기 자체가 시장의 철학에 대한 균형 잡힌 이해 부족의 산물일 수 있으며, 시장질서와 민주질서의 복합 상관성이 균열됨으로써 자유민주주의의 정당성을 위협하는 형국으로 해석될 수 있다는 것이다.

시장의 철학적 의미에 대한 사려 깊은 천착이 요구되는 것은 바로 이 대목에서이다. 한편으로 사유재산권의 불가침성과 연계된 시장독재의 전횡에 대해서 의식 있는 모든 이들뿐만 아니라 합리적 자유주의자들까지 비판적 태도를 취할 수밖에 없는 것은 역사적 경험으로부터 우러나오는 자연스러운 반응이다. 다른 한편 지나치게 확산된 신자유주의의 어두운 그림자 탓에 시장이 자유주의의 이론과 실제에 대해 가지는 원칙적이고도 본질적인 중요성에 대한 균형 잡힌 인식이 방해받는 경향이 있는 것도 엄연한 사실이다. 시장철학은 양 극단의 불균형을 시정하기 위한 지적 노력을 기울여야 마땅하다.

인류의 역사는 질적으로 새로운, 깨어 있고 자유로운 삶의 양식의 단초가 '사회', 즉 시장사회와 시민사회의 출현에 의해서 비로소 확보될 수 있었다는 사실을 보여준다. 개인소유권 보장과 상거래의 자유로부터 솟아난 계약법과 신용·정직의 덕목, 자생적 활력과 진취성, 천변만화(千變萬化)하는 복합적 현실에 대한 유연한 대응으로부터 생겨나는 현장지(現場知) 등은 모든 종류의 자유민주주의 정치사회질서의 역동성과 안정성 확립과 분리 불가능하기 때문이다. 우리가 "시장철학 전사"에서 이미 구체적으로 확인한바 그대로이다. 이로써 우리는 민주적 자유주의의 지속과 발전을 위해서도 시장이 근원적인 중요성을 지닌다는 사실을 명징하게 이해할 수 있다. 자유주의의 이론과 실제에서 자유시장은 결코 단순한 정책이나 도구적 수단으로 환원될 수 없는 본질적 의의를 지닌다. 시장에 대한 믿음이 절대화되고 근본화되는 사태는 분명 심각한 편향이고 중대한 오류이지만, 자유롭고 공정한 시장이 다른 제도에 의해 대체될 수 있을 것이라는 희망도 또 다른 편향에 지나지 않는 것이다.

 자유민주주의적 삶의 발현에서 시장이 차지하는 본원적 몫과 역할은 결코 축소되거나 부인될 수 없다. 시장독재로 타락한 신자유주의가 파국 직전에 이른 지금의 상황도 시장의 본질적 중요성이라는 현대적 삶의 진실을 바꾸지는 못한다. 그런 의미에서 시장은 결코 민주주의의 적(敵)이 아니며, 시장질서와 민주질서는 상호공생 관계에 있는 경쟁자라 할 수 있다. 시장과 민주주의 사이의 성찰적 균형관계를 실행하는 집합적 실천의 길은 결국 인류 앞에 놓여 있는 미완의 행로이다. 아마도 현대성이 던진 최대 도전 가운데 하나일 그 길은 우리 모두의 지혜와 헌신을 요구하는 주제가 아닐 수 없다.

제 4 장

시장비판론에 대한
반(反)비판

- 마르크스는 헤겔을 넘어서지 못했다
- 시장을 거부한 현실사회주의
- 북한의 시장화가 어려운 사상적 이유:
  정치가 곧 경제인 북한
- 북한 개혁의 정치경제학: 경제는 곧 정치다

1
마르크스는 헤겔을 넘어서지 못했다

●   정치사상사에서 헤겔은 보수적 관념론자로, 마르크스는 진보적 유물론자로 서술하는 경우가 많다. 생산력과 생산관계의 모순을 변화의 동인으로 여긴 마르크스의 유물변증법이 절대정신을 역사의 동력으로 앞세우는 헤겔의 관념변증법을 '지양했다'는 식의 표준적 서술은 마르크스 자신의 입장과도 일치한다. '거꾸로 서 있는' 헤겔철학의 보수 반동성은 탈색시키되 변증법적 사유의 핵심은 승계했다는 게 마르크스의 주장이기 때문이다. 하지만 나는 이런 해석이 일면적이라고 본다. 헤겔의 텍스트를 면밀히 점검해 보면 그의 정치사상이 매우 혁신적이라는 사실을 확인할 수 있다. 마르크스와 비교해서 헤겔의 변증법적 사유가 가장 빛나는 대목 가운데 하나는 단연 자유주의와 시장에 대한 헤겔의 논변이라 할 수 있다.

마르크스는 자유주의를 부르주아의 계급독재를 관철하는 이데올로기적 장치로 간주한다. 근대 시민권을 담보하는 여러 민주주의적 제도들도 이런 부르주아 독재에 봉사하는 도구로 여길 뿐이다. 국가와 시민사회를 분리시킨 자유주의적 모더니티의 불가역전의 업적도 마르크스의 관점에서는 근대인이 인간 존재의 보편적 내용으로부터 소외되었다는 증거로 읽히는 것이다. 역사적으로 보면 시장경제를 축으로 한 사적 이익의 체계로 조직된 시민사회와 주권적 일반 이익의 구현체로서 강제력을 독점한 국가의 분리는 시민권과 자유의 이념을 최초로 정초(定礎)케 했다. 고전적 자유주의자들이 맨 처음 포착한 이 같은 사실을 헤겔은 국가-시민사회 개념을 구분해 정식화함으로써 가장 포괄적인 현대 정치철학의 패러다임으로 녹여내는 데 성공한다.

하지만 마르크스는 헤겔이 나눈 국가와 시민사회의 분리 구도를 가장 과격한 방식으로 해체하고 말았다. 마르크스가 보기에 국가는 시민사회로부터 겉모습으로만 독립되어 있는 까닭에 "현대의 국가권력은 전체 부르주아의 공동 업무를 관장하는 위원회에 불과하다"는 것이다.[1] 마르크스가 국가-시민사회의 분리라는 모더니티의 정식을 오히려 타락과 부패의 원흉으로 간주하는 이유는 너무나 분명하다. 그의 말을 빌리자면, "정치국가의 발전 형태 속에서 인간은 … 스스로를 공동존재로 간주하는 정치적 공동체에서의 삶과, 사적 개인으로서 행위하면서 자신이나 타인을 수단으로 격하시키고 낯선 힘의 포로가 되어버리는 시민사회 속의 삶이라는 이중적 형태로 분열"되기 때문이다.[2] 여기서 마르크스가 정치적 공동체가 공동존재를 창출하는 데 비해 시민사회는 사적 개인을 낳는다는 사실에 주목하면서 공동체를 긍정적으로, 그리고 시민사회를 부정적인 것으로 간주한다는 사실이 선명히 드러난다. 시민사회에 대한 마르크스의 부정적 관점은 마르크스주의 전체의 이론과 실천에 중대하고 장기적인 영향력을 행사한다.

---

1 Marx, K., & Engels, F. (1972), p. 486.
2 Marx, K. (1972b), p. 154 (고딕체는 원문).

마르크스에 의하면 사회 구성원들의 일반의지를 형상화한 존재이며 특수성과 보편성의 통합체라고 헤겔에 의해 논변된 국가는 기실 부르주아 계급의 배타적 이익을 보장하는 계급국가에 불과하다. 마르크스의 표현을 빌리자면 부르주아적 자유주의국가는 시민사회의 포로에 불과하며 하나의 환영(幻影)에 지나지 않는다. 따라서 마르크스는 헤겔의 국가론을 통렬히 비판한다. 국가는 물질적 현실의 합리화이며 전도된 현실의 신비화라고 맹공하게 되는 것이다. 개인주의에 입각한 근대 시민사회가 사회적 존재인 인간 존재를 파괴하므로 전도된 현실인 국가/시민사회 분리를 지양하고 사회화된 인간의 모델을 회복해야 한다는 논변이다. 그리하여 마르크스는 사회화된 인간 모델을 '공동존재'(gemeinwesen, the communal being)라 부르고, 정체(政體)와 개인을 동시에 지칭하는 주요 개념으로 사용한다.

시민사회의 출현으로 초래된 원자화와 소외가 극복되고 개인과 사회가 모두 공동존재성을 획득하는 결정적 지점을 마르크스는 '진정한 민주주의' 또는 '공산주의'라고 부른다. 여기서 중요한 점은 "민주주의만이 특수자와 보편자의 참된 합일인 것이다. … 그리고 진정한 민주주의에서는 정치적 국가가 지양된다"는 사실이다.[3] 그러므로 참된 민주주의에서는 분화된 사적 영역으로서의 시민사회도 함께 사라져야 한다고 마르크스는 확신한다. 이를 그는 "추상적인 정치국가 내의 선거 개혁은 국가의 지양뿐만 아니라 시민사회의 지양도 요구한다"라고 표현한다.[4]

마르크스가 자유주의를 도저히 받아들일 수 없는 근본적 이유가 여

---

3 Marx, K., (1972a), p. 30(고딕체는 원문).
4 Marx, K., (1972a), p. 121(고딕체는 원문).

기에 있다. 진정한 민주주의인 공산주의가 부르주아적 맥락에서의 국가나 시민사회와 양립할 수 없기 때문이다. 자유주의를 근원적으로 출범시킨 사유재산권, 그리고 국가/시민사회의 분리를 둘 다 거부하는 마르크스의 명제는《헤겔 법철학 비판》에 이처럼 명징하게 제시되어 있으므로 아비네리의 평언(評言), 즉 "《공산당 선언》이 《헤겔 법철학 비판》에 내재되었다"는 말은 정곡을 찌른 지적이다. [5]

결론적으로 마르크스의 자유주의 비판은 부르주아적 국가와 시민사회를 동시에 지양해야 한다는 역사근본주의적 선언으로 귀결된다. 바로 이 대목이 마르크스주의 이론과 실천의 역사에서 도구주의적 국가관과 소외의 원형으로서의 시민사회 개념이 표준적 테제로 자리 잡게 되는 결정적 지점이다. 마르크스가 과연 헤겔을 극복했는가를 논할 때 관건이 되는 핵심 논점이 아닐 수 없다.

자유주의와 마르크스주의의 대립 구도에서 가장 중요한 논쟁점의 하나는 시민사회에 대한 이해이다. 마르크스는 헤겔의 정의를 좇아 시민사회를 '일정한 발전 단계에 있는 물적 교류의 총체'로 독해한다. 그러나 이 과정 속에서 마르크스는 헤겔이 복합적이고 역동적으로 이해한 시민사회 개념을 단순화해 경제환원론적으로 해석한다. 물적 이해관계를 나타내는 부르주아 사회(*bourgeois society*)와 공민으로서의 국민이 국가에 대한 권리 · 의무관계를 가진다는 맥락을 강조하는 시민사회(*civil society*) 개념을 함께 중층적으로 담는 헤겔의 시민사회관을 마르크스가 부르주아 사회로 편협하게 축소하는 것이다. 그 결과로 마르크스의 헤겔 비판의 논리에서는 헤겔적 시민사회 개념에 내재한 계몽의 차원이 버려진 채 홉스적인 전쟁 상태로 요약된 '욕망의 체

---

5 Avineri, S. (1968), p. 34.

계'만이 부각된다.

   헤겔의 시민사회론을 평가하는 데 마르크스가 범한 치명적인 오류는 헤겔의 시민사회 안에 내재한 모순적 성격과 공존하는 보편적 성격을 간과했다는 데 있다. 근대 국민경제학의 성과를 대폭 수용한 헤겔은 시민사회를 추동하는 '욕망과 충족의 논리'에 주목했고 그 논리가 야기하는 모순에 대해서도 분명히 인식했다. 자유주의적 시민사회 안에 구조화된 빈곤과 과잉 생산, 실업, 천민의 존재, 해외 식민지 개척 등에 관한 헤겔의 논술이 이를 입증한다. 하지만 시민사회에는 전혀 상이한 성격도 엄존한다. 헤겔이 시민사회의 마지막 계기로서 "[욕망의] 체계 속에 상존하는 우연성에 대해 배려하는 가운데 경찰복지 행정(*polizei*)과 직업단체(*korporation*)를 통해 특수이익을 공동이익으로 승화시킬 수 있는" 메커니즘에 주목하는 건 이 때문이다.[6] 근대 시민사회는 마르크스의 통렬한 지적처럼 착취와 소외의 무대이기도 하지만, 또한 마르크스가 전혀 보지 못한바 시민들의 계몽과 교화, 해방을 위한 불가결의 장소로서도 함께 기능한다는 것이다. 결국 마르크스는 시민사회의 빛은 무시한 채 그 그림자만 일방적으로 부풀렸다.

   시민사회를 다루는 헤겔의 논의는 대의제도와 여론의 기능 그리고 직업단체의 역할에 주목한다. 오늘날 다시 부흥의 계기를 맞는 현대 시민사회론의 통찰을 상당 부분 선취할 정도이다. 하지만 헤겔의 시민사회론에 약점이 없는 건 아니다. 자본주의적 경제의 차원과 민주주의적 시민사회의 지평을 포괄하는 헤겔의 시민사회관의 모호성을 극복하기 위해 오늘의 시민사회론자들은 헤겔의 시민사회를 경제와 시민사회의 두 층위로 나눈다. 그 결과 국가-시민사회-경제의 3분법이 탄생한다. 이런 3분법의 기초 위에서 현대 정치이론을 구상하는 포괄적 시도

---

6 Hegel, G. W. F. (1970), p. 346.

로는 코헨과 아라토의 작업이 대표적이다. [7] 이런 근거에서 나는 '마르크스의 정치철학이 헤겔의 정치사상을 극복했다'고 주장하는 마르크스주의자들의 주장은 강변에 가까운 것이라고 판단한다. 관념론이라는 이유로 헤겔의 유산 전체가 진작 극복되었다고 보는 정치사상사의 해석에도 동의하기 어렵다.

시민사회를 부르주아가 독점적 권력을 행사하는 배타적 계급 지배의 공간으로 그림으로써 마르크스는 시장경제와 비슷한 시기에 출발했지만 경제논리로만 환원될 수 없는 공적 공간의 제도화와 공론의 매개 역할을 간과한다. 이것은 마르크스의 치명적 약점이라 할 수 있다. "시장철학 전사"에서 시작해 시장질서와 민주질서의 변증법을 논한 후 공론장과 공공성, 법치주의와 신뢰, 교육과 사실성을 존중하는 문화를 총체적으로 다룰 시장철학은 좁게 해석된 경제논리로 환원 불가능한 시장의 경세제민적 지평에 대한 인문학적 보고서이기도 하다. 즉, 나의 시장철학은 마르크스의 시장 비판에 대한 근원적 안티테제이기도 한 것이다. 국가-시민사회에 대한 마르크스의 분석이 후기로 들어서면서 자본주의 생산양식론에 의해 대치되는 과정 그리고 마르크스가 생산조직 외에 자율적인 여러 결사체·중간집단·교육기관·가족제도 등에 혼재한 자유주의적 시민사회의 역동적·민주적 의미를 제대로 포착할 수 없었던 근본적 배경이 나의 시장철학에 의해 입체적으로 해독된다.

마르크스의 이런 결함은 마르크스주의의 고질병이었던 경제력주의와 생산력주의로 바로 이어진다. 그러나 최소한 마르크스와 엥겔스 스스로는 자신들의 주장이 그렇게 편협하게 독해될 수 있는 여지를 가진

---

7 Cohen, J., & Arato, A. (1992), 특히 pp. 29~82 참조.

다는 사실을 인식했으며 그것을 경계하기도 했다. 하지만 이런 배려에도 불구하고 정치경제학 비판의 동력이 경제주의적 편향의 요소를 본질적으로 담았다는 의심을 불식시키기는 쉽지 않다. 나는 마르크스 국가론과 정치학의 부재와 공백의 근본 원인이 여기에 있다고 본다.

또한 국가와 시민사회의 동시적 지양이라는 그의 강령은 유토피아적 근본주의의 색채를 다분히 담은 것이다. 물론 이런 비판이 마르크스 자신의 논술 안에 부분적으로 내재한 반(反)근본주의적 요소의 존재 자체를 부인하는 것은 아니다. 마르크스 자신과 경학화(經學化)한 마르크스주의 간 차이에 주목해야 할 필요도 있다.

그럼에도 정통 마르크스주의는 핵심적 부분에서 마르크스의 경제중심주의와 생산력주의를 계승한다. 정통 마르크스주의의 근본 강령은 프롤레타리아 독재와 생산수단의 사회적 소유라는 정식으로 귀결되었고, 전위당의 프롤레타리아에 대한 독재와 국가소유제로 낙착되었다. 마르크스의 아름다운 민주주의론이 역설적으로 민주주의의 꿈을 배반한 가장 큰 이유는 그가 시민사회의 복합성과 역동성에서 집중적으로 발현되는 자유주의의 전향적 계기들을 무시했기 때문이다. 시장의 경세제민적 차원을 폄하한 것이다. 자유주의가 창출한 부르주아 민주주의에서 태동된 시장질서 그리고 그런 시장질서와 민주질서의 변증법이야말로 모든 형태의 성숙한 민주주의로 전진하기 위한 필수적 매개항이자 기초라는 사실을 마르크스는 간과하고 말았다.

국가와 시민사회가 모순적 접합과 길항관계에 있다는 현실을 무시하고 자유주의적 제도들이 모두 부르주아의 계급이해에 복무한다고 보는 정통 마르크스주의로의 이행은 이 지점에서 거의 예정된 것이었다. 시장질서와 시민사회의 성장을 통한 자유민주주의의 확산이 부르주아의 계급 지배를 제어하기도 한다는 사실을 제대로 보지 못하는 게 그 결과이다. 자유민주주의적 시민사회 안에 넓게 편재되어 있는 모순과 갈등 관계를 단일 원리로 부당하게 축소함으로써 마르크스주의는 오늘날 양산되는 다양한 사회운동의 성장을 설명하지 못하게 되었다. 근본주의적 계급혁명에 대한 과도한 집착 때문에 마르크스주의적 실천철학이 현실적으로는 소극적 대기주의로 흐르거나 아니면 거의 무력화되는 결과를 낳은 것이다. 근본적으로 마르크스에게는 헤겔에겐 풍부한 형태로 남아 있는 시장질서와 민주질서의 변증법을 위한 공간이 축소되어 거의 마멸된 상태로 있다.

모더니티를 추동한 자본주의와 시민권은 둘 다 자유주의와 동(同)근원적이다. 마르크스주의는 자본주의적 시장경제와 근대 민주주의의 긴장적 교차관계에서 전자의 부정적 측면만을 부풀렸으며 한국의 진보진영도 그런 경향성을 아직까지 불식시키지 못하고 있는 실정이다. 민주적 시민권을 신장시킨 자유주의의 성과가 무시되고 시장경제에 고유한 자생적 질서와 혁신성의 가치가 송두리째 거부된 것이다. 그 결과는 이론적으로나 실천적으로 참혹한 것이었다. 한국의 진보진영이 마르크스주의의 실패의 교훈을 제대로 학습했는지의 여부는 여전히 불확실하다. 핵심 입론이 논파될 위기에 직면할 때 그것을 흔쾌히 인정하지 않고 수많은 보조가설을 동원해 빠져나가는 것을 포퍼(Popper, K.)는 '사이비과학'의 주된 증거라고 비판하면서 마르크스주의를 실례의 하나로 드는데, 우리가 포퍼의 인식론에 동의하던 그렇지 않던 간에 이는 매우 흥미로운 관찰이 아닐 수 없다. 포퍼의 표현을 빌리자면 마르크스의 역사유물론은 원천적으로 '반증'이 불가능하게 짜인 것이다. [8]

예컨대 한국 진보학계에서 최대 성과로 간주되는 1980년대 '사회구성체 논쟁'은 위에서 분석한 마르크스주의의 영향을 거울처럼 선명하게 보여준다.[9] 일반적으로 NL(민족해방진영)과 PD(민중민주진영)가 대립해서 거미줄처럼 분화되어 간 이 논쟁에서 마르크스주의는 주체사상과 함께 양대 지도이념이었다. 사상으로서 주체사상의 빈곤성과 비철학적 성격이라는 한계 때문에 이론의 차원에서는 PD가 압도했다고 할 수 있는 이 논쟁에서 두 진영 모두 독점 강화, 종속 심화, 파시즘 강화 테제의 도식성과 자기순환성이라는 굴레에서 자유롭지 못했다. 흥미로운 사실은 이 '사회과학' 논쟁이 고도의 사변적 지평 위에서 전개되었으며 연역추론의 형태를 즐겨 구사했다는 점이다.

사회구성체 논쟁은 오늘의 한국 진보진영에 의해서 완전히 폐기되거나 극복되었다고 보기 어렵다는 게 내 생각이다. 다만 슬그머니 뒷전으로 물러나 은연중 진보 지식인 공동체의 학술 담론이나 실천적 상상력에 영향을 끼치는 것처럼 보인다. 현실사회주의의 붕괴 이후 마르크스주의 패러다임에 대한 명시적 언급 자체를 삼가는 경향이 있는 한국 진보는 시장질서와 민주질서의 긴장관계를 과도히 단순화시키는 오류를 아직까지 극복하지 못하고 있다. 민주적 시민권을 신장시킨 자유주의의 성과를 무시하고 시장경제에 고유한 자생적 질서와 혁신성의 가치를 폄하하면서 시장의 적대적 성격만을 부각시키는 진보의 오래된 관행이 그 산물이다. 한국 진보의 이론적 빈곤과 실천적 무력함이 그 결과다.

한국 사회의 대안으로 사회민주주의가 진보적 자유주의보다 훨씬

---

8 마르크스주의에 대한 포퍼의 논쟁적 분석으로는 Popper, K. (1945b), 과학과 비과학의 '구획 기준'으로서의 반증 원리에 대해서는 Popper, K. (1963), p. 37 참조.
9 박현채·조희연 편 (1989). 논쟁집은 4권까지 출판되었다.

우월하다고 주장하는 최근의 한 논변도 시장과 시민권 사이의 복합관계를 단일의 사회 경제적 적대관계로 환원하는 마르크스주의적 오류에서 자유롭지 않다. '자유주의가 진보적일 수 있는가?'라는 물음 자체에 대해 회의하는 한국의 한 사회민주주의자는 진보적 자유주의가 담론의 차원에서 진보성을 주장할 수는 있을지 몰라도 "기본적으로 그것은 실천의 차원과는 무관하다"고까지 확언한다.[10] 사회민주주의가 진보적 자유주의보다 우월한 이치가 그에게 '자명'한 것은 "노동이나 계급 개념을 동원하지 않는다면 진보라는 개념은 애초에 불가능하며, …진보의 정치에서 민주정치는 계급의 정치일 수밖에 없"기 때문이다.[11]

계급과 노동의 범주는 과연 매우 중요하며 사회 경제적 빈곤과 양극화의 문제가 우리 시대 최대의 미결 과제 가운데 하나임이 분명하다. 나의 시장철학을 추동한 최초의 문제의식이 그걸 증명한다. 하지만 나는 이 사실로부터 '사회 경제적 문제를 계급과 노동의 범주로 규정하는 것이 진보의 본질이다'라는 정의가 자동적으로 도출되지는 않는다고 생각한다. 인간 해방과 계몽을 위한 투쟁에서 선험적 중요성을 지닌 특권화된 계급주체를 상정하는 이런 태도는 본질주의의 함정에 빠질 위험성이 농후하다. 진보의 내포와 외연이 노동과 계급의 범주로 선명히 포착되거나 배타적으로 채워질 수 있는 것도 아니다. 이런 주장은 마르크스주의 일반에 내장된 토대결정론과 경제근본주의의 '한국 사회민주주의적 버전'이라 할 수 있을 만큼 협소하고 독단적인 태도인 것으로 생각된다.

---

10 자유주의의 진보성을 탐색한 중요한 학제적 작업의 산물인 최태욱 엮음 (2011) 에 실린 고세훈의 "'진보'적 자유주의에 대한 비판적 검토" 참고(122쪽).
11 고세훈, 위의 논문, "자유주의는 진보적일 수 있는가"(140쪽).

오늘날 널리 회자되는 한국 진보의 총체적 위기는 정치공학적 고려를 일단 배제하고 말한다면 이러한 지적·실천적 불철저함 때문에 초래된 것이라 할 수 있다. 명백한 사실과 현실을 교조적 이념이 은폐하려 할 때 그런 시도가 상당 기간 동안 지속될 수 있는지는 모른다. 하지만 사실의 힘 앞에 공소(空疏)한 이념이 균열되는 것은 결국 시간의 문제일 뿐이다. 보수보다 이론의 체계성과 실천의 도식성에 대한 집착이 상대적으로 강한 진보는 완강한 사실의 위력 앞에서도 오랫동안 흔들리지 않았으나 그런 상태가 언제까지나 지속될 수는 없다.

　사실과 이념이 서로 합치되지 않을 때 진보는 때로 사실 자체를 부인하거나 사실의 사실성을 굴절시키려 시도하기도 했다. 그러나 '사실과의 정직한 대면'을 거부하는 바로 그 지점으로부터 진보의 위기는 가속화될 수밖에 없었다. 한국 진보가 당면한 위기를 극복하기 위해서는 위기의 원인에 대한 철학적 진단으로부터 출발하지 않으면 안 된다. 한국 진보가 직면한 위기의 근원에는 마르크스주의의 시장비판 패러다임 자체에 내재한 치명적 약점이 자리하는 것이다. 따라서 '진보의 재구성'을 위한 작업은 시장철학에서 시도되는 것 같은 시장의 진면목에 대한 균형 잡힌 인식으로부터 시작해야 마땅하다.

2
시장을 거부한 현실사회주의

●   현실사회주의는 총체적으로 실패했다. 사회주의의 꿈이 실패한 여러 이유가 있었겠지만 시장철학의 관점에서 볼 때 가장 핵심적인 것은 자유시장의 부재 때문으로 압축된다. 자유시장경제의 부재가 시장질서의 부재를 낳았고, 시장질서가 없었던 현실사회주의국가들에는 시장질서와 민주질서의 변증법이 작동할 수 있는 공간 자체가 사라짐으로써 사회주의적 실험의 총체적 실패를 야기했던 것이다. 사회주의적 중앙통제경제는 자유시장경제처럼 진화의 과정을 밟는 대신 전체주의적 지도부의 명령에 의해 일방적으로 만들어진 거나 다름없다. 소련과 중국의 경우가 특히 두드러진 사례다. 두 국가 모두 건국 당시에는 현대적 산업국가라기보다는 몇몇 대도시나 공업단지에서만 부분적으로 자본주의의 맹아를 갖추었을 뿐이었다.[1]

소련과 중국은 정치 리더십이 단기간에 국가의 모든 가용자원을 총동원해 전(前) 자본주의의 토대 위에 산업화 과정을 강제로 이식시켰다는 공통점이 있다. 마르크스는 사회주의 계획경제와 공산주의라는 궁극적 목표에 대해 화려한 수사(修辭) 외에 구체적 프로그램을 제시

---

[1] 소련의 중앙계획경제에 관한 간략한 서술은 주로 Heilbroner, R. L., & Milberg, W. S. (1962/2010), pp. 411~435의 "사회주의의 발흥과 몰락"을 참조했다.

하지는 않았던바 신생 소련의 지도자들은 숱한 시행착오를 겪지 않을 수 없었다. 권력을 장악한 레닌과 트로츠키는 국가의 주요 인프라를 국유화해 국가계획경제를 출범시키려 노력했으나 재앙을 낳았을 뿐이다. 1920년에 들어 산업 생산이 마비 상태에 빠진데다 농촌에서 도시로의 식량 징발까지 차질을 빚으면서 체제 전체가 붕괴될 위기를 맞자 1921년 레닌은 신경제정책(NEP)이라는 시장 요소를 재도입해 위기에 대응하지 않을 수 없었다.

하지만 스탈린은 레닌과는 달리 생산수단의 사적 소유를 국가 소유로 대체하는 데 추호도 주저하지 않았다. 도시노동자들은 거대 사회주의국가가 계획한 작업속도와 작업량을 준수해 생산목표를 채우도록 톱니바퀴처럼 명령받고 교육되었으며 파업 같은 '반혁명행위'는 원천적으로 금지되었다. 도시노동자들의 노동을 최대한 착취하기 위한 유인수단인 식량을 원활히 공급하기 위해 강제적 수단으로 농촌을 일거에 집단화했으며 농촌의 자산을 국유화하는 데 저항한 5백여만 명의 자영부농(富農, kulak)을 국가권력이 완벽하게 '일소'했다. 산업화에 필수적인 원초적 자본 축적의 과정이 수십 년이 채 안 걸린 스탈린 시대는 그 과정이 수백 년 가까이 걸린 서유럽에 비해 훨씬 짧고 압축적이었던 그만큼 가혹했고 무자비했으며 전면적인 사회구조의 변혁을 가져왔다. 국가의 노동 착취를 통한 인민의 총체적 고통이 형언할 수 없었음은 물론이다. 여러모로 소련보다 더 열악한 상황이었던 중국의 경우 대약진운동 같은 마오쩌둥의 사회주의적 압축산업화가 수천만 명의 인명손실을 낳았던 것이 엄연한 비극적 사실이다. 하지만 마오쩌둥의 치세(治世) 자체가 마오쩌둥 사후 덩샤오핑이 추진해 성공시킨 경제개혁의 물질적 토대인 원초적 자본 축적의 역할을 한 측면이 있었음을 부인하기 어렵다.

사회주의 중앙통제경제 초기의 발전 단계에서 총력동원 정책을 통해 산업화를 위에서부터 강제한다는 것은 인권 개념 자체를 가지지 않았던 권력주체의 시각에서는 그리 어려운 일이 아니었다. 짧은 시간에 대규모 산업화가 가능하려면 생산은 늘리되 소비는 최소한으로 줄여 남은 자본을 모조리 자본 형성에 투입할 수 있어야 한다. 전체주의적 정치기구가 인민의 희생을 강요한 소련의 경우 특히 1930년대 초기와 제2차 세계대전 이후 재건과정에서 짧은 기간에 커다란 성과를 낳았다. 북한의 경우에도 한국전쟁 직후 산업 재건의 속도와 폭은 괄목할 만한 것이었다. 하지만 사회주의 중앙통제경제는 근대 산업국가의 기틀을 세우는 초기의 자원 동원에는 효율적이었던 반면 일정한 수준을 넘어 복합적 경제 요소들 사이의 유연한 조정이나 다양한 경제 신호를 송·수신하는 경제 탄성력 작동단계에서는 결정적으로 뒤처진다. 사회주의 명령경제가 추동한 외연적 성장이 현대적 산업국가를 효율적으로 기능하게 만드는 데 본질적 결함이 있었기 때문이다. 현대의 경제 체제가 원활히 작동하기 위해서는 수요와 공급을 포함한 복합경제의 기본 요소들 사이의 정보 교환과 신호가 매끄럽게 진행되어야 하는데 사회주의의 명령경제는 그것을 감당할 기본 능력이 결여되었다.

제3장 "시장철학의 논리와 동학"이 밝혔듯이 시장경제에는 수요와 공급을 조절하는 정보전달 신호의 체계가 본질적으로 수반된다. 여기서 가격 메커니즘이 가장 중요하다. 가격은 자유시장이 창출한 정보신호 중의 하나인데 소련식 통제경제는 시장을 말살함으로써 가격의 형성 자체를 불가능하게 만들었다. 경제적 측정 단위의 기본인 가격 메커니즘이 부재하면 합리적 경제 계산 자체가 불가능해지므로 허구적

통계가 판을 친다. 생산단가와 관계없이 당국이 일방적으로 가격과 상품 유통을 결정하며 정책 결정과 보고의 모든 단계에서 허위 보고가 만연하기 마련이다. 현실사회주의의 국가 통계가 신뢰성을 결여하게 된 배경이다. 하지만 가격과 수익성이라는 신호는 자원 및 노동의 자발적 배분을 끌어당기는 주요 동력이다. 물자의 흐름이 수익성을 겨냥한 사적 수요와 공급과정에 의해 정해지고 가격 상승과 하락의 신호가 수요와 공급을 조절하는 것이다. 가격이 없다면 시장 참가자들이 대응할 수단도 원천적으로 사라진다.

시장의 도움 없이 중앙계획기구가 경제의 전체 목표를 설정하는 것은 경제 발전의 기초 단계에서만 가능하다. 전체주의적 중앙계획은 가격과 수익성이라는 자생적 신호체계를 불허하므로 '못' 하나 같은 작은 부품부터 '대륙간 탄도탄' 같은 최첨단 제품까지 모든 품목들이 낱낱이 계획생산이 되어야 하며 노동의 공급과 이동 또한 미리 계획되어야 한다. 무수한 하부 계획들의 위계가 전체 계획의 총체적 목적을 보조하고 완결시켜야 하며 이런 계획들의 집합이 애당초 설계한 최종 결과에 부합해야 한다. 하지만 유명한 '사회주의 계산 논쟁'이 입증하듯 이 모든 과정을 사전에 프로그램화시켜 효율적으로 작동하게 만드는 것은 최신·최고 성능의 컴퓨터를 대량으로 사용하더라도 원천적으로 불가능한 일이다.

엄격한 통제경제의 피라미드 구조에선 위계의 한 부분이 어그러지면 경제의 중간 과정에서 자체적으로 정책을 수정할 여지가 매우 희박할 수밖에 없다. 노동자들의 만성적 무기력과 태업, 관료의 책임 회피가 전체 경제구조를 왜곡시키는 것은 시간문제에 불과했다. 이에 반해 "시장경제가 굴러가는 것은 올바른 예측 때문이 아니라 그릇된 예측에 따른 결과를 바로잡아 나아가기 때문이다".[2] 다양한 실험경제학 연구가 가격의 움직임이 경제를 안정된 상태로 이끄는 경향이 있다는 경험적 증거를 입증했다. 수익 가능성을 반영하는 가격이야말로 수요와 공급 차원에서 잘못된 예측을 바로잡게 만드는 자생적 신호에 해당된다. 가격과 수익성이 내는 신호가 없고 계획 운영자와 실천자들을 위한 공식 인센티브가 부재한 곳에 남는 것은 거대한 암시장과 비효율성, 관료적 낭비와 부패의 무덤에 지나지 않았다. 소련의 공식 국가경제 계획기관이었던 고스플란(Gosplan)의 흥미로우면서도 암담했던 역사가 그것을 증명한다. 소련의 공식 통계에 의하면 1928~1985년까지 소련 경제는 연평균 9% 성장한 것으로 나온다. 만약 사실이라면 최장기 고속 성장으로 세계 기록 보유국인 중국과 한국의 기록을 능가하는 경이적 수치다. 하지만 소련의 붕괴 자체가 통계의 허위성을 입증한다.

사회주의국가와 공산당이 체제 경쟁에서의 승리와 생존을 위해 전략적으로 자원을 집중한 중화학공업이나 우주선·전투기·군함·탱크 생산 등의 군수공업에서 혁혁한 성과가 있었던 건 사실이다. 그러나 관료들이 관심을 가질 이유가 없는 민수 영역과 소비재 생산에서는 통계상의 항상적 초과 달성을 무색케 하는 만성적 생필품 부족·식량 부족 현상 때문에 배급품 가게 앞에 민중이 장사진을 치는 모습인 '행렬경제'가 사회주의경제의 낯익은 풍경이 되었다. 결국 가격과 수익성의 신호로 작동하는 자유시장이 없을 때 경제 과정은 온갖 종류의 왜곡과 병목으로 질식할 상태가 되는 것이다. 목표 생산량을 기업에 하달하고 그 달성 여부에 따라 미약한 보상과 가중처벌이 주어지는 사회주의 통

---

2 McMillan, J. (2003/2007), p. 274.

제경제에서는 온갖 통계수치를 조작하는 게 관례이자 정상에 가까웠다. 누적된 비효율과 부패의 하중이 더 이상 감당할 수 없는 수준에 이르렀을 때 소련체제는 전격적으로 붕괴되었다.

막다른 골목에 이른 소련 통제경제를 구원하기 위해 1985년 고르바초프가 창도(唱道)한 글라스노스트(개방)와 페레스트로이카(경제체제의 근본적 개혁)는 이름과는 달리 충분히 개혁적이지도 않았고 완전히 개방적이지도 못했다. 당대에는 상당한 기대를 모으기도 했던 고르바초프의 작업은 정치적 통제를 조금만 풀면서 미온적 방식으로 시장 메커니즘 도입을 시도한 것 때문에 소기의 성과를 거두기는커녕 소련 자체의 해체로 귀결되었다. 사회주의 통제경제는 장기간 작동하기도 어려웠지만 점진적으로 변화하기도 어려운 체제였던 것이다. 소련의 해체는 소련의 정치적·경제적 블록을 구성했던 동유럽 위성국가들의 발빠른 변신을 가능케 한 배경이 되었다. 발트 3개국의 하나인 에스토니아가 그 가운데 가장 인상적 변화를 선보인 바 있다.

1940년 소련에 병합되기 전까지 서유럽·북유럽과의 긴밀한 사회 정치적 교류관계를 유지했던 에스토니아의 당대 생활수준은 핀란드와 비슷했다. 하지만 소련의 일원이 된 지 50년째인 1980년대 말 에스토니아의 1인당 GDP는 3천 달러였던 데 비해 핀란드는 1만 4천 달러를 넘었다. 놀라운 일이 일어난 건 그 다음 일이다. 1991년 소련에서 독립한 이후 사회주의 통제경제에서 자유시장경제로 전면적 체제 전환을 수행한 결과 2013년 기준으로 에스토니아의 1인당 GDP가 2만 달러에 육박한 것이다. 에스토니아는 2015년 현재 세계 경제자유화지수 8위에 올랐을 정도로 국영기업의 민영화, 각종 국가보조금 폐지, 환율 자유화, 과세제도 정비, 대외개방과 해외교역의 확대, 외국인 투자 활성화

등에서 큰 성과를 거두었다. 개혁 초기 물가 급등과 실업률 폭증 등의 부작용과 충격을 극복하고 재정 건전성이 유로존에서 가장 높을 정도로 안정적인 자유시장 체제를 세운 것이다.

에스토니아는 인구 140만 명의 소국이지만 이보다 규모가 훨씬 크면서도 체제 전환에 성공한 나라라고 평가받는 폴란드·헝가리·체코·슬로바키아 4개국의 공통점은 이들 모두가 포괄적이고 급진적인 방식으로 자유시장 체제로의 변환을 이룬 데 있다. 즉, 소련과 동유럽의 경험은 점진적이고 부분적인 체제 변화를 시도한 나라보다 초기 혼란을 감수하면서도 일관되게 급진적·전면적 시장 개혁을 추진한 나라들에서 경제성장이 훨씬 빨랐다는 흥미로운 사실을 보여준다. 경제학자와 경제 전문가들의 예측을 크게 벗어난 실물경제의 변동이 증명된 것이다. 시장철학의 테제와 관련해 의미심장한 또 하나의 결과는 자유시장경제로의 변환에 성공한 이들 동유럽 4개국과 에스토니아를 포함한 발트 3국이 경제발전을 이룩한 20여 년의 기간 동안 자유민주주의를 동시에 착근시키는 데도 성공했다는 사실이다. 오늘날까지 경제성장과 민주화가 모두 지지부진한 러시아나 발칸 국가 등과는 달리 발트 3국과 폴란드·체코 등은 유럽 문화 고유의 시장과 연결된 시민사회의 전통을 현실사회주의 체제 아래서도 부분적으로 유지했고 이와 연관된 나름의 사회문화 인프라를 간직했다는 사실과 무관하지 않은 성과인 것으로 보인다. 헝가리와 폴란드의 경우 강력한 노동자 계급과 중간계급 집단의 영향력이 사회주의 시대에도 보존되었기 때문이다.

자유시장의 부재는 시장경제 고유의 시장질서가 생겨날 기회를 차단하며 시장경제와 상호 보완적·상호 경쟁적 방식으로 병행하는 민주질서를 훈련할 계기도 원천적으로 막는다. 자유시장이 없는 곳에 시민사회가 부재했던 것도 비슷한 맥락이다. 현실사회주의가 붕괴한 후 시장경제로의 체제전환 과정이 지난한 우여곡절로 가득한 것은 시장 시스템이 단순한 돈의 문제에 그치는 것이 아니기 때문이다. 자유시장 시스템이 창출하는 시장질서는 시민사회의 태동, 삶의 아비투스 변환, 시민정신의 발전, 신뢰와 법치주의의 향상, 공론장과 공공성의 도입과 동행해 입체적·역동적 방식으로 같이 진화한다. 시장질서가 형성되고 시장질서와 민주질서가 변증법적 길항관계를 맺는 도정(道程)은 이처럼 지난하고 복합적인 노력과 시행착오를 필요로 하는 것이다.

3

북한의 시장화가 어려운 사상적 이유
정치가 곧 경제인 북한

●   한반도의 냉전 상황을 완화시키고 평화를 뿌리내려 통일의 기초를 닦는 지름길은 '정치로부터 자유로운 남북 경제 교류의 확대'에 있다고 말해진다. 남북정상회담을 비롯한 숱한 접촉 기록, 화해 교류와 통일까지를 약속한 문건들이 모두 휴지조각이 되고 만 것은 궁극적으로 경제라는 토대가 받쳐주지 못했기 때문이라는 논리다. 상당한 설득력이 있는 이 논리는 개성공단의 성공사례를 예시하면서 남북 경협이야말로 평화의 공존과 남북통일로 가는 왕도(王道)라고 역설한다.

남북 관계의 '선(先)경제 후(後)정치'로 명명 가능한 경제우선주의 접근법은 국내외 많은 전문가 집단이 합리적 대안으로서 제시하며 시민사회의 커다란 호응을 이끌어 냈음에도 불구하고 심각한 한계가 있는 것으로 판단된다. 경제우선주의 접근법이 '정치가 곧 경제'인 북한체제의 속성을 제대로 고려하지 않았기 때문이다. 정경 분리에 입각한 남북의 본격적 경제 교류를 용인하기 어려운 북한체제의 정치적 본질을 과소평가하는 것이다. 따라서 우리는 북한 개혁의 정치경제학을 직접 다루기 전에 정치가 경제를 전면적으로 규정할 수밖에 없는 북한체제의 본성을 직시해야 한다. 동유럽 현실사회주의의 체제변환 경험이 북한에 그대로 적용될 수 없는 맥락을 정확히 읽어야 정치가 곧 경제인 북한체제에서 경제가 정치를 변화시킬 수 있는 체제로의 변환이 가능하다. 다음의 분석, 특히 월북한 윤노빈과 월남한 황장엽의 대비(對比)는 자유민주주의 체제가 종종 망각하거나 과소평가하기 일쑤인 북한체제의 강력한 이념적 본질을 부각시키기 위해 채택된 우회로라 할 수 있다.

현실로 다가온 북 핵미사일 실천 배치의 가능성은 '북한 문제'의 심화와 확대를 의미한다. 여기서 북한 문제란 한반도의 북쪽을 지배하는 조선민주주의인민공화국의 존재가 한국 현대사에 던지는 온갖 문제들의 집합을 지칭한다. 이런 관점에서 보자면 북한 문제는 단연 한반도 현대사 최대의 도전이자 과제가 아닐 수 없다. 북한 문제의 근원은 대한민국과 조선민주주의인민공화국이 각각 국가 탄생의 출발점부터 서로를 구조적으로 규정했으며 한때 상대방을 무력을 동원한 국가 절멸 직전의 상황까지 몰고 간 데서 비롯한다. 헤겔의 말마따나 '국가의 본질이 개체이며, 개체성 속에는 타자에 대한 부정이 포함되어 있다'는 진실을 남북 관계의 시원(始原)보다 더 명징하게 예증하는 사례도 드물다. 북한 문제는 결코 북한의 문제만은 아니며 한반도의 현재와 미래를 성찰하는 모든 시민의 문제이기도 하다. 북한 핵무장의 도전을 다룰 때 한반도와 세계로 시야를 넓히는 게 필수적이다. 한반도 전체가 진정한 공화국에 한 걸음 더 다가갈 때에만 북한 문제의 원천적 해소가 가능하기 때문이다.

북한 문제에 대한 관점의 차이는 우리 사회 안에서도 한국 현대사에 대한 전혀 다른 해석과 평가로 이어진다. 상이한 해석들은 한국 사회에서 엄청난 분열의 씨앗일 뿐 아니라 한반도의 현재와 미래 그리고 통일 전망에 대해 날카롭게 상호 충돌하는 이념적 근원이 되어 사회적 긴장을 증폭시키는 촉매 구실을 한다. 2015년 말, 보수와 진보진영 사이의 역사전쟁으로까지 비화한 국사교과서 국정화 문제가 단적인 사례이다. 북한 문제가 '하나의 사회, 충돌하는 여러 해석'으로 이어지면서 무한갈등과 극한대립의 원천이 되고 있는 것이다. 천안함 폭침과 연평도 포격, 북 핵무장에 대한 대응책을 둘러싼 국론 분열은 그런 근본적 관점 차이의 현상적 증례일 뿐이다.

주어진 현실을 넘어 비판적 사유를 전개할 수 있는 존재로 정의된 철학자의 정치체제 선택에서의 행로를 내가 비교한 것은 이런 방법을 통해 북한 문제의 본질을 선명하게 짚을 수 있기 때문이다. 얼핏 우회적인 것으로 보이는 이 방법은 정치가 곧 경제인 북한의 '국가이성'에서 핵심을 직접적으로 드러내는 효과가 있다. 정치적으로 전혀 다른 길을 간 철학자인 황장엽과 윤노빈의 실존적 여정을 재구성함으로써 북한 문제의 중핵에 육박해 가려는 전략이다. 남으로 망명한 북의 국정철학자 황장엽의 주체사상과, 북으로 망명한 부산대 철학교수 윤노빈의 신생철학(新生哲學)을 추적해 한반도의 현실에 대입하는 방식이다.[1] 이는 황장엽과 윤노빈을 비교함으로써 북한 문제를 둘러싼 대한민국의 갈등 상황과 그 궁극적 해결의 실마리를 찾는 작업이다. 특정한 정치체제와 그 국가이성을 선택한 두 지식인의 엇갈린 길은 북한 문제를 둘러싼 정치철학적 갈등이 내장한 현실적 폭발성을 해명할 수

---

1 다음의 이야기 구도는 윤노빈과 황장엽의 텍스트에 근거하고 김지하, 오길남, 송두율 등 주변 지인들의 다양한 텍스트상의 증언에 의거해 내가 재구성한 것이다. 따옴표 표시가 된 인용구들은 모두 이들 텍스트에서 추출되었다. 참고한 책들은 다음과 같다〔송두율 (1988; 1990a/b; 1995; 2000; 2002; 2007), 김지하 (2003), 오길남 (1993), 윤노빈 (1993), 황장엽 (1999; 2003; 2005a/b; 2010)〕.

있게 한다.

1983년, 한국의 철학자 윤노빈(1941~)이 전격 월북했다. 부인, 아이들과 함께였다. 당시 부산대 철학과 교수였던 윤노빈은 연구년 출장으로 대만에 가 있었던 상태였다. 그런 그가 싱가포르를 거쳐 북한으로 망명한 것이다. 서울대 철학과를 나와 독일 프랑크푸르트대학에서 수학하는 등 정통 서양철학 교육을 받은 국립대 교수의 월북은 1980년 광주 민주항쟁의 피를 손에 묻힌 채 철권통치를 펴던 당시 전두환 정권에 큰 부담이었다. 사회적 파장을 우려한 중앙정보부는 철저히 보도를 통제한다. 그의 가족, 학생, 지인들이 수사당국에 끌려가 곤욕을 치른 것은 물론이었다. 1960년대 서울대 철학과를 거쳐 독일에서 공부해 서양사상에 익숙한 윤노빈은 당시 지식 수입상에 머물러 있던 한국 학계의 한계를 오랫동안 개탄했다. 서양 고대철학과 스피노자, 헤겔의 변증법을 거친 그의 지적 여정은 기독교를 통과해 동아시아 역학(易學)과 동학사상에 이른다. 동서양과 한국의 사상을 지양해 독창적 지평에 이른 윤노빈의 신생철학에는 묵시론적 비전이 꿈틀거린다. 그는 모든 걸 나누고 쪼개는 서양적 사유에 대비되는 통합과 합침을 동양적 사유의 정수(精髓)인 동학(東學)에서 발견한다.

윤노빈의 신생철학은 철학이라기보다 웅변이며, 냉철한 논증이 아니라 피를 토하는 철학적 서사시라 할 수 있다. 그의 실천적 방법론은 메시아적 민족주의로 귀결되었다. 그에 의하면 "분단이 인위적으로 악마에 의해 날조된 것이매, 통일은 인위적으로 우리들, 즉 한민족에 의해 확보"된다. 인간을 해방하는 실천의 주체는 곧 "하느님이며 한울님이고, 분단선을 타 넘어가는 한울님의 얼굴(브니엘)"이라는 것이다. 그렇다면 '쪼개는 자, 분단시키는 자인 악마'는 어떻게 퇴치할 수 있을

까? "악마로부터 손을 떼고 사람들끼리 손을 잡아라!"라는 것이 윤노빈의 답이었다. 종국적으로 그는 분단과 적대라는 악마에서 벗어나기 위한 묵시록적 결단으로 북한행을 결행"하는 님"이 된 것으로 해석 가능하다.

윤노빈의 신생철학이 가진 한계는 철학적 논변에 웅변과 계시를 무차별적으로 섞어 넣는다는 데 있다. 시대를 앞서가는 그의 장엄하기까지 한 한국어는 민족적 메시아니즘의 유혹 앞에 길을 잃고 만다. 신생철학의 최대 문제이자 치명적 결함은 민족해방을 찬양하는 사상적 주술(呪術)이 철학에 고유한 성찰적 이성의 보편성과 비판적 감수성을 파괴한다는 데 있다. 그 결과 예언자적 사상가의 현란한 수사(修辭)가 현실정치 세계의 고통을 은폐하고 사악한 국가이성을 옹호한다. 북한을 선택한 철학자 윤노빈의 결정은 고통받는 북한의 인민 대신 김 씨 유일지배 체제에 대한 선택으로 귀결되고 말았다. 북에는 인민의 목소리를 위한 사회 정치적 통로가 아예 존재하지 않기 때문이다. 북한에서 대남방송 선전일꾼 외에는 철학자 윤노빈에게 주어질 역할이 원천적으로 있을 수 없었던 이유다.

월북 후 윤노빈의 근황은 가끔 남쪽에 알려졌다. 독일 유학을 마친 후 역시 가족을 데리고 1985년 입북했다가 1986년 홀로 탈출한 경제학자 오길남[2]이 첫 소식을 전한다. 오길남에 의하면 윤노빈은 대남(對南) 선동방송을 전담하는 칠보산 연락소 "구국의 소리" 기사 작성자로 일했다. 입북 직후 혹독한 사상검증을 받은 윤노빈은 유격훈련까지 성

---

2 이른바 '통영의 딸들'의 아버지다. 오길남은 비록 탈출하는 데 성공했으나 북에 남겨둔 부인과 어린 두 딸을 송환해 오는 것은 아직 이루어지지 않았다.

공적으로 수행했다고 한다. 두 번째 전언(傳言)은 1991년 북한 사회과학원 초청으로 방북한 송두율에게서 온다. 1970년대 초 독일에서 만난 지 20년 만에 평양에서 재회한 송두율에게 윤노빈은 "이제 북에 튼튼하게 삶의 뿌리를 내렸다"고 담담히 이야기한다. 그 몇 년 후 송두율은 다시 평양에서 윤노빈을 만난다. "이제는 윤 선배도 강단에 다시 돌아가 후진을 양성해야 되지 않겠느냐"고 동석한 지인에게 송두율이 묻자 그 지인은 "분단시대를 사는 지식인이 통일혁명의 길에 서 있는 것처럼 더 뜻 깊은 일이 있겠느냐"고 답한다. 그 자리에 같이 있던 윤노빈은 "아무 말도 덧붙이지 않는다".

1997년, 북한의 철학자 황장엽(1923~2010)은 한국 망명을 결행했다. 가족을 버리고서였다. 청년 시절 모스크바종합대에 유학해 마르크스주의 철학에 정통한 그는 김일성의 신임을 받아 '주체사상의 대부'로 군림했다. 43세에 김일성종합대학 총장을 지낸 후 최고인민회의 의장과 국제담당비서를 역임해 북한을 대표하던 철학자였던 황장엽의 망명은 마치 '마르크스가 소련을 탈출한' 격이었다. 격분한 김정일은 "배신자 황장엽이 자연사하게 두지 말라"며 거듭 암살을 지시한다. 그의 가족, 지인, 제자 2천여 명이 숙청당하고 정치범수용소로 끌려간 건 불문가지의 일이었다. 왜 남으로 왔느냐는 질문에 황장엽은 "수백만 명의 인민을 굶겨 죽인 실정(失政)의 돌파구를 전쟁에서 찾으려 하는" 김정일의 군사모험주의를 막아야 한다고 역설한다. 참혹한 북의 상황을 알리고 "김정일 정권을 붕괴시켜 2천만 북한 동포를 구하겠다"는 것이다. 그러나 '북한 독재체제의 5년 내 붕괴'를 믿은 황장엽의 꿈은 그의 생전에 결코 실현되지 않는다. 1998년 김대중 정부가 출범, 2000년 제1차 남북정상회담으로 대북 화해정책이 전면화하자 황장엽의 처지는 곤혹스러워진다. 북한체제를 줄기차게 비판하는 황장엽이 대북 화해를 추구하는 한국 정부에 불편한 존재가 된 것이다. 김대중 정부는 신변 보호를 빌미로 그를 연금하고 해외 출국을 금지하며, 노무현 정부는 그를 국정원 안가에서 쫓아낸다. 그러자 황장엽은 "남북통일을 앞당기는 것은 고사하고 한국의 민주주의 체제만이라도 고수해야 하겠다"며 햇볕정책을 비판하기 시작한다.

황장엽은 미국과 자웅을 겨루던 '세계 사회주의의 모국', 그것도 사상의 심장부인 모스크바종합대 철학연구원에서 1949~1953년에 걸쳐 유학했다. 마르크스주의 철학뿐 아니라 인식론과 독일 관념론까지 넓고 깊게 공부해 졸업논문을 '수정 없이 통과할' 정도로 발군의 성적을 올리며 학위를 취득했다. 평생의 배필 박승옥을 만난 곳도 모스크바종합대에서였다. 귀국 후 김일성의 총애 속에 승승장구하던 그는 북한의 국가철학인 주체사상을 정립한다. "사람이 모든 것의 주인이며 모든 것을 결정한다"는 주체사상의 명제는 "사람이 자주성과 창조성, 의식성을 가진 사회적 존재"라는 주장으로 이어진다. 마르크스·레닌주의에 부족한 부분을 메워 혁명적 실천철학의 정점에 이르렀다는 주체사상의 자화상은 "마르크스주의 철학에 인간의 삶의 목적과 행복의 본질에 관한 문제가 소홀히 취급된다"는 모스크바 시절 황장엽의 인식에서 비롯된다. 하지만 인류 보편의 사회주의 철학이라고 그가 확신한 주체사상은 김정일의 등장과 함께 수령 유일독재 체제의 정당화 이데올로기로 '변질되고 타락'한다. 남쪽으로 온 이후 그는 강연활동 외의 대부분 시간을 관학(官學)의 성격을 벗어난 인간중심주의 철학으로 주체사상을 발전시키는 데 전념한다.

황장엽 주체철학의 한계는 주의론(主意論)에 대한 과도한 치우침에서 비롯된다. 하지만 마르크스는 자신의 철학이 인간의 의지를 무시하는 구조결정론으로 해석되는 것에 대해 강하게 반발한 바 있다. 마르크스 스스로 '마르크스주의자가 아니다'라고 할 정도였다. 주체의 실천 능력에 대한 강조는 사실 국가가 주도한 '강제된 성장'에 인민을 동원하기 위한 국가전략의 일부였으며, 사회주의국가 건설 초기의 일반적 현상이어서 북한의 창작만은 아니었다. 황장엽이 북한 철학자 가운데서는 거의 유일하게 마르크스 이외의 사조도 공부했다고는 하나 서양 철학에 대한 그의 이해는 선택적이고 불충분했다. 그의 인간중심주의 철학의 논변도 현대 철학계의 잣대로 볼 때 단편적 수준이다. 자신의 철학적 성취에 대한 황장엽의 과잉 자부심은 상당 부분 그가 가진 철학적 배경의 편향성에서 나왔다.

윤노빈과 황장엽은 한 정치 공동체를 떠나 반대편의 적대적 국가이성을 선택한 철학자였다. 둘 모두에게 망명은 원래 자신이 속한 체제에서 지식인으로서 평생 쌓은 모든 걸 잃는 선택이었으나 그들은 자신의 삶 전체를 던진다. 그러나 황장엽과 달리 윤노빈은 체제 선택의 직접적 변(辯)을 남기지는 않는다. 북한체제의 속성상 자신의 뜻을 직접 표현할 수도 없었을 터이다. 1991년에 그를 만난 송두율도 "왜 북을 택했는가?라는 질문을 던지지 않았다". 김지하의 회고에 의하면 원주 중학 동기이자 대학을 함께 다닌 둘도 없는 외우(畏友)인 시인 김지하를 월북 직전에 찾아온 윤노빈은 아무 말도 하지 않고 홀연히 어둠속으로 사라진다. '공산주의자도 좌경도 아니고 독실한 가톨릭 신자이자 동학의 생명사상'에 심취했던 윤노빈의 북한행의 비밀은 그가 남긴 유일한 저서 《신생철학》의 한반도 묵시록과 결합한다. 그리하여 한국의 지식인 사회 일각에서 북한 문제와 연계된 '윤노빈 신화'를 낳는다. '민족이 걸어야 할 새로운 삶(新生)'을 위해 자신의 인생을 고통의 한가운데로 던진 철학적 선지자로 그려지는 것이다.

다른 한편에선 김정일의 통치에 대한 환멸과 함께 황장엽이 심각한 고뇌에 빠진다. 그 자신이 북한의 유일체제를 철학적으로 정당화한 장본인이었기 때문이다. 북한에 있을 당시 '허위와 기만의 도구로 이용된다는 자각'으로 고뇌하던 그는 주위에 피해를 주지 않기 위해 자살하려 한다. 그러나 결국 가족의 안위보다 민족이 더 중요하다는 결론을 내리고 한국행을 결단한다. 황장엽은 1997년, 부인에게 남긴 유서 "사랑하는 박승옥 동무에게"서 "나를 믿고 따르며 나에게 희망과 기대를 걸어온 가장 가까운 사람들을 모두 배반한" 자기를 결코 용서하지 말고 "가장 가혹하게 저주해 주기를 바란다"며 통곡한다. 가족과 지인들을 죽음의 구렁텅이에 밀어 넣었다는 죄책감으로 "내 생애는 끝났다"고 절규한 그를 지탱한 최후의 끈은 "민족과 인류의 생명이 가족의 생명보다 중요하다"는 철학적 신념이었다.

그야말로 삼족(三族)이 절멸당한 극한의 인간적 고통을 황장엽은 민족에 대한 의무감만으로 버틴다. 그런 그에게 한국의 보수는 환호했지만 한국의 진보는 그를 철저히 외면했다. "나는 역사의 진리를 보았다"며 북한의 성소(聖所)와 치부를 직격(直擊)한 황장엽을 감당할 지적 용기를 한국의 진보가 가지지 못했기 때문이었다. 북한 문제와 관련해 한국 진보가 가진 모호한 자의식의 근원은 한반도 현대사의 정통성에서 북한이 우월하다는 총체적 미망(迷妄)에서 비롯된다. 그러나 '조선민주주의인민공화국'은 인민의 나라인 민주공화국을 배반한 전체주의 체제일 뿐이다. 오바마 미국 대통령의 말처럼 북한체제가 "자국민을 노예로 만든 폭정"이라는 진실은 오래전부터 상식과 균형감각을 갖춘 누구에게나 너무나 명백했다. 한국의 진보진영 일부에서만 북한 정권에 대한 우호적 태도가 진보를 상징한다고 착각했을 뿐이다.

3대 세습 당시 북한 내정(內政)으로 이해한다며 침묵했던 '진보정당' 민주노동당이 전형적 사례였다. 김 씨 정권에 대한 민주노동당의 대한민국 공당(公黨)답지 못했던 굴종적 태도는 진보 전체의 이름을 오염시켰다. 2013년 2월, 3차 북핵 실험을 여야 만장일치로 규탄한 국회 결의에조차 불참했던 통합진보당의 행태도 같은 맥락이었다. 천안함 폭침에 대한 합조단 발표를 끝없이 꼬투리 잡으면서 그걸 비판의 자유로 오인했던 한국 진보 일각의 태도도 이와 관련된 것이었다. 하지만 북한 문제에 깔린 특유의 허위의식을 놔둔 채 한국 사회가 더 이상 진화하는 건 연목구어(緣木求魚)에 가깝다. 유일지배 체제보다 진보와 거리가 먼 정치체제는 드물기 때문이다. 윤노빈의 과대망상적 순교의식이 낳은 오류는 진보 지식인의 결단이 보통 사람의 판단보다 열등할 수 있음을 입증한다. 남북관계에서 '경계인'이 불가능하다는 진실을 외면하는 진보는 회색의 기회주의자로 타락할 수 있다. 철학자 송두율이 조선노동당 입당 사실을 끝까지 숨긴 채 곡예를 거듭한 건 이런 근원적 사정 때문이었다.

한국 현대사의 최대 도전인 북한 문제에 대한 문학적 응전이랄 수 있는 최인훈의 소설 〈광장〉의 주인공 이명준이 철학도인 건 우연이 아니다. 그러나 남북의 대치를 넘어 중립국 인도로 떠난 것으로 묘사된 이명준의 자발적 '실종'은 소설적 상상일 뿐이다. 대립하는 두 정체(政體) 중 하나를 선택하는 게 현실에서 살아가는 정치적 인간의 운명이라는 진실에 한국 진보는 아직 온전히 직면하지 못했다. 정치 공동체야말로 현실의 인간이 숨 쉬는 유일한 거처라는 사실을 한국의 진보는 아직 명징하게 이해하지 못하는 것처럼 보인다. 날카롭게 충돌하는 국가이성에 대한 운명적 선택의 결과, 대남 방송요원이 된 윤노빈은 철학적으로 파산하고 말았지만 주체철학자 황장엽은 나름의 소명을 다하고 죽었다고 할 수 있다. "죽어서라도 남편을 저주하겠다"던 윤노빈의 아내와는 달리 황장엽의 부인 박승옥은 "담담한 인사로 그를 떠나보낸" 다. 두 철학자의 선택은 마치 빛과 그림자처럼 서로 갈라졌다. 해결의 기미를 보이지 않는 북핵(北核) 위기는 윤노빈과 황장엽의 엇갈린 선택이 증언한 북한 문제의 진실을 다시 벽력같이 폭로하는 중이다.

잘 알려졌던 것처럼 3차 북한 핵실험의 전략적 함의는 1・2차 때와는 매우 달랐다. 초보적이었던 1・2차와는 달리 3차 실험은 핵무기의 실전 능력을 증명하는 것이 목표였기 때문이다. 2012년 12월 은하 3호 장거리 로켓 발사 성공에 이은 2013년의 3차 핵실험으로 북한은 인도와 파키스탄에 이어 NPT(핵확산금지조약) 체제 바깥의 '실질적 핵보유국'(real nuclear power)이 되었다. 당시 헤이글(Hagel, C.) 미국 국방장관이 상원 인사청문회 과정에서 밝힌 그대로이다. 이는 1994년 미・북 제네바 합의 이후 20년 동안 지속된 한반도 비핵화 시도의 종말을 뜻한다. 그동안 협상으로 북핵 문제를 일괄 타결하려는 모든 합리적 노력들이 북한의 집요한 핵보유 의지 앞에 파탄을 맞고 말았다는 결론이 불가피했던 것이다.

단기적 성과에 대한 집착 때문에 북의 지연전술에 말려든 한국과 미국의 협상패턴은 총체적 실패로 귀결되었다. 2012년 4월의 개정헌법 서문에 핵 보유를 김정일의 최대 업적으로 명기한 북한이 2013년 1월에 외무성 성명으로 "비핵화 논의 자체를 거부한다"고 선언했던 것은 당연한 수순이었다. 수소폭탄 실험이라고 북한이 주장한 2016년 1

월의 4차 핵실험으로 핵과 관련된 북의 진정한 의도를 둘러싼 논쟁에도 완전한 종지부가 찍혔다. 북이 핵 개발을 포기하는 대가로 대규모 경제지원을 원한다는 해석은 오판(誤判)으로 판명됐다. 한반도 정전협정이 평화협정으로 바뀔 때 핵을 폐기하겠다는 북의 공언(公言)도 허언(虛言)으로 드러났다. 핵이라는 절대무기의 존재와 유일체제의 보위(保衛)가 서로 뗄 수 없이 얽혔다는 북한 문제의 진실이 폭로되고만 것이다.

이런 관점에서 보면 북핵 문제는 보다 근원적이고 포괄적으로 해명되어야 할 '북한 문제'의 한 부분일 뿐이다. 나아가 북한 문제의 핵심, 즉 남북 관계의 현실과 미래 그리고 통일의 전망은 두 철학자의 선택이 암시하듯 국가이성론의 관점에서 보아야만 투명하고 엄정한 독해가 가능하다. 한국 사회 전체를 갈등과 대립의 한가운데로 몰아넣는 북한 문제의 도전을 명쾌하게 풀기 위해서는 먼저 국가의 본질을 정치철학적으로 밝혀야 하고, 이어 남북의 두 주권국가가 경쟁하는 한반도 현대사의 구조와 동학(動學)을 사상적으로 해명해야 한다. 이 작업의 단초는 '국가이성'(Staatsräson, raison d'état)의 이념과 실천에 대한 분석을 통해 가능하다.

중세 유럽사 전문가인 포스트(Post, G.)는 국가이성의 핵심을 다음과 같이 5가지로 요약한 바 있다.[3] 첫째로 개인의 이익에 대한 공동선의 우위, 둘째로 위기상황에서 예외적 수단의 인정, 셋째로 더 높은 차원의 목적을 위해 희생될 수 있는 일반 도덕률에 대한 일시적 타협의 정당화, 넷째로 더 큰 불행을 방지하기 위한 작은 불행의 용인, 다섯

---

3 임승휘 (1999)에서 재인용.

째로 목적이 정당화하는 수단이 바로 그것이다. 국가이성에 대한 이런 직관적 이해를 학문적으로 더 정련된 방식으로 정식화한 독일 역사학자 마이네케(Meinecke, F.)는 《국가이성의 이념》(한글 번역본 제목은 《국가권력의 이념사》)에서 "국가이성은 국가 행동의 원리이자 국가의 운동 법칙이다"라고 갈파한다. [4] 또한 그는 "각 국가에서 각 순간에 행동의 이상적인 선(線, line), 즉 하나의 이상적인 국가이성이 존재한다"고 강조하면서[5] 권력 충동에 의한 행동(kratos: 힘)과 도덕적 책임(ethos: 도덕)을 통합시키려고 노력한다. 즉, 힘과 도덕이 하나가 되어 국가이성을 만든다고 마이네케는 주장한다.

논란 많은 국가이성론의 정체에 대한 번잡한 학문적 논쟁을 절제하고 합리적 교훈을 추출한다면 북한, 즉 조선민주주의인민공화국의 국가이성을 말하는 게 얼마든지 가능하다. 이런 맥락에서 주권국인 북한의 국가 행동의 원리이자 운동 법칙을 투명하게 규정하는 것이 바로 주체사상이며 "유일사상 체계 확립의 10대 원칙"이라 할 수 있다. 모든 국가적 어려움과 인민의 희생을 무릅쓰고 북한이 핵무장으로 매진한 것도 북한 지도부의 시각에서 볼 때는 무정부사회[6]에 가까운 세계사회의 구도에서 자신의 힘과 도덕을 나름의 방식으로 통합해 먼저 자국(自國)의 안전을 확보한 후 한반도 패권경쟁과 역사전쟁의 주도권을 획득하고자 한 데 있다. 바꿔 말하면 북의 시각에서 볼 때는 핵무장이

---

4 Meinecke, F. (1929/2010), p. 53.
5 Meinecke, F. (1929/2010), p. 54.
6 무정부사회는 무정부상태와는 다르다. 무정부사회는 공통 규준이나 행동 규범이 철저히 부재한 무정부상태와, 공통 규범과 법질서가 온전히 작동하는 질서사회 사이의 중간 항으로서 강대국의 패권주의와 약육강식이 발호하지만 국제법과 국제 규범으로 그것을 조율하려 하는 과도기적 공간이라 할 수 있다.

야말로 조선민주주의인민공화국 국가이성의 발현인 것이다. 북한 문제의 핵심은 이런 북한의 국가이성을 대한민국의 국가이성과 국제사회의 합리성이 용인할 수 있는가 하는 점이다.

북한 변화의 궤적을 북한사회 내부의 시각으로 추적하는 시각을 '내재적'이라 부른다면, 내재적 관점에서 볼 때 '북의 핵무장은 필연적이다'는 판단이 불가피하다. 이런 판단에는 몇 가지 전제가 깔려 있다. 첫째, 여기서 '필연적'이라는 표현은 가치판단을 배제한 극(極)사실주의적 판단이다. 둘째, 북한의 공식적 언술이 북한 당국에 의해 통제되는 완전한 단성성(單聲性)에 기초하므로 나의 이 판단에 리더십 3대 계승과 핵무장을 보는 북한 인민의 목소리는 반영되지 않았다. 북의 핵무장이 필연이라는 내재적 해석은 북한 사회를 이념적·실천적으로 규율하고 통제하는 3대 규범문건이라 할 수 있는 헌법, "노동당 규약" 그리고 "유일사상 체계 확립의 10대 원칙"에서 투명하게 드러난다. 현대의 민주공화정적 법치국가에서 헌법이 가진 최고법적 성격은 스탈린 체제를 모태로 한 현실사회주의국가에서는 크게 변질된다. 형해화(形骸化)한 사회주의 헌법은 대개 장식적이고 외견적인 특성을 보인다. '조선민주주의인민공화국의 주권이 인민에게 있다'고 선포한 북한 헌법도 장식적 특징을 여실히 드러낸다.

흥미로운 것은 이런 북한 헌법의 형식성이 차츰 북한 현실의 내용을 담아내는 방향으로 수정되어 갔다는 점이다. 첫 번째 중요 계기는 1998년 수정된 '조선민주주의인민공화국 사회주의 헌법'에 대한민국 헌법 전문(前文)에 상응하는 서문(序文)이 신설된 점이다. 국가의 근본 이념과 원리를 밝힌 이 서문은 북한이라는 국가 전체가 "위대한 수령 김일성 동지의 사상과 영도를 구현한 주체의 사회주의 조국"임을 선포하며 헌법 자체가 '김일성 헌법'임을 명시한다. 이어 2009년 개정된 헌법에서는 '김일성 민족'이라는 개념까지 등장했다. 그렇다면 헌법과 "노동당 규약"은 어떤 관계에 있는가? 주권자와 집권정당도 헌법을 지켜야 하는 입헌정치 모델과는 달리 북한 헌법은 "조선민주주의인민공화국은 조선로동당의 영도 밑에 모든 활동을 진행한다"(제11조)고 하여 국가에 대한 당의 우위를 분명히 한다. "노동당 규약"이 헌법보다 상위의 법규범임을 밝히는 것이다. 이어 2010년 9월 28일 개정된 당 규약은 마르크스·레닌주의의 유산을 완전히 삭제해 당의 성격을 '위대한 수령 김일성 동지의 당'으로 규정하고, 북한이라는 국가 자체를 '김일성 조선'으로 명기한다. 당 규정과 사상 및 노선에 '김정일 동지'와 '선군(先軍) 정치'를 포함시킴으로써 수령의 혈통과 혁명과업의 전통을 완벽히 일체화하는 것은 물론이다.

　나아가 헌법 위에 있는 "노동당 규약"과 유일사상 체계의 관계는 무엇인가? "노동당 규약"에 의하면, "조선로동당은 오직 위대한 수령 김일성 동지의 주체사상, 혁명운동에 의해 지도"되며, "유일사상 체계를 세우는 것을 … 기본 원칙으로 삼는다". 당 규약보다 당의 "유일사상 체계 확립의 10대 원칙"이 상위에 자리한 근본 원리라고 선포하는 것이다. 결국 북한이라는 주권국가를 규율하는 법규범 위계에서 헌법 위에 당 규약이 놓이고, 당 규약 위의 최고 정점에는 "유일사상 체계 확립의 10대 원칙"이 자리한다. 여기서 우리는 '김일성 헌법에서 김일성 민족을 거쳐 김일성 조선'으로의 이행이라는 헌법과 당 규약의 변천과정이 전혀 새로운 게 아니며, 1974년에 선포된 "유일사상 체계 확립의 10대 원칙"에 의해 이미 선취되었다는 점을 확인할 수 있다. 헌법과 당 규약상의 변화는 이를 뒤늦게 추인하거나 사후적으로 정당화한 것에 불과하다.

국가로서 북한의 본질, 즉 북한의 국가이성은 "유일사상 체계 확립의 10대 원칙" 자체에 의해 정확히 반영된다. 이 10대 원칙은 김일성 유일통치를 동어반복적으로 선언하는 명제들의 집합이어서 아무런 정당화나 논변을 필요로 하지 않는다. 한마디로 김일성·김정일 통치의 '절대성'에 대한 거듭된 재확인과 '무조건적' 복종을 요구하는 국가종교의 대(大) 정치율법이자 사회 10계명인 것이다. 예컨대 유일사상 체계 원칙 ③은 "위대한 수령 김일성 동지의 권위를 절대화하여야 한다"고 주장하며 원칙 ⑤는 김일성의 교시가 '무조건적으로 집행되어야 한다'고 강조한다. 더 중요한 것은 "유일사상 체계 확립의 10대 원칙"이 국가 운영뿐 아니라 북한 인민의 생활영역에서 현지교시나 생활총화 등의 형태로 관철되었다는 사실(史實)이다. 연륜이 짧은 김정은 정권에서 10대 원칙은 김정은의 정통성을 옹위하기 위해서라도 더 교조적이고 혹독한 방식으로 적용된다. '북한의 2인자이자 김정은의 후견인'이기도 했던 장성택 숙청은 10대 원칙의 필연적 발현에 지나지 않는다.

앞서 말한 대로 '김일성 헌법·김일성 민족·김일성 조선'이라는 법적 표현은 유일사상 체계의 내용을 사후에 합리화한 용어에 불과하다. 핵무장을 정당화하는 북한 국가이성의 논리를 정확히 이해하기 위해서도 유일사상 체계 원칙이 중요한 것이다. 유일사상 체계의 출발점인 원칙 ①은 "당의 유일사상 체계를 세우는 사업을 끊임없이 심화시키며 대를 이어 계속해 나가야 한다"고 명시한다. 결론인 원칙 ⑩은 "위대한 수령 김일성 동지께서 개척하신 혁명과업을 대를 이어 끝까지 계승하며 완성해 나가야 한다"고 다시금 강조한다. 주체사상의 알파요 오메가이자 권력 3대 세습의 정당화 논리인 수령론과 후계자론의 결합은 이렇듯 유일사상 체계의 확립 원칙에 의해 일찌감치 정초된 바 있다.

외부세계의 회의적 시각과는 판이하게 수령의 아들에 이어 손자만이 수령의 자리를 이을 수 있었던 건 현재의 북한 법규범과 국가 운영원리의 필연적 귀결이 아닐 수 없다.

1974년에 김정일은 김일성의 전폭적 지지를 기초로 자신에의 권력승계를 합리화하기 위해 유일사상 체계를 최고 규범화했다. 김정일이 죽고 김정은으로의 세습이 이루어진 오늘까지 북한사회를 규정하는 이 핵심원리에는 아무런 본질적 변화도 없다. 유일사상 체계의 폐쇄성과 자기완결성도 갈수록 심화되어 갔다. 더 중요한 것은 역사상 그 누구도 꿈꿀 수 없었던 전체주의적인 절대권력을 한손에 독점한 김정일이 북한이라는 국가의 현실과 전체 인민의 삶을 유일사상 체계에 맞추어 송두리째 재편하는 데 성공했다는 사실이다. 그 결과가 바로 오늘의 조선민주주의인민공화국이다. 이 점에서 김정일은 역사상 그 어떤 통치자도 가지 못했던 길을 갔으며 3대 후계자 김정은은 아버지의 궤도 위에서 한 치도 이탈하지 않는다. 아니 이탈할 수 없다는 것이 더 정확한 지적일 터이다. 수령에 대한 '절대성, 무조건성, 신조화, 신념화', 즉 이른바 '충실성의 4원칙'을 생활화시켜 대를 이어 혁명과업을 수행할 후계자론을 김정은이 국가 운영의 뼈대와 통치의 정당성의 토대로 삼기 때문이다. 김정일이 남긴, "핵무기를 포함한 대량살상무기 능력을 계속 확장시켜 나라를 보위하라"는 유훈은 북한이라는 국가 자체와 유일지배 체제를 동일시하는 김 씨 일가가 독점한 북한 버전의 국가이성의 발현이다. 핵무장이야말로 북한이라는 국가의 본질인 유일체제를 지키는 최후의 안전판이라는 인식인 것이다. 외교적 협상과 경제협력으로 북핵 폐기가 가능하다는 인식이 북한 국가이성의 엄중함과 그 논리구조를 경시한 데서 나온 소망사고인 근본적 이유가 여기에 있다.

하지만 북한 국가이성론의 치명적 결함은 '조선민주주의인민공화국의 주권자인 근로인민'의 입장이 결락(缺落)되어 있다는 점이다. 민주주의의 본질적 규정인 '인민의, 인민에 의한, 인민을 위한 정체(政體)'를 현재의 북한체제가 부인하기 때문이다. 북한의 일반의지를 육화한 수령(治者)과, 수령에게서 정치적 생명을 부여받은 인민(被治者: 피치자)의 동일성을 강변하는 논리는 과체중의 김정일·김정은 부자와 피골이 상접한 인민들 사이의 대비 앞에 허망하기만 하다. 치자와 피치자의 선험적 동일성으로 민주정체(政體)의 본질을 사유하는 논법은 피치자에 의한 그리고 피치자를 위한 민주정체의 지평을 민주주의에서 삭제하는 유혹에 빠진다. 북한은 그 유혹을 현실화한 최악의 사례 가운데 하나다. '북한 기근(饑饉)의 정치경제학'은 수백만 명의 목숨을 빼앗아간 대참사가 북한 당국의 주장처럼 국제사회의 제재나 자연재해에 기인한 것이 아니라 수령 유일지배 체제의 구조적 결함 때문임을 시사한다. 대량 아사(餓死)로 상징되는 북한 경제의 만성적 위기상황은 근원적으로 북한 정치의 문제, 즉 북한 국가이성의 한계에서 비롯된다. 유일 통치의 경이적인 성공(?)은 국가로서의 북한의 쇠락과 인민들의 고통을 대가로 지불한 채 얻은 것이다. 북한 인민과 북녘 땅의 피폐한 형상은 3대 세습과 핵무장을 정당화하는 정치논리를 허위(虛僞)로 전락시킨다.

대폭 양보해서, 때로 한 정치체제가 세습을 할 수도 있을 것이며 강권통치를 해야 할 사정이 있을 수도 있고, 핵무장을 할 수도 있을지 모른다. 그러나 거기에는 기본적 전제가 있다. 세습과 독재 아래서 성숙하고 자유로운 삶까지는 아니더라도 국민이 대량으로 굶어 죽지는 말아야 한다는 점이다. 두말할 필요도 없이 이는 정치와 국가 운영의 기본 가운데 기본이 아니던가? 김 씨 일문에게는 수십 수백만 인민의 생명보다 유일지배 체제의 존속과 자신의 안전이 더 중요하다. '고난의 행군'조차 체제 보위의 관점에서 북한 지도부가 면밀히 통제한 자취가 역력하기 때문이다. 거듭된 시장통제 조치나 화폐개혁의 실패 등은 중앙통제경제의 기본인 최소한의 식량 공급조차 포기한 정권이 생존을 위해 뛰는 인민의 발목을 잡는 형국인 것이다. 과감한 개혁·개방만이 북한에 숨통을 틀 수 있겠지만 개혁과 개방이 유일지배 체제를 위협하리라는 사실도 명백해 보인다.

　김 씨 일문의 유일 통치가 가진 딜레마는 북한이라는 국가가 살기 위해서는 체제를 개혁해야 하지만 개혁하면 유일지배 체제의 존속이 위태로워질 수 있다는 점에 있다. 이는 유일지배 체제가 내장한 반(反)국가성의 징표가 아닐 수 없다. 북한이 시도했던 몇 가지 제한된 해외투자 유인책이나 개방정책이 미봉책에 머무를 수밖에 없었던 근본적 이유가 여기에 있다. '종심이 짧은 북한'에서 중국식의 해안지역 우선개발 정책을 시행할 수 없는 지정학적 까닭도 있지만, 보다 중요한 이유는 유일지배 체제의 기안자이자 집행자인 김정일과 김정은이 북한의 덩샤오핑이 될 수 없기 때문이다. 대국으로 굴기(崛起)하는 중국의 기세도 마오쩌둥의 치세 동안에는 출발하기 어려웠다는 교훈을 냉정히 상기할 필요가 있다. 햇볕정책은 그 합리성과 설득력에도 불구하고 유일지배 체제의 본질을 무시했다는 점에서 중대한 오판을 한 셈이다. 마오쩌둥과 스탈린의 개인숭배도 대단했지만 그들은 자식 문제에서만은 담백했다. 마오쩌둥의 큰아들은 한국전쟁에서 전사했고, 독일군에게 포로로 잡힌 스탈린의 장자(長子)도 포로 교환을 거부한 채 자식을 냉대한 아버지 때문에 자살했다.

유일지배 체제에 입각한 3대 세습과 핵무장의 최대 결함은 그것의 반(反)국가성과 동행한 반(反)인민성에 있다. 국가가 인민을 먹이지도 못하는 상황에서 먹고살려고 발버둥 치는 인민들의 길을 정권이 오히려 막아서며 카스트 제도가 무색할 계급사회를 고착시키고, 강제수용소가 상징하는 공포와 억압으로 유지되면서 모든 국가적 자원을 총동원해 핵무장으로 치닫는 체제가 정치적 정통성과 정당성을 주장할 길이 있는지 불투명하다. 조선민주주의인민공화국의 역사에 만약 어떤 진보의 자취가 있었다 하더라도 유일지배 체제와 세습은 세상에 존재하는 어떤 진보와도 별 관련이 없다는 진실이 작금의 북핵 위기로 더욱 분명해졌다. 북한 인민의 총체적 고통을 동반한 북의 핵무장은 북한 국가이성의 반(反)이성적 성격을 증언하는 생생한 지표로 해석될 수밖에 없다.

분단체제론이 극명하게 묘사하듯이 남북한의 기득권층은 반세기 동안 상대방을 적대시하면서도 자신들의 체제를 재생산하기 위해 오히려 서로를 필요로 하는 적대적 의존 관계를 맺었다. 전 세계가 새로운 정치 경제의 질서를 구축하기 위해 숨 가쁘게 달려가는 21세기에도 한반도 위기 상황에 본질적 변화는 없다. 나는 그런 질곡의 원천을 남북의 국가이성론의 충돌, 특히 북한 국가이성론의 반(反)이성적 성격에서 찾을 수 있다고 생각한다. 전 세계적으로 냉전 구도가 사라졌다고는 하지만 패권적 초강대국인 미국의 공세적 세계전략과 이에 맞선 중국의 부상으로 초래된 동아시아 긴장상황은 오히려 강화된다. 아직 냉전의 섬으로 남아 있는 한반도 상황이 미국과 중국의 세계전략과 결부되어 실타래처럼 복잡하게 꼬여 갑자기 폭발할 수도 있는 가능성은 2010년의 천안함·연평도 사태, 2015년의 DMZ 목함지뢰 도발이 촉발한 남북의 군사대치가 증명한다. 하지만 가장 중대한 사태는 단연 지금도 계속되는 북핵 위기일 터이다.

분단체제를 극복하고 통일한국의 그림을 꿈꾸는 것은 우리에게 주어진 중요한 과제가 아닐 수 없다. 통일한국의 정치철학을 탐색하는 것도 자연스러운 일이다. 한국 진보는 남북의 현 체제 모두 문제가 있기 때문에 두 체제가 각기 변화하는 과정 가운데 상호 접점을 찾아야 한다고 주장하는 경향이 있다. 북을 일방적으로 추종하는 시대착오적 종북주의자를 일단 논외로 한다면, 다수의 양심적 진보인사들은 남의 자유민주주의와 북의 사회주의 사이의 '변증법적 통합'을 역설한다. 통일한국은 일원화 모델이 아니라 자유민주주의와 주체사회주의가 상호 수용하는 공존체제로 형상화되어야 한다고 주장하는 것이다. 이런 이념형적 통일론은 진보적 통일 담론의 정형(定型)으로 여겨진다. 즉, 통일과정에서 남북한 모두에게 있어 전부 아니면 전무라는 제로섬 게임(전쟁과 상호 파멸)은 상상조차 할 수 없으므로 양쪽 이념의 일부분을 서로 양보해서 상호 수렴이 가능한 중간지점으로 접근해야 한다는 것이다. 이런 논의는 일견 합리적으로 들린다. 하지만 의도의 순수함이 이론적 작업의 튼실함과 실천적 정당성을 자동적으로 담보하는 것은 아니다.

상호 수렴론적 통일 담론의 가장 큰 한계는 민주공화정과 자유민주질서를 핵심으로 하는 대한민국의 국가이성과, 유일사상 체계와 주체사상을 중핵으로 하는 조선민주주의인민공화국의 국가이성 사이에 철학적 접점이나 정치적 중간지점이 발견되지 않는다는 명징한 사실을 간과하거나 과소평가하는 데 있다. 앞서 살펴본 "유일사상 체계 확립의 10대 원칙"과 "노동당 규약"에 더해 북한의 국가철학인 주체사상은 "사람의 운명 개척의 근본 방도를 정확히 밝혀 주는 혁명적 세계관인 주체철학에서 핵을 이루는 것은 주체의 수령관"이라고 선언한다.[7] 중요한 것은 모든 것의 주인이며 동시에 자주적이고 창조적이며 의식적인 사람이라는 존재가 바로 '당과 수령의 령도를 받는 인민대중'과 주체사상 체계 안에서 정확히 동의어라는 사실이다. 사람의 자주성과 창조성이 '수령의 교시로만 의식화'되기 때문에 수령의 영도를 거부하거나 반대하는 이들은 주체사상의 구도 안에서는 사람이라고 할 수 없다. 보편사적으로 널리 승인되는 기본적 인권조차 북한이 인정하지 않고 반체제사범에 대해 필설로 형언하기 어려울 정도로 잔혹한 조치를 마다하지 않는 철학적 이유가 이것이다.

하지만 주체사상의 인간중심 테제는 매우 왜곡된 것이다. 보편사적 인간중심주의는 그 인간이 개체가 됐던 공동체적 존재이건 간에 그 존재가 자기결정의 주체임을 뜻한다. 따라서 영도자에 의해서만 '사람'으로 승인되는 주체사상의 인간 중심 테제는 보편사적 인간중심주의와 충돌한다. 인민대중 주체설과 인민대중의 주체성·창조성 테제도 수령론과 사상적으로 공존할 수 없다. 인민이 자신의 주인이고 역사의 주체이며 창조적인 존재라는 주장과, 오류를 범할 수 없는 수령의 지도에 의해서만 비로소 인민이 사람으로 간주될 수 있다는 주장이 철학적으로 어떻게 화해할 수 있겠는가? 주체사상을 민주사회주의와 연결

---

7 《철학사전》(1985), 516쪽 참조(아래에서는 《사전》으로 약칭한다). 김일성 탄생 70세 기념으로 김정일이 1982년 3월 31일 "전국 주체사상 토론회"에 보낸 논문인 "주체사상에 대하여"는 1985년판 《사전》에 재수록된다. 이 논문은 주체사상의 맹아격이라고 할 수 있는 《철학강좌》(1974)(아래에서는 《강좌》로 약칭한다)의 내용을 집약해서 체계화한 것이며, 동일한 내용이 《총서》로 집대성된다. 변화된 것은 주체의 수령관에다가 "수령에 대한 충실성을 후계자에게 대를 이어 완성"한다는 세습 정당화 논리가 덧붙여졌다는 사실이다. 이는 《사전》 499쪽을 참조.

시키려 했던 진보 일각의 작업이 설득력을 가지려면 민주사회주의(또는 사회민주주의) 이론과 실천에 대한 일정한 전(前) 이해가 필수적이다. 인도주의·민주주의·자유·공정성·상조를 뼈대로 하고 계급독재와 일당체제를 비판하며 폭력혁명 노선을 거부하고 민주적 법치국가를 지향하는 민주사회주의는 역사적으로 보아 서구에서 실행되었다. 반면에 민주사회주의를 혁명의 배반자라고 비난하며 적대시했던 정통 마르크스주의가 레닌주의와 스탈린주의에 의해 체현되고 계승되면서 소련이나 동구의 스탈린주의적 현실사회주의국가에서 실험되었음은 주지의 사실이다.

사회주의 이론과 실천의 역사라는 시각에서 보아도 주체사상과 민주사회주의는 화해할 수 없다. 우리는 지금의 북한체제 안에서 사람이 모든 것의 주인이라는 명제 그리고 인민의 역사적 주체성과 자주성·창조성이라는 주체사상의 테제가 얼마나 구체적으로 구현되는지를 물어야 할 것이다. 오늘날 북한의 현실은 주체사상의 본질이 사람중심론이 아니라 수령중심론임을 증명한다. 통일한국에 걸맞은 정치사회의 사상을 모색하는 데 있어 이런 기초적 반성이 필수적이다. 남한 자유민주주의와 북한 주체사회주의 사이의 변증법적 통합이라는 통속적 구호가 엄밀한 정치철학적 반성을 결여할 때 남는 것은 공허한 레토릭에 불과한 것이다.

현대 정치의 근본은 사실과 당위를 냉철히 구분하는 데서 시작된다. 북핵 문제의 본질을 객관적으로 분석하는 작업은 북한 문제의 핵심에 접근하는 선결 요건이기도 하다. 다시 강조하거니와 북한 문제는 한반도의 현재와 미래를 성찰하는 모든 자유시민의 실존적 문제다. 국가이성론으로 조망해 본 북핵 위기는 한반도를 둘러싼 진짜 문제가 무엇인지를 극명히 보여준다. 현재의 위기 상황은 강대국들의 국제관계와 동북아 패권 다툼의 만화경에 의해 빚어지는 것이기도 하지만 그 근본에는 대한민국과 조선민주주의인민공화국의 국가이성의 충돌이 자리하는 것이다.

철학자 황장엽과 윤노빈의 엇갈린 행로는 뜨거운 철학적 결의와 냉엄한 정치 현실의 상호 교직(交織)이 배태하는 국가이성의 모습을 비장한 방식으로 증언한다. 이들의 엇갈린 행로는 한국인은 한국의 시민이거나 아니면 북한의 인민으로서 삶을 영위할 수밖에 없으므로 한반도에서 '경계인'의 존재는 불가능하다는 진실을 증명한다. 국가 공동체 안에 사는 정치적 인간의 운명은 그만큼 엄중하다. 특히 북한의 경우, 북한의 국가이성은 '정치가 곧 경제다'라는 원리에서 시작해 그 원리로 다시 귀결된다. 다른 우회로는 인정되지 않는다. 북한사회의 시장화가 어려운 근본적 이유가 여기에 있다. 본격적 시장화가 촉진하는 시장질서의 형성이 국가권력에서 자유로운 개인을 만들고, 개인의 성숙이 시민사회의 성장으로 이어지며 국가의 작동방식과 결을 달리하는 자유시장경제가 출현하는 시나리오는 북한의 김정은 정권에는 최악의 구도일 터이다. 하지만 그럼에도 우리는 시장이 북한사회를 바꿀 수 있는 여지를 적극적으로 모색해야만 한다. 현실감 있는 다른 출구가 눈에 띄지 않기 때문이다.

4

북한 개혁의 정치경제학
경제는 곧 정치다

●   지금까지의 분석은 북한에서 중앙통제경제가 붕괴 상태인데도 북한 내 시장의 진화가 신속하게 진행되지 않는 본질적 이유를 설명해 준다. 정치가 북한 경제를 거의 전일적으로 규정하려 하기 때문이다. 자유시장과 유일지배 체제의 관계는 상생 관계가 아니라 상극 관계에 가깝다. 하지만 이를 뒤집어서 표현하자면 북한식 통제경제의 완화야말로 유일지배 체제 이완의 지름길이라는 결론이 나온다. 북한의 시장화야말로 '북한 개혁의 정치경제학'의 요점인 것이다. 북한 개혁의 정치학은 정치가 곧 경제를 규정하는 북한의 현실을 넘어 경제가 정치에도 좋은 영향을 끼치는 북한의 미래를 만들어 가는 길일 터이다. 북한의 시장화는 한반도 평화와 공존의 구조를 뿌리내리는 확실한 기초작업이 될 것이 분명하다.

주지하다시피 세계 모든 국가들에서 실물경제의 운용은 시장과 국가의 계획을 혼합하는 경우가 대부분이다. 한국의 발전 경험이 자본주의국가 가운데서는 정부가 시장개입을 가장 강력하고 포괄적으로 수행한 사례에 속하는 데 비해 북한은 현실사회주의국가 중에서도 시장기능과 사유재산제의 정도가 가장 미미했던 경우에 속한다.[1] 원래 북한 경제의 변화는 시장과 사유제를 축소해 뿌리 뽑는 방향으로 진행되었으며 북한 정치권력의 궁극적 의도는 중앙집권적 계획경제와 군중노선을 결합해 시장을 완전히 없애는 데 초점을 두었다고 할 수 있다. 대외무역조차도 국가가 독점하고 중앙계획에 따라 집행하며 국가경제의 자립을 위해서만 그 존재 이유가 있었다. 생산관계를 전면적으로 사회주의적으로 개조하기 위해 농업의 협동농장화와 상공업의 생산협동조합화를 강행했으며, 자력갱생의 군중노선을 지속적으로 강조하면서 경공업과 농업의 동시 발전, 군수산업을 비롯한 중화학공업의 발전을 지향했다.

북한의 사례는 소련과 중공이 입증한 사회주의 체제 특유의 강행적 성장(forced growth)을 더 압축적인 형태로 보여준다. 소련·중공에 비해 국토가 작고 권력 집중도가 더 높은 것이 중요한 요인이 되었다. 사회 내의 자기발전적 운동에 의한 성장이 아니라 국가 관료기구가 위에서 강제함으로써 가속화한 성장의 특징이 북한의 경우 거의 이념형적 수준으로 여실히 드러난다. 자본 축적을 위해 인민의 소비를 희생한 채 권력억압 장치를 통한 대중동원에 의존하는 강행적 성장은 산업화 초기에 고속성장을 가능케 했다.[2] 특히 한국전쟁 이후 1950년대에 북한의 경제 발전은 괄목할 만한 것이었는데 다음과 같은 복합적 요인이 작용했던 것으로 추측된다.[3] 첫째, 냉전이 가속화하면서 소련 등 사회주의권으로부터 막대한 원조를 받았다. 1953~1960년간 원조 총액은 14.3억 달러에 이르렀는데 같은 기간 남한의 원조 총액보다는 적었지만 1인당 원조액이 더 많았고, 일회성 소비재나 식량이 아니라 기

---

1 이헌창 (1999), "보론", 북한 사회주의경제의 전개(567쪽).

2 Kornai, J. (1992), p. 197.

3 이헌창 (1999), 604쪽.

계설비 지원과 기술원조에 집중되어 북한 경제의 재건에 큰 역할을 했다. 둘째, 강행적 성장이 인적·물적 유휴자원을 총동원하는 외연적 성장에 큰 도움을 주었다. 낮은 인민 생활의 수준을 감수하고 투자에 자원을 집중했는데 1956~1959년 사이 북한은 국민총생산 중 총투자의 비율이 35% 내외로서 동기간 남한의 3~4배를 넘는 투자를 했다. 넷째, 북한은 한국보다 양호한 공업설비에다가 풍부한 전력자원과 지하자원을 효과적으로 동원할 수 있었다.

참고로 기무라 미쓰히코(木村光彦)는 북한 경제에 대한 이런 표준적 해석에 반대한다. 그는 한국전쟁 중 미군이 수집한 이른바 북한 포획 문서에 대한 정밀한 분석을 통해 북한 경제가 정합적 국가계획에 기초해 경제를 운영한 소련형 중앙계획경제가 아니었다고 주장한다. 그것은 김일성을 위시한 김 씨 가문의 자의적 명령에 의해 좌우되는 '무계획 명령경제', 즉 시장과 계획을 모두 결여한 전근대적 경제였다는 것이다. 북한 경제의 본질 자체가 경제 요소들 사이의 경제적 상호 연관이 부재한 전근대적 소규모 생산단위의 집합체에 불과했으며 북한 경제의 재생산을 지탱한 것은 외국 원조였기에 원조의 감소와 함께 북한 경제의 기반이 붕괴되었다는 것이다. [4] 북한 경제를 가혹할 정도로 낮게 평가한 기무라 미쓰히코와 정반대로 북한 경제를 높게 평가했던 대표적 학자는 케임브리지대 경제학 교수였던 조앤 로빈슨(Robinson, J.)이다. 그녀는 1964년 북한을 방문하고 돌아온 후 1965년 *Monthly Review*에 기고한 "Korean Miracle"이란 논문에서 당대 북한 경제의 발전을 전후 세계 다른 경제권의 경제성장 전체를 빛을 잃게 만드는

---

4 木村光彦 (1999/2001). pp. 250~251.

기적적 성취라고 높이 평가했다. 로빈슨이 당대 한국의 경제와 사회 전체를 지극히 부정적으로 보았던 것과 선명히 대조된다.

어쨌든 앞에서 살펴본 바와 같이 사회주의 중앙통제경제에서는 외연적인 성장요인이 소진됨에 따라 생산 요소의 질적 개선과 기술혁신을 통한 내포적 성장으로의 패러다임 전환에 실패하면서 경제성장이 둔화되는 것이 일반적이었다. 경제가 고도화되는 단계에 이르면 중앙통제경제의 한계가 극명히 폭로되는 것이다. 경직된 중앙계획기구가 경제의 흐름에 탄력적으로 대응하지 못한 채 구호경제의 한계에 매몰되고, 관료 시스템의 무능과 부패에 의한 허위 보고와 거짓 통계가 난무하며 인센티브가 사라진 노동현장에서 대중동원에 의한 노동자들의 근로욕구도 더 이상 기능하지 못하는 상태로 전락한다. 관료기구의 억압기제를 통한 강제동원은 경영 합리화나 기술혁신을 억제하는 경향이 있다. 강제된 성장정책에 의한 외연적 성장이 본질적 한계에 부딪히게 되는 것이다. 북한의 경우도 예외가 아니었다. 사회주의국가 가운데서도 북한 당국의 중앙통제와 계획경제의 요소가 유별나게 강했던 상황은 북한의 경제난을 더욱 가속화했다.

북한의 경제난을 악화시킨 추가적 요인도 있었다. '자립적 민족경제' 이념이 바로 그것이다. 생산과 소비의 인적 및 물적 요소들을 민족국가 내에서 조달하고 완결시키는 주체적 경제의 꿈은 그 아름다운 레토릭과는 달리 북한 버전의 강행된 성장의 한계와 맞물려 북한 경제의 어려움을 더 가중시켰다. 자립 경제의 비전이 사회주의국가들의 지원과 교류조차 줄이는 결과를 낳은 데다 군사비 지출의 지속적 확대와 혁명적 군중노선의 피로도 악화와 결부된 생산성 감소는 북한식 폐쇄경제의 비효율성을 극대화시켰다. 표면적 통계로는 한국 경제를 앞서

간 것으로 나타났던 1960년대 후반~1970년대 초반에 이미 북한 경제의 실상은 강제된 성장이 더 이상 불가능한 단계였던 것으로 추측된다. 5개년 계획이나 7개년 계획의 거듭된 지연과 유야무야 현상이 그 단적인 증거였다.

1980년대까지 심각한 경제 침체를 경험한 북한은 제한적이나마 개혁과 개방을 모색하는 과정에서 독립채산제를 확대하고 인센티브제를 실시하는 등의 조치를 취했으나 북한 중앙통제경제의 핵심은 하등의 본질적 변화가 없었다고 할 수 있다. 1970년대에 이미 무역적자 확대로 외채 상환이 어려운 상황에서 1984년 합영법 등을 통해 외국인 투자를 늘리려고 시도했으나 낮은 국제신용, 개방에 대한 소극적 태도, 투자 환경의 미비 때문에 서방 자본의 유치는 거의 성과를 거두지 못했다.

1980년대 말 소련과 동구 사회주의권의 붕괴는 엎친 데 덮친 격으로 북한 경제의 구조적 침체에 결정타를 가한다. 그동안 소련과 중국이 원유 등의 주요 전략물자에 대해 국제 가격의 절반도 안 되는 우호 가격으로 북한에 공급하다가 1990년대 초부터 국제 시장의 가격 체계 적용을 요구한데다 국제 무역의 상례인 경화(硬貨) 결제 방식을 요구하면서 북한의 대외 무역이 격감하고 자립적 민족경제가 치명적 타격을 입는다. 그리하여 북한의 국민소득은 1990년 이래 지속적으로 줄어든 것으로 추산된다.

한국 경제가 산업화 초기의 외연적 성장에서 내포적 성장으로 성공적으로 패러다임 전환을 이룬 결정적 변별점은 북한과는 달리 자유시장경제를 토대로 하면서 정부가 강력한 조정 기능을 활용했다는 점이다. 북한이 폐쇄적 민족경제의 자주노선을 채택한 것에 비해 한국은 대외지향적인 수출 중심의 성장전략을 채택해 세계 시장과 국내 시장을 긴밀히 연동시켰던 것이 또 다른 결정적 차이를 만들었다. 닫힌 북한 경제가 경쟁의 의미를 알지 못했던 것에 비해 열린 한국 경제는 지속적으로 경쟁과 인센티브를 극대화해 효과적 자원 동원과 효율적 자원 배분을 결합시킬 수 있었다. 한국이 1970년대 말 발전국가가 주도한 외연적 성장이 초래한 경제위기를 정부 개입의 완화와 시장의 자율적 조정 기능의 확대를 통한 내포적 성장으로 극복할 수 있었던 데 비해 북한의 경직된 계획경제 체제의 비효율성은 갈수록 심화되어 갔을 뿐이다.

북한은 1990년대 이래 구조적 경제 침체에 자연재해까지 더해져 통상적 의미의 국민경제가 전면적으로 기능 부전의 상태에까지 빠진다. 그 결과 아무런 준비도 되어 있지 않았던 인민들은 식량배급의 중단이 장기화되자 미증유의 재앙을 맞는다. 1995~1998년 사이 1백만에서 3백만 명에 이르는 인명 피해를 낸 것으로 추측되는 집단 기아와 대량 아사 사태는 시장을 전면 부정했던 북한 정치권력의 총체적 실패에 대한 경제의 복수나 다름없었다.

북한체제를 내파(內破) 직전까지 몰고 간 '고난의 행군'은 참혹한 재앙임과 동시에 북한 인민들에게 그 무엇보다 소중한 학습의 기회가 된 측면도 있다. 최소한의 식량배급 능력을 상실한 데다 명목뿐인 봉급도 제때 주지 못하는 당국을 그대로 믿다가는 기본 생존조차 장담할 수 없다는 사실을 평균적 북한 인민이 절절히 깨달은 것이다. 시장철학의 관점에서는 이 대목이 가장 중요하다. 북한 유일지배 체제가 혐오했던 사(私)경제가 본격적으로 성장한 결정적 계기이기 때문이다. 국영경제가 작동 못하는 상태가 계속되면서 북한 인민들은 문자 그대로 각자도

생(各自圖生)으로 생계를 해결하지 않을 수 없었다. 농촌 지역에선 소토지 농사나 개인 축산을 하거나, 도시 지역에서는 유통·운수·서비스업 등에서 개인 장사를 하는 것이 유일한 대안으로 남는다. 배급과 봉급조차 제대로 줄 수 없는 북한 당국 입장에서는 사경제의 성장을 묵인할 수밖에 없는 상황에 몰렸다. 시간이 지나면서 사경제의 수준과 범위가 확대되어 시장의 북한식 형태인 '장마당'이 생겨나는 것은 자연스러운 수순이었다.

하지만 정치가 곧 경제인 우리식 사회주의 이념을 고수한 유일지배체제에 사경제에 입각한 시장의 출현은 눈엣가시 같은 존재였다. 김씨 세습정권이 틈만 나면 시장억압 정책을 펴거나 장마당에 대한 통제와 묵인을 변덕스럽게 반복한 본질적 이유가 여기에 있다. '고난의 행군' 이후 특히 2000년대 들어 북한의 경제 정책이 시장의 억제에서 시장의 활용으로 잠시 선회한 시기가 있었다. '시장을 활용한 자력갱생'을 목표로 삼은 이른바 7·1 조치를 통해 소비자 시장과 생산재 시장을 합법화한 것이다. 그러나 시장에 대한 이런 유화 정책은 2005년부터 억제 정책으로 다시 돌아갔고, 특히 2007년부터는 시장을 대대적으로 단속하고 억압하기 시작했다. 2009년의 화폐개혁은 그동안 사경제를 통해 축적된 시장의 자본력을 국가가 일거에 탈취함으로써 시장의 재정 기반을 무너뜨리고 종합시장의 문을 닫게 하려 한 조치였으나 엄청난 인플레로 경제만 교란하고 물류 공급이 중단되는 대실패를 인정하지 않을 수 없었다. 그동안 시장에 깊이 연루된 국영경제의 타격 자체가 심대한 데다 이미 시장에 생계를 의탁한 인민의 반발도 무시할 수 없는 상태였던 것이다.

결국 2010년에 들어 종합시장의 합법적 지위가 다시 복원된 이후 시장에 대한 유화적 정책 기조가 김정은 정권에서도 유지된다. 2012년부터는 '우리식 경제관리 방법'을 내세워 경영의 권한을 현장에 부여하고 노동자・농민의 근로 의욕을 북돋기 위해 자율성과 인센티브를 확대하는 조치를 연달아 취한다. '우리식 경제관리 방법'이란 협동농장의 '포전담당 책임제'와 국영기업의 '사회주의기업 책임관리제'라는 두 부분으로 구성된다. 포전담당 책임제는 협동농장의 기본 생산 단위인 '분조'별로 '포전'이라 불리는 일정한 경지를 배정하여 책임을 지고 농사짓도록 하는 제도다. 사회주의기업 책임관리제는 개별 기업에 더 많은 경영 자율권을 주고 더 많은 이익을 가질 수 있게 하는 제도다. 공장과 농장의 운영에서 시장과 관련된 제반 활동을 합법화해서 활용하고자 하는 의지를 북한 정부가 분명히 하고 있는 것이다. 그 결과 가계와 기업이 스스로 생존해야 하며 그러기 위해서 시장을 활용해도 된다는 풍조가 갈수록 확대되는 게 지금의 북한 현실이다.[5]

북한의 시장화에 대해서는 전체적으로 두 가지 판단이 가능하다. 한편으로는 북한 정부의 정책 방향이 시장친화적으로 해석 가능한 거시적 흐름을 분명히 보여준다는 낙관적 해석이다. 예컨대 식당, 상점, 소규모 공장과 탄광, 버스 등 생산수단의 개인 소유를 법적으로는 인정하지 않으면서도 국가기관이나 국영기업 아래 편입시켜 개인기업의 자율성을 실질적으로 보장하면서 국가가 세금을 징수한다. 또한 휴대전화, 자전거, 오토바이 등의 소비재도 국가에 등록케 해 세금을 받고 있는 실정이다. 북한 전역에 걸쳐 수천 개에 이르는 장마당의 존재도 직간접적으로 국영경제의 운영에 도움이 된다. 북한 당국은 시장 확대

---

5 양문수 (2015), 47쪽.

로 북한 주민의 수입이 증가하자 내각 산하에 우리의 국세청 비슷한 부처를 신설해 '장마당세'를 걷기 시작한 것으로 알려질 정도다.

2015년 10월 현재, 국정원의 국회 보고에 의하면 380여 개의 종합시장이 존재한다. 또한 존스홉킨스대 한·미 연구소의 커티스 멜빈 연구원에 의하면 2010년 위성사진 분석에서 2백여 개의 공식 시장이 확인됐던 것에 비해 2015년에는 그 2배인 406개가 확인된다고 한다. 여기서 공식 종합시장은 독립건물이 있고 정부기관인 인민보안국의 책임 아래 자릿세를 내고 합법적으로 장사하는 곳이다. 이에 비해 장마당은 골목이나 길거리 등 비합법적인 곳을 뜻하는데 북한 전역에 수천 개가 넘는 것으로 추산된다. 종합시장의 확산을 통해 인민 입장에서는 제도적 보호막 아래 들어가 비교적 안정적으로 경제활동을 할 수 있고, 국가경제의 관점에서는 공식적·비공식적 세금 수취를 통해 나라 살림에 도움이 된다. 게다가 시장의 물주들은 대부분 북한 권력층과 직간접적으로 이어진 관계로 시장이 없으면 권력층 자신도 커다란 타격을 받을 수밖에 없게끔 시장화가 진전되었다는 것이다. 서울대 통일평화연구원의 탈북자 조사에 의해서도 시장이나 장마당의 일반화 현상이 확인된다. 북한 주민의 80% 이상이 시장이나 장마당에서 장사를 한 경험이 있는 것으로 추산되기 때문이다.

다른 한편으론 북한의 시장화에 대한 회의적·유보적·비관적 평가도 엄존한다. 무엇보다도 중요한 것은 국영 부분의 개혁이 지금까지도 매우 소극적이며 제한적이라는 사실이다. 이것은 북한 정부가 아직도 '우리식 사회주의' 제도와 이념을 고수하며 사경제, 사기업, 사유재산을 법적·제도적으로는 아직 인정하지 않는다는 데서 비롯한다. 사경제와 시장을 내용적·암묵적·부분적으로는 인정하나 공식적 체제 이념의 차원에서는 아직 승인하지 않는 게 엄연한 현실이기 때문이다. 북한의 시장화가 전면적·제도적·법적 단계까지 나아가는 데는 아직 갈 길이 먼 것이다. 현대그룹의 금강산 관광 투자의 경우가 생생한 사례이기도 하거니와 북한에 투자한 중국 기업들이 고전 끝에 철수하는 사례도 빈발한다. 한국과 국제 사회에 대한 대결적이고 폐쇄적인 태도도 북한의 불완전한 시장화와 표리 관계를 구성한다.

따라서 북한의 시장화를 뒤집을 수 없도록 만드는 게 '북한 개혁의 정치경제학'의 목표가 되어야 마땅하다. 대(對) 북한 식량 지원 논제도 북한 개혁의 정치경제학을 점검할 수 있는 유용한 잣대다. '고난의 행군'이 외부 세계에 알려지고 북한의 식량 위기가 장기적으로 지속되면서 식량 지원을 비롯한 인도주의적 지원 문제는 우리 사회의 뜨거운 감자로 떠올랐다. 북한 문제 자체가 한국 현대사에 대한 역사 투쟁과 권력 투쟁의 헤게모니를 잡기 위해 보수와 진보가 벌이는 건곤일척(乾坤一擲)의 담론 전쟁터이기도 하다는 것은 앞서 살펴본 바 있다. 따라서 체제의 정통성에서 한국보다 우월한 북한이 통일의 주체가 되어야 한다고 믿는 극좌세력이나 무력으로 김정은 정권을 붕괴시켜야 북한 민중이 해방되고 통일이 가능하다고 주장하는 극우세력은 북한 개혁의 정치경제학에 관한 논의에서 일단 제외할 필요가 있다.

식량 지원 문제를 다룰 때 먼저 북한과 관련한 신뢰할 만한 정보 부족이라는 근본 한계를 전제해야 한다. 2015년 현재 식량난이 완화되었다는 자료도 부분적으로 있기는 하지만 전체적으로 평균적 북한 인민의 식량 부족은 여전히 심각한 것으로 보인다. 1990년대 후반의 대량 아사와 같은 사태 같지는 않더라도 북한 민중의 처절한 고난을 감안할 때 인도적 견지에서 식량 지원이 필요하다는 주장에는 호소력이 있다. 북한 정권의 행태는 시대착오적이지만 북한 인민에게 무슨 죄가 있느냐는 것이다. 한국 정부가 잉여 생산된 미곡을 저장하기 위해 매년 수천억 원의 천문학적 비용을 지출하는 것도 명백한 사실이므로 남아도는 쌀을 북한에 주어 우리 농민도 살고 남북 관계도 개선하며 북한 인민을 도울 수 있으니 일석삼조라는 주장이다.

하지만 대량으로 지원하는 쌀이 우리의 희망처럼 평균적 북한 인민에게 전달된다는 사실적 증거는 그리 많지 않다. 수많은 탈북자들의 증언도 부정적이다. 지원된 식량을 군부와 특권층에만 할애한다는 식량 전용 의혹은 차치하고라도 북의 김 씨 세습정권은 외부의 지원 덕분에 절약한 예산을 인민의 삶과 무관한 정권안보에 쏟아 왔기 때문이다. 외부에서 지원된 식량을 이용해 중앙통제경제를 복원하려는 북한 당국의 시도가 어렵게 성장하는 북한의 시장을 위축시켜 인민에게서 자생적으로 솟아나는 개혁의 흐름을 지체시키는 역할을 한다는 사실이 시장철학의 시각에선 가장 난감하다. 수령경제와 군부경제 때문에 왜곡된 예산 배분을 조정하는 조치만으로도 만성적 식량난을 완화시킬 수 있음에도 불구하고 인민을 고통스럽게 하는 정치논리를 최우선으로 앞세우는 북한 정권의 행태는 변하지 않았다. 2015년 10월 10일 북한 노동당 창건 70주년을 기념하는 열병식에는 총 1조 6천억 원을 쏟아부었는데 이는 북한 전체 인민이 2년 반 동안 먹을 수 있는 옥수수 값에 해당한다는 추산이다. 이런 상황에서 식량 지원에 수반된 최대 딜레마는 북한 세습정권을 변화시키는 데 대규모 식량 지원이 오히려 역효과를 낳았다는 사실적 증거가 적지 않다는 사실에서 비롯된다.

하지만 외부의 지원을 갈망하면서도 국제 구호기구가 제공한 식량의 배분에 대한 현지 모니터링을 거부하거나 엄격히 통제했던 북한 당국의 태도에 상당한 변화가 관찰된 적이 있었다는 점을 유념해야 한다. 엄혹한 식량 사정의 반영이었겠지만 세계 식량기구의 모니터링 요구를 북한 당국이 상당 부분 수용한 적이 있었기 때문이다. 시장을 위축시키지 않을 대북 식량 지원의 방안을 고심하는 우리에게는 일정한 힌트가 아닐 수 없다. 즉, 북에 식량을 주되 인민에게 직접 전달되는 과정을 국제 기준에 맞게 우리가 모니터링하는 조건을 교섭 과정에서 반드시 관철시켜야 한다는 것이다. 모니터링을 비롯한 실질적 주민 전달도에 대한 검증 수준의 증가에 비례해 식량 지원의 규모를 늘려 가야 한다. 그리고 지원을 북한 인민의 식량 사정을 근본적으로 개선시킬 농업개혁 조치에 대한 요구와 연결시키는 것도 필수적이다. 그러나 남북 관계에서도 '한건주의'식 해결책을 선호하는 한국 사회의 풍토에 비추어 보아 이것은 쉽지 않은 일이고 북한 당국의 격렬한 반발도 예상된다. 그러나 북한 정권이 보편적 국제 기준에 맞는 행동을 하도록 장려하고 한국의 정권 교체에 영향을 받지 않는 지속적 남북 교류와 관계 발전의 토대 구축을 위해서도 '인도적 지원의 정치경제학'의 역사가 가리키는 사실과 합리성의 원칙을 준수해야만 한다.

한반도 현대사에 대한 이상적 현실주의의 대북 정책을 북한 개혁의 정치경제학과 접합하는 것도 가능하다. 특히 2015년의 두 가지 소식이 중요하다. 2015년 초에 한국 국방부가 발표한 《2014 국방백서》는 핵무기 체계 완성 직전인 북한 군사력의 실체를 증언한다. ICBM급 장거리 미사일 개발에 더해 핵탄두의 소형화에 성큼 다가갔다는 분석이다. 2016년 1월의 4차 북 핵실험은 이를 명백히 증명하고 있다. 한반도와 일본은 말할 것도 없고 미국 본토에까지 도달 가능한 북한 핵

미사일의 실전 배치가 시간문제라는 섬뜩한 소식으로, 북한 국가이성의 필연적 발현이라는 부정적 관점에서 앞 절에서 이미 조망한 바 있다. 남북 관계의 해빙(解氷) 가능성을 알리는 엇갈린 소식도 있다. 2015년 벽두에 통일준비위원회의 대북 제의에 김정은이 "최고위급 회담도 못할 게 없다"며 치고 나오면서부터다. 2016년의 김정은 신년사도 비슷한 맥락이다. 집권 4년차에 들어선 박근혜 정부는 '통일대박론'의 내용을 채울 돌파구가 필요하다. 김정은도 국제 사회의 왕따 신세를 벗어날 탈출구가 절실하다. 2015년 8월 판문점 지뢰공격 사태로 유발된 무력충돌의 위기를 남북이 대화로 푼 이후 10월 북한이 노동당 창건기념일에 인공위성(대륙 간 탄도탄) 발사를 유보한 상태에서 남북 이산가족 상봉이 재개된 것은 남북 대화가 재개될 공간이 열림을 보여주는 증거다.

찬바람과 훈풍(薫風)이 주기적으로 엇갈리는 한반도의 오래된 모습은 남북 관계의 복합성을 증명한다. 여기서 우리는 감성적 대응을 절제하고 북한 문제의 진실을 직시해야 한다. 통일과 북핵 해결이 거시적이고 장기적인 맥락에서 한 틀에 묶여 있다는 것이 그 핵심이다. 통일 대업(大業)과 북한발 핵 위기의 해소가 서로 뗄 수 없이 얽혔다는 주장의 근거는 크게 두 가지이다. 북한이 쉬이 붕괴되지 않는다는 것과 북한이 결코 핵무기를 포기하지 않을 것이라는 사실이다. 나는 이를 우여곡절로 가득한 분단 70년을 관통하는 북한 문제의 핵심이라고 본다. 사실판단과 규범명제가 결합한 북한붕괴론은 국내외적으로 널리 유통되었다. 나름 강력한 사실적 설득력과 당위론적 호소력을 동반한 주장이자 예측이었다. 북한의 세습전체주의는 체제 재생산 능력을 탕진했으며 북한 인민 1백만 명 이상이 아사한 사태가 그 증거라고 북한

붕괴론은 주장한다. 게다가 김 씨 왕조는 전 국토를 수용소 군도로 만들어 인민을 노예화한 반(反)인륜적 정권이므로 붕괴되어야 마땅하다는 것이다. 문제는 북한붕괴론의 호소력이 큼에도 북한이 완강히 버틸 뿐 아니라 핵 능력을 계속 확장시켜가고 있다는 명명백백한 현실에서 비롯된다. 한국전쟁에 이어 천안함·연평도 사태, 판문점 지뢰 사태가 증명한 G2 중국의 단호한 '북한 수호' 의지가 한 배경이다. 제국으로서 중국의 국가이성이 북한을 버렸다는 증거는 그 어디에서도 발견되지 않는다. 나아가 폭압적 탄압과 감시에다 인민의 기아(飢餓)까지를 체제 유지의 수단으로 삼는 북한체제의 내구성(耐久性)이 추가적 배경이다. 북한붕괴론은 이 요인들을 너무 과소평가한다.

북한 문제의 또 다른 핵심은 북한이 결코 핵무기를 포기하지 않을 것이라는 사실이다. 북한이 핵 포기를 대가로 경제 지원과 대미 수교를 원한다는 신화를 퍼트린 햇볕정책은 이 대목에서 큰 과오를 범했다. 반대로 북한을 압박한 억제 정책이 핵무기 체계 완성에 국가 역량을 총동원해 수십 년간 매달린 북의 국가 의지를 '억제'하지 못한 것도 부인하기 어렵다. 결국 북한이 쉽게 붕괴하지 않을 것이며 핵무기도 포기하지 않을 것이라는 명제를 합치면 한반도 통일 이전에는 북핵 문제가 해결되기 어려울 것이라는 결론이 도출된다. 이런 예상은 한반도 영구분단론을 옹호하거나 북한의 핵 보유를 정당화하는 발언이 결코 아니다. 다만 북한 문제의 해결은 한반도 내외의 엄혹한 현실을 냉정하게 보는 데서 출발해야 한다는 정치적 현실주의의 입론일 뿐이다. 물론 현실주의만으론 충분치 않다. 미래를 꿈꾸는 이상주의가 더해져야 진정한 현실주의가 완성된다. 통일 비전을 그리는 이상적 현실주의로 통일을 앞당기기 위해 가장 시급한 것은 북핵의 실전 배치를 무력화시킬 방안을 찾아야 한다는 점이다. 자체적 핵 개발은 자유무역국가인 한국의 선택지가 아니므로 '사드'이든 '킬 체인'이든 핵 대응능력을 극대화해야 한다. 우리의 생존이 달린 문제를 중국이 왈가왈부하는 것에 신경 쓸 이유가 없는 것이다.

국가안보를 위한 이런 전제가 충족된다면 북한 개혁의 정치경제학이 가동되는 공간을 극대화할 수 있는 노력을 최대한 경주해야 마땅하다. 북한을 실질적으로 변화시키는 방식의 남북 교류를 위해서는 앞서 말한 경제 교류와 식량 지원책이나 인도주의적 지원 정책을 적극 활성화해야 한다. 분단 70년 동안 북한이 전혀 변하지 않았다는 일각의 주장은 결코 사실이 아니다. 물론 유일체제의 본질에 변화가 없는 건 부인하기 어렵다. 한국을 적화(赤化)시키려는 김 씨 정권의 의도도 여전하겠지만 동아시아 국제 정세나 한반도의 역학을 감안하면 한마디로 그건 불가능한 일이다. 여기서 가장 중요한 것은 먹고살려고 시장과 장마당에서 애쓰는 북한 인민의 처절한 노력이 북한 사회를 점점 바꾸고 있다는 사실이다.

또 하나의 의미심장한 질문은 북한 정권이 시장을 없애려 한들 과연 그게 가능하겠느냐는 것이다. 시장을 없애기 위한 북한 정권의 거듭된 노력이 모두 실패로 끝났기 때문이다. 2009년 북한 화폐개혁 직후 한국의 경제 전문가들은 북한의 조치가 실패할 것을 이미 예측한 바 있다. 소비재 공급이 증가하지 않는 상태에서는 시장 활동 자체가 줄지 않을 것이며 인플레이션도 제어할 수 없을 것이라는 명료한 경제학적 판단이 예측의 근거였다. 완고한 북한 당국조차도 화폐개혁 몇 개월 후 그 실패를 인정할 수밖에 없었다. 시장의 중요성과 수요와 공급 원칙의 무게를 시인할 수밖에 없는 상황에 몰렸던 것이다. 지금 단계에서 시장 없이 국가를 운영하는 것 자체가 북한 정권에도 거의 불가능한 일이 되어가고 있는 상황이라고 보아야 한다. 따라서 북한 개혁을 지향하는 시장철학의 최대 과제는 그런 추세가 뒤집히지 않도록 만드는 데 초점이 모아져야 한다. 북한 정부가 관리 가능하다고 판단할 시장의 범위를 우리의 노력으로 최대한 넓히고 시장과 관련된 제도화의 수준도 높일 수 있도록 북한과의 접촉선을 늘려야 한다. 북한에서 시장의 범위와 수준이 확장되는 건 한반도 평화와 통일의 지평까지 확대된다는 것을 뜻한다. 결국 여기서도 '자유시장의 존재'가 북한 문제의 핵심이자 최선의 해결책으로 등장하는 것이다.

시장질서, 정의론, 법치주의

1
시장질서와 정의론

●   건전한 시장질서가 뿌리내리지 못한 곳에서는 천민자본주의의 행태가 널리 확산되기 마련이다. 약육강식을 제도화하고 정당화하는 불공정한 시장체계는 민주질서를 위협할 뿐만 아니라 건강한 시민정신의 형성을 가로막는다. 더욱 심각한 것은 시장질서의 왜곡에서 비롯한 불공정사회에서 안개처럼 피어나는 르상티망이 성숙한 시민정신의 토대를 근저에서부터 부식시킨다는 점이다. 그 결과 사회적 신뢰와 법치주의의 균열이 수반되면서 반(反)법치와 동행한 대항폭력이 은연중에 부추겨지기까지 하는 사회적 풍조가 잉태된다. 이는 한국 사회 일각에서 흔히 관찰되는 공권력 무시 현상의 이념적 뿌리이기도 하다. 대항폭력이 극단적으로 신화화할 때 한 사회의 법치주의는 붕괴 위기에 직면한다.

  분단과 전쟁의 폐허 위에 우리는 시민들의 땀과 눈물로 산업화와 민주화를 이루었다. 온 국민이 함께 한 노력의 결정체 앞에 세계가 놀랐으며 이제 한국은 선진사회의 문턱에 선 걸로 평가된다. 그러나 제 2 장에서 분석한 것처럼 화려해 보이는 성과 뒷전에는 OECD 국가 최고의 자살률과 비정상적으로 낮은 국민적 행복지수, 미래에 대한 총체적 불안, 극심한 국론 분열과 사회적 불신이 혼재한다. 오늘의 대한민국을 만든 기적의 압축성장은 극단적으로 대조되는 빛과 그림자를 동반한다. 앞서 말한 것처럼 사회 일각에서 '헬조선'이나 '망한민국' 같은 저주의 언어가 유행하는 것이 위기의 단적인 증거이다. 폭발적인 발전과 성장의 뒤안길에서 편법이 횡행하고 반칙이 구조화됐던 것이 지금 같은 난국의 핵심적 이유다. 공정한 시장질서와 정의로운 민주질서가 분리되지 않는다는 시장철학의 핵심 테제는 21세기 한국 사회의 현실에 의해 증명된다.

사회 전 영역에서 목표가 수단을 정당화하는 도구적 이성이 일반화함으로써 사회생활의 규범과 삶의 가치가 왜곡되었던 것은 단지 과거의 일만은 아니다. 시장질서를 변형시키고 민주질서를 파괴했던 개발독재 시대의 어두운 관행과 아비투스는 오늘날에도 강력히 잔존한다. 단적인 예로 다수의 고위 공직 후보자가 낙마하기 일쑤인 국회 인사청문회 현장은 성공했다는 사람들일수록 불법과 반칙의 유혹에서 자유롭지 않았다는 사실을 극명하게 보여준다. 부자가 시샘 어린 부러움의 대상일지언정 존경받지 못하는 현실은 지도층이 제 몫을 다하지 못한 한국 사회의 일그러진 민낯을 그대로 드러낸다. 나라 전체가 잘 살아보기 위해 숨 가쁘게 앞만 보고 달리던 때 정의와 공정성이라는 사회생활의 원칙이 너무 홀대받았던 것이 그 핵심적 이유다.

우리는 이제 정의라는 가치와 공정한 사회제도의 사회 경제적 중요성에 새삼 주목하지 않을 수 없게 되었다. 정의와 공정성이 수반되는 경제라야 선진경제로 도약이 가능하기 때문이다. 건전한 시장질서와 성숙한 민주질서의 상호 보완성에 대한 근본적 성찰 없이 한국 사회가 앞으로 나아가는 게 거의 불가능해졌다. 원론적으로 말하자면 정의로운 사회는 한국 사회를 도약케 할 무형의 가치이자 사회운영의 원리이며 공동체적 삶의 질서일 터이다. 세계 10위권의 경제대국이 되었다는 객관적 지표에도 불구하고 사회 양극화가 심화되는 가운데 수많은 시민들이 불공정에서 비롯된 박탈감을 호소하는 사회가 좋은 나라일 수는 없다. 비록 민주주의를 이루었다고 하지만 시민적 우정과 신뢰 대신 적의(敵意)와 불신이 넘치는 나라가 선진화를 말하기는 어렵다. 불공정한 사회가 성숙한 국가가 되는 것은 백일몽(白日夢)에 불과할 터이다. 나는 오늘의 대한민국이 정확히 바로 이 걸림돌에서 비롯한 총체적 교착 상태에 놓여 있다고 본다.

이런 문맥에서 참으로 의미심장한 한 사건을 재음미해 보기로 하자. 바로 몇 년 전 한국 사회를 강타한 하버드대 교수 마이클 샌델(Sandel, M.)의 책 《정의란 무엇인가》 현상이 바로 그것이다. 이 '철학책'은 2010년 출판 첫해에 거의 1백만 부가 팔려 그해 최대 베스트셀러를 기록했을 뿐만 아니라 2011년에도 기세가 꺾이지 않았으며 지금까지도 꾸준히 팔린다. 현재까지 도합 2백만 권 가까이 판매된 것으로 알려졌다. 고질적인 출판계 불황 때문에 인문사회과학 서적 출판 자체가 크게 위축된 데다 설령 어느 인문학 책이 출판된다고 해도 기껏 몇천 부 찍기 마련인 터에 참으로 놀라운 일이 아닐 수 없다. 샌델의 책은 여세를 몰아 책의 저본(底本)인 하버드 대학 교양 강좌인 "정의" 강의 영상 13부작이 2011년 벽두 교육방송(EBS)에서 이례적으로 높은 시청률을 기록하면서 첫 방송된 바 있다. 이어 시민들의 열화와 같은 재방송 요청으로 황금시간대로 옮겨 다시 방송되는 진기록을 세우기도 했다. 갑작스럽게 유명세를 탄 저자의 2012년 여름 내한강연에는 전국에서 5천 명이 넘는 인파가 몰려 한 대학교 대강당에 이들을 미처 다 수용하지 못했을 정도로 폭발적 반응을 이끌어 냈다. 철학 교수의 철학 강의가 연예인 못지않은 대중의 호응을 이끈 것이다.

하지만 2005년 9월 샌델 교수가 한국철학회 초청("다산 기념 철학강좌 9)으로 내한해 서울에서 두 번, 영호남에서 두 번 강의[1]했을 때는 소수의 전문가(철학자) 집단을 제외하고는 한국 학계의 관심을 거의 끌지 못했다. 일반 독서 대중이 그의 이름을 알지 못했음은 물론이다. 한국 사회를 통타한 2010년의 '정의(正義) 열풍'이라는 이 사회문화적 사건은 샌델을 정의론의 원조인 롤스보다 훨씬 더 유명한 정의 담론의 상징적 아이콘으로 만들었다. 이것은 '모든 것에는 때가 있다'는 속설을 확인하는 사례임과 동시에 우리 사회 특유의 쏠림 현상으로도 해석 가능한 듯 보인다. 제6장에서 논의하겠지만 대중사회의 부유성(浮遊性)과 편향성이란 특징이 유감없이 증명된 사례일 터이다.

샌델 열풍과 관련해 분석할 가치가 있는 것이 바로 철학에 관한 한국인의 인식에 대한 설문조사 결과이다.[2] 철학 일반에 대한 최초의 전국 규모 여론조사에서 "가장 먼저 머리에 떠오르는 철학자는 누구인가?"라는 질문이 시민들에게 주어졌다. 응답자의 다수인 76%가 우리나라 철학자 중에서는 아무도 떠올리지 못했다. 시민들 4명 중 3명이 철학자라면 생각나는 사람을 전혀 예시하지 못한 것이다. 그나마 철학자를 머리에 떠올린 나머지 사람들은 도올 김용옥을 율곡 이이와 함께 공동 1위(응답자의 7%)로 뽑았다(퇴계 이황과 다산 정약용이 각각 5%, 백범 김구 1%). 그나마 퇴계와 율곡이 거론된 것은 일상에서 수시로 접하는 우리 지폐의 도안 초상인 것과 전혀 관련 없는 일은 아닌 것 같다.

나는 이 설문조사 결과가 입증하는 철학자와 철학 일반에 대한 대중

---

1 이때의 강연 자료집은 마이클 샌델 지음 · 김선욱 외 엮음 (2008) 참조.
2 한국갤럽 (2011), 33쪽.

적 인식의 부재는 근원적으로 현대 한국 철학자들의 사회적 무능과 활동의 부재로 그 책임이 귀속된다고 본다. 철학 교수들이 열심히 연구하고 강의하고 있는 데도 불구하고 그것이 보통 시민의 삶에 구체적 영향을 준다는 증거가 희미한 것이다. 대학 제도의 그늘 밑에서 식물적인 삶을 이어 온 한국의 강단철학이 우리 사회에 대해 의미 있는 실천을 거의 하지 못했다는 우회적 증거를 '수입품'인 샌델 열풍이 간접적으로 증언한다.

우리나라에도 정의론(正義論)을 전공한 학자들이 여럿 있지만 그들의 정의 연구가 사회적 조명의 대상이 되는 경우는 거의 없었다. 오히려 한국 학자들은 대중적 관심 자체를 학문의 일탈로 보는 허위의식에 가까운 자의식을 공유하는 것처럼 비치기도 한다. 철학자로 그나마 도올 김용옥이 거론되는 현상은 대중사회 매스미디어의 위력을 보여준 것이기도 하지만 또 한편으로는 한국 지식인 사회의 얄팍함을 생생히 증명하는 실례로도 해석 가능하다. 내가 머리말에서 밝힌 것처럼 시장이나 북한 문제같이 현대 한국인에게 긴박한 구체적 중요성을 갖는 주제가 한국 철학계에서 거의 다루어지지 않는 것도 같은 맥락의 소산으로 보인다.

그렇다면 왜 2011~2012년 당시, 대중의 잣대로 결코 쉽지 않은 철학 책에 대한 사회적 관심이 갑자기 폭발하면서 '정의' 열풍이 한국 사회를 휩쓸었던 것일까? 하버드라는 상징자본을 이용한 출판기획 마케팅이 성공한 측면도 있었을 수 있다. 시의적절한 사례들을 소크라테스적 문답법으로 녹여낸 샌델 교수의 인상적인 강의 실력도 한몫을 했음이 틀림없다. 유행에 약한 독서 대중의 얄팍한 대세 추종의 취향이 신상품을 사듯 이 책을 지적 유행품으로 소비했을 수도 있고, 대입 논술

시험에 대비하는 독자층의 실용적 관심이 개입했을 수도 있다. 하지만 이 모든 요인을 감안한다 해도 정의 열풍에는 우리의 주의에 값하는 의미심장한 조류가 도도히 흘러갔던 게 분명하다. 바로 정의와 공정성이라는 화두가 우리 시대 한국 사회의 아픈 부분을 정확히 짚었던 것이다. 그렇지 않고선 이 책의 메가 히트에 이은 장기간의 스테디셀러 현상은 설명되지 않는다.

시장철학이 해명한 것처럼 경이적인 압축성장 뒤에 채워지지 않은 채 남겨진 우리 마음의 빈 터를 고발하는 현상이 정의와 공정성에 대한 대중적 관심의 폭발이다. 바꿔 말하면 벌거벗은 자본과 돈의 힘이 삶의 전 영역을 압도하는 데다 자본과 돈을 독점한 자들의 천민성이 정의와 공정성을 오늘의 시대정신으로 요청하게끔 만드는 배경인 것이다. 하지만 시장철학은 시장질서와 정의를 대척적 관계에 있는 것으로 보는 일반적 입장에 반대하며 공정성 원리가 시장질서와 갈등함과 동시에 상호 상승작용을 일으키는 측면에 주목한다. 제3장 "시장질서의 원리와 동학"은 자유시장과 공정성이 접속할 수 있는 철학적 토대를 메타 이론의 지평에서 점검한 시도이기도 하다.

샌델의 책은 정의와 공정성에 대한 한국 사회의 갈망이라는 흐름을 탔다. 경제민주화와 복지강화 그리고 한국 경제의 질적 변화를 갈망하는 범국민적 요구는 이런 시대정신의 경제적 표현으로 해석되어야 마땅하다. 제2장에서 해명한 것처럼 경제민주화와 복지에 대한 집합적 요구 자체가 정의와 공정성에 대한 바람을 사회 경제 정책으로 변환한 구체적 사례에 다름 아닌 것이다. 한국철학회와 한국경제학회를 비롯한 다수의 학회들이 2010년 즈음해서 정의와 공정성을 전국학술대회의 주제로 삼은 것도 같은 문맥이었다.

이런 맥락에서 또 하나의 사건이 심중한 분석의 대상으로 등장한다. 샌델을 매개로 한 한국 사회의 '정의' 열풍 배경에는 2010년 당시 이명박 정부가 광복절 경축사에서 맨 처음 제시했던 '공정사회'라는 정권 차원의 기획이 기폭제가 되었다는 사실이다. 국가기념일에 대통령이 축사를 하는 것은 의례적인 일일 뿐만 아니라 평소 철학적 가치나 이념과는 거리가 멀었던 이명박 정부 성향과의 선명한 괴리 때문에 이명박 정부의 '공정사회론'은 처음엔 별다른 주목을 끌지 못했다. 특정 정권의 정치공학적 계산이 개입한 단순한 일회성의 정치적 수사(修辭)로 여겨졌던 것이다. 그나마 관심을 가진 사람들은 '공정하지 못한 대통령이 공정성을 외치는 데' 대한 냉소와 거부감을 감추지 않았다. 이명박 정부의 '공정사회' 레토릭은 말과 행동이 다른 공허한 일과성의 정치 캠페인으로 자연 소멸될 가능성이 훨씬 컸던 것이다.

그러나 놀랍게도 사태는 예상과는 전혀 다르게 전개되기 시작했다. 한마디로 미풍이 태풍으로 번지기 시작했던 것이다. 대통령의 2010년 광복절 경축사 직후 8월 말부터 9월 초에 이르러 시행된 국회 인사청문회가 결정적 계기가 되었다. 국회 인사청문회에서 백일하에 드러났던 총리와 장관 후보자들의 불공정 이력, 특히 당시 외교부 장관 딸의 외교부 특채 사건이 민심의 역린(逆鱗)을 건드리고 만 것이다. 가히 온갖 편법·불법·탈법의 전시장 같은 고위 공직 후보자들의 '화려한 과거'가 연이어 폭로되면서 공정사회의 화두가 일파만파로 확산되어 갔다. 참으로 역설적인 사태 전개였다. '공정사회'를 후반기의 국정 목표로 삼았다는 이명박 정부는 스스로를 찌를 칼날을 손에 쥔 셈이었다. 당시 이명박 정부를 빗댄 이른바 '고소영·강부자 정권'의 거듭된 인사 실패와 최고위직이 앞장선 특채 파동에 분노한 시민들이 정부의 일거수일투족에 대해 그게 과연 공정한 처사인가를 묻는 형국이 전개되었던 것이다. 공정성과는 거리가 먼 것으로 인식되었던 당시 정부와 대통령의 '공정사회' 구호에 시민들이 분노에 가까운 반응을 보였던 것이 정의 열풍의 발화제가 된 셈이다.

과거의 일을 이처럼 자세하게 예시하는 데는 까닭이 있다. 정의론과 공정한 사회의 화두가 2010년 후반기부터 2011년 초반까지 갑작스럽게 사회 문화적 무게를 획득했던 과정이 결코 단순한 우연이나 해프닝이 아니라는 것이다. 역사에서 우연의 누적은 필연적 방향성을 내포하기 마련이다. 대한민국 역사에서 쌓여 온 편법과 반칙을 광정(匡正)하지 않고서는 더 이상의 발전이 어렵다는 인식을 가진 시민들의 공감대가 당시 정부의 난맥상 때문에 내연되어 오다가 정의와 공정성에 대한 대중적 관심으로 폭발했던 것이다. 진보적 의제일 수밖에 없는 공정성과 정의를 신(新) 보수 정부가 어울리지 않게 선창했던 것은 일종의 아이러니이지만 어떻게 보면 이는 당시 한국사의 진화 단계가 불가역의 지점을 통과했다는 증거이기도 하다. 다시 강조하거니와 경제민주화와 복지강화를 통한 시장질서의 복원이 이 시대 사회정의의 표상으로 고창(高唱)되는 지금의 상황은 정확히 그 연장선에 있으며 동일한 사회문화적 맥락의 산물이다. 시장철학의 문제 설정은 21세기 한국 사회와 한국 경제를 관통하는 공통된 시대정신의 표현이다. 이제 한국인은 건전하고 공정한 시장질서 없이 성숙한 삶을 실현할 길도 무망하거니와 선진국 경제로의 진입도 어렵다는 교훈을 깨달은 것이다.

2
르상티망과 울혈의 사회

• 　　박근혜 정부에 들어서도 정의와 공정성을 소망하는 시대정신은 바뀌지 않았을 뿐 아니라 더욱 강화되는 듯 보인다. 여러 번 언급한 것처럼 대한항공 땅콩 회항 사건이나 롯데 사태가 그토록 엄청나게 확대된 것도 결국은 정의와 공정성을 바라는 민심의 역린을 건드렸기 때문이다. 각종 여론조사에서 거의 80%에 이르는 시민들이 한국 사회가 불공정사회라고 응답하는 흐름이 계속되고 있음에도 역대 정부와 시민사회는 이 문제에 제대로 대처하지 못했다. 박근혜 정부에서 경제 민주화와 복지강화의 대선 공약(公約)이 공약(空約)으로 화한 것이 생생한 증거일 터이다. 한국 사회에 깊이 뿌리내린 불공정은 스스로 '미생'(未生)임을 뼈저리게 느끼는 보통 사람의 깊은 분노를 야기할 뿐만 아니라 분노보다 훨씬 악성의 르상티망을 양산한다.

　　르상티망(ressentiment)은 원래 철학자 니체의 용어로서 사회적 강자에 대한 약자의 질투심과 승자에 대한 패자의 시기심을 가리킨다.[1] 승자와 강자의 성취를 패자와 약자가 마음속으로는 인정치 않는 원망(怨

---

1 Nietzsche, F. (1887).

望)의 뜻도 있다. 물리적으로 패배했지만 정신적으로는 자신이 더 우월하다는 약자의 자기정당화가 르상티망의 밑바탕에 깔려 있다. 기독교 문명에 대한 니체의 총체적 냉소를 인간성의 보편적 그늘에 대한 사회존재론적 통찰로 읽는 것이 가능함은 물론이다. '배가 고픈 것보다 배가 아픈 것을 더 참기 어려워하는' 사람들 마음속의 비밀을 건드리기 때문이다. 사실 우리 모두 본능적으로 이러한 마음의 악마성을 조금씩은 지닌다. 개인 차원에 그칠 때 인격의 문제로 축소될 수도 있는 이 문제가 적절히 제어되지 않고 사회적으로 확산되고 집단 무의식의 심층 영역으로까지 번질 때 그것은 사회심리와 정치문화의 문제로 비화한다.

여기서 핵심 질문은 다음과 같다. 한국은 르상티망을 억제하는 사회인가? 아니면 조장하는 사회인가? 시기심이 한 인격의 실상을 보여주는 것처럼 르상티망의 사회적 만연은 시민정신의 빈곤과 국격(國格)의 실체를 폭로한다. 잘 나가는 사람의 발목을 잡고 '못 먹는 밥에 재 뿌리는 것'이 개인 차원에서 끝나지 않고 사회문제로 확대된다. 그 결과 갈등과 불신이 무한히 재생산된다. 예컨대 인사철이나 선거철에는 각종 무기명 투서와 흑색선전이 난무한다. 인사 때마다 국정의 중심인 청와대는 고위 관직 후보자들에 대한 음해성 투서의 홍수로 골머리를 앓는 것으로 전해진다. 이런 행태는 민간기업과 지방 관공서에서도 전방위적으로 반복되는 경향이 있다. 사정기관의 관계자에 의하면 인사철에 쏟아지는 투서는 대부분 허위로 판명되지만 그럴 듯한 내용을 담기 일쑤여서 거명된 당사자와 조직 전체에 큰 상처를 남긴다고 한다.

어떤 조직에서나 좋은 자리는 희소하므로 위로 올라갈수록 경쟁이 치열한 것은 자연스러운 인간사의 법칙이라고 할 수도 있다. 그러나 한국 사회의 문제는 경쟁자를 끌어내리려는 권력게임이 상대방에 대한 무차별적 '해코지'로 비화하는 데 있다. 그 결과 만인이 만인에 대해 적(敵)이 되는 풍토가 조성된다. 이를 입증하는 몇 가지 의미심장한 통계가 있다. 2007년 이후에 무고(誣告) 사건이 폭증하는데 무고죄로 1심에서 징역형을 선고받은 숫자가 2007년에 819명, 2008년에 1,144명이었다. 참고로 몇 년 전 일본 전체에서 무고죄로 기소된 숫자가 그 해 한 해에 총 2명이었다고 전해진다. 전반적인 고소·고발 건수도 가파르게 늘었다. 한 지역 경찰청 2003년 자료에 의하면 4만여 건의 고소 사건 중 22%만 기소되고 나머지는 불기소나 기소유예가 되었지만 고소인들은 그런 경우에도 항고나 재항고로 끝까지 물고 늘어진다고 한다. 그 가운데 상당수는 상대방을 집요하게 괴롭히기 위한 목적인 것으로 추측된다. 검찰에 접수된 고소나 고발의 95%는 주변의 가까운 사람들에 의해 저질러지는 것으로 추산된다. 참고로 2004년도 국가별 총 고소 사건은 한국이 60만 건 이상, 일본은 1만여 건이었다. 양국의 총 인구 수를 감안하면 한국 사회에서 고소 건수가 비교가 어려울 정도로 많음을 알 수 있다.

르상티망의 문화에 부정적 측면만 있는 건 아니다. 고소·고발·투서에 사회적 순기능도 있기 때문이다. 내부비리의 고발은 부정부패를 막고 사회의 투명성을 높이기도 한다. 무기명 투서 자체가 사회적 약자에게 불가피한 저항수단인 경우도 있을 것이다. 나아가 르상티망의 심리가 창조적으로 전환될 때 '사람 위에 사람 없고 사람 밑에 사람 없다'는 평등의식을 동반할 수 있다. 질투가 좋은 의미의 경쟁을 촉발할 때도 있기 때문이다. 한국전쟁은 민족사의 재앙이었지만 봉건적 계급 사회의 잔재를 일소함으로써 한국 시민들에게 동일한 출발점에서의 무한경주를 가능하게 만들었다. 그 결과 한반도의 오랜 유산인 '헝그리 사회'를 한 세대 만에 넘어선 한국적 산업혁명의 동력이 확보되고 모두가 남들처럼 동등하게 대접받고 싶다는 한국적 민주혁명의 계기가 점화되었다.

하지만 질투와 원망의 사회적 만연은 전 국민이 항상적 불만족 상태에 놓인 '앵그리 사회'를 고착화시킨다.[2] '사촌이 논을 사면 배가 아프고, 털면 먼지 안 나는 사람 없는' 인간성의 보편적 약점에다 한국적 르상티망이 가세한 우리 사회는 언제나 과열 상황이다. 그 단적인 증거가 위에 제시된 통계자료이다. 르상티망의 심리가 이웃인 일본에서는 상대적으로 통제되는 데 비해 한국 사회에서는 적절히 제어되지 않는 이유는 과연 무엇 때문인지 제1장에서의 문명사적 분석과 비교해서도 한번 살펴볼 가치가 있는 주제이다. 'IT 강국 한국'의 인터넷 상에 창궐하는 악성댓글 문화에도 르상티망의 그림자가 짙게 서려 있다.

한국인에게 널리 퍼진 르상티망은 정의롭지 못한 정치, 극심한 경쟁과 양극화, 불공정한 경제사회적 관행, 미래에 대한 불안 등과 상호 연계되어 21세기 한국 사회를 분노·스트레스·피로·울분·혈기(血氣)의 분출이 가득한 거대 '울혈(鬱血) 사회'로 만든다.[3] 울혈사회는 사회문화적 화병(火病)을 부르면서 르상티망을 더욱 악화시킨다. 중요한 자리에 있는 공인들조차 공적인 장소에서 울분을 감정적으로 드러내는 데 주저하지 않는다. 일이 터질 때마다 핏대 높여 소리 지르지 않으면 무시하는 풍토가 사람들의 울화를 더욱 키운다. 예컨대 2015년 벽두

---

2 '헝그리 사회'에서 '앵그리 사회'로의 이행이라는 멋진 레토릭으로 우리 현대사를 조망한 사회학자는 서울대 전상인 교수이다.
3 정치학자인 연세대 박명림 교수가 나와의 잡지 대담에서 사용한 표현이다.

를 장식한 이른바 '꼼수증세'에 대한 국민적 분노가 들끓지 않았다면 무책임한 관료와 무능한 정치권이 그처럼 발 빠르게 반응했을 리 만무하다.

부정부패와 불공정한 정부 정책은 사회적 울혈을 악화시킨다. 거대 공룡이 된 재벌의 법인세는 천문학적 액수를 줄여 주면서 소시민과 직장인의 유리지갑은 샅샅이 터는 정부의 행태는 사회정의의 대원칙에 위배된다. 국회 인사청문회에서 보듯 편법과 불법의 경계를 줄타기하는 자들이 득세하는 현실이 우리 마음속의 좌절감과 분노를 부르는 것은 물론이다. 솔선수범은커녕 기본 상식조차 없는 상류층의 일탈이 보통 사람의 울화증을 한층 악화시키는 건 물론이다. 울혈사회의 확산을 말해주는 흥미로운 조사 결과가 2015년 초에 나왔다. 화병(火病)과 관련된 최신 자료가 바로 그것이다. 한 취업 포털사이트가 직장인들을 대상으로 "직장생활을 하면서 화병을 앓은 적이 있는가?" 물었더니 응답자의 9할 이상이 '그렇다'고 답했다. 직장인들이 화병의 원인으로 예시한 것 중에는 '상사, 동료와의 인간관계에 따른 갈등'이 압도적이었고(64%), 그 다음이 '업무 스트레스'(25%)였다.

경쟁과 긴장의 연속인 사회생활에서 갈등과 스트레스가 없을 수는 없다. 자유경쟁을 기반으로 하는 시장경제 체제에서는 더욱 그렇다. 문제는 스스로의 우울과 분노를 억누르는 과정에서 억압된 분노가 신체적 증상으로 나타나는 화병이 독특한 한국적 현상으로 부각되었다는 사실이다. 질병의 발생과 전개가 우리 사회 특유의 문화적 배경과 이어진 것이다. 세계적으로 정신질환 진단의 교범(敎範) 역할을 하는 미국 정신의학회의 1994년 《정신장애진단 통계편람》은 화병(Wha-byung)을 문화관련 증후군의 하나로 한글 발음 그대로 실었다. 화병이 동양의학 전통에서 나온 개념 같지만 중국·일본·북한의 전통 의학에서는 화병에 대한 별다른 언급이 없다.

르상티망과 분노에서 온 울화가 쌓여 가슴이 답답하거나 불면증·우울증 등으로 표출되는 화병은 원래 한국 여성들에게 많은 것으로 진단되었다. 정신분석학의 창시자인 프로이트가 집중적으로 조명한 히스테리 증상이 19세기 비엔나 사회의 상류층 여성에게 빈발(頻發)했던 것과 비슷한 맥락이다. 하지만 현대 한국 사회에서 화병은 개인의 차원을 넘어 광범위한 사회적 현상으로까지 변형되어 확산된 데 그 심각성이 있다. 사회현상으로서의 화병이 일상의 현실이 되어 버린 울혈사회에서 사람들은 쉽게 흥분하고 삿대질하며 '남 탓'을 일삼는다. '목청 큰 사람이 이기는' 곳에 차분한 자기성찰과 이성적 토론이 설 자리는 없다. 우리 사회가 항상적 과열 상태에 있는 것은 이 때문이다.

사회적 울혈을 추동하는 심리적 동인(動因) 가운데 가장 큰 것은 인정받지 못하는 데서 오는 억울함과 불공정성에 대한 분노이다. 여기에 르상티망과 한(恨)까지 보태져 한국 사회는 언제 집단적 울화가 터질지 모르는 일촉즉발의 상태라 해도 과언이 아니다. '땅콩 회항'과 한 야당 국회의원이 촉발했던 '내가 누군지 알아?' 해프닝은 한국적 울혈사회의 화약고를 건드린 사회적 자폭행위였던 셈이다. 물론 그들의 추락은 오만방자한 무자격자(無資格者)의 자업자득(自業自得)이었다. 이처럼 화(火)가 다 나쁜 것만은 아니다. 정당한 분노는 인간의 존엄성을 높이고 사회 진화를 앞당기기도 하기 때문이다.

하지만 나는 오늘날 한국 사회의 집단울혈은 체제 정당성을 위협하는 지경에까지 이르렀다고 본다. 울화가 쌓여 피가 통하지 않아 정치공동체가 동맥경화증에 걸린 상태에 비유할 수 있다. 사회적 화병을 치료하는 조치가 국가 · 시민사회 · 개인의 차원에서 동시에 긴급히 시행되어야 마땅하다. 시장질서와 민주질서의 선순환을 지향하는 시장철학이야말로 그런 개혁 작업의 이념적 기초임이 분명하다. 학교에서의 집단 따돌림과 학교폭력, 군대폭력도 울혈사회의 폭력성을 시사한다. 세계에서 유례를 찾기 어려운 유흥업의 전 방위적 팽창이나 '갈 데까지 가는' 특유의 술 문화도 출구를 찾지 못하는 한국적 울혈사회와 피로사회의 또 다른 단면이다.

하지만 르상티망과 울혈의 최대 문제는 그것이 건강한 시민정신을 파괴하고 성숙한 주체 형성을 가로막는 암종(癌腫)에 가까운 사회문화적 만성질환이라는 사실에 있다. 르상티망은 우리 사회에 넘쳐나는 '남 탓하기'의 관행을 정당화하는 사회심리적 기제이다. 그것은 치유가 어려운 불신과 갈등을 전파하는 사회적 전염병의 숙주(宿主)에 다름 아니다. 르상티망과 집단울혈을 극복하기 위해서는 첫째로 공정성과 공공성을 높이는 최소한의 사회적 조치를 취해야 하고, 둘째로는 각자가 스스로의 삶을 돌아보아야 한다. 제1장의 '시민정신' 부분에서 해명했듯이 개인의 차원에서는 남 탓을 절제하고 자신의 일에 최선을 다한 후 자족하는 마음의 습관이 화병을 다스리는 철학적 지름길이다. 사회적 차원에서는 시민정신과 법치주의의 성숙이야말로 울혈사회를 넘어서는 궁극적 해법이다.

3
공공성이
르상티망과 울혈을 치료한다

•　　우리 사회 깊숙이 쌓인 전 방위적 불안, 불신, 불만은 르상티망의 문화와 결합해 한국 사회의 '분노지수'를 높이는 큰 원인이 된다. 역대 정부와 지배계층이 국가와 정치의 근본적 존재 이유인 공공성(公共性)의 이념을 경시했던 관행은 상황을 악화시키는 가장 큰 구조적 요인이라 할 수 있다. 정치 리더십의 요체는 인사 정책에서 집중적으로 구현되는바 김대중·노무현 정부에서도 대동소이했지만 특히 이명박·박근혜 정부를 특징지은 인사의 패턴은 대통령과의 사적 친소 관계가 공적 영역을 식민화시켰다는 점이다. 자신이 개인적으로 믿을 수 있는 사람만을 중용하고 특정한 지역과 출신만을 신임하는 대통령의 리더십 아래서는 천하의 인재를 널리 구해 나라를 이롭게 한다는 국정의 근본이 망각된다.

　이런 권력 시스템하에서는 눈치보기와 줄서기의 달인들이 능력과 도덕성을 갖춘 이들을 제치고 출세가도를 질주한다. 그것이 제왕적 대통령제의 속성이기 때문이다. 베버가 전근대적 정치 형태라고 비판한 가산제(家産制, *patrimonialism*) 정치가 시대착오적 형태로 한국에서 부활하는 꼴이다. 가산제 아래서는 정치 지도자가 국가권력을 사사화(私

事化)하는 것이 특징이다. 지도자가 국가 정책 자체를 자신과 측근 그리고 특정 정파의 사적 이해를 위해 운용함으로써 권력 행사의 공공성 원칙이 파괴되는 것이다. 보수 정부에서 정부 고위직의 특정 지역 편향이 갈수록 우심해지는 현상은 공공성 원리의 부식을 웅변한다.

공적 영역에서조차 공공성 원칙이 유명무실해지는 것은 한국 정치와 시민사회의 오래된 폐단이다. 민주화와 산업화의 이중적 성공이 한국 현대사를 견인했다고 칭송되지만 갈수록 우리 사회의 갈등이 심화되고 통합이 멀어지는 것은 바로 이 때문이다. 압축적 산업화와 압축적 민주화가 여러 부작용과 문제점들을 동반하는 과정에서 시민사회의 역량이 지속적으로 확대된 것도 한국적 복합 상황의 일부를 이룬다. 그러나 우리의 과거와 현재에는 미래를 낙관하기 어렵게 하는 커다란 공백이 존재한다. 그것은 바로 한국인의 내면과 집합적 삶에서 공공의식과 공공선(公共善)에 대한 존중심이 매우 취약하다는 점이다. 민주공화국으로 선포되었지만 공화국의 이념과 실천보다 우리의 현실과 거리가 먼 것도 드물었던 것이다.

특히 이는 역대 지배층의 행태에서 일관되게 나타나는 현상이다. '노블레스 오블리주'의 전통은 조선 시대에는 말할 것도 없고 '민주공화국 대한민국'의 건국 이후에도 찾아보기 쉽지 않은 덕목이다. 예컨대 왜의 침략에 혼비백산해 도탄에 빠진 백성들을 내팽개치고 의주로 도주해 명나라 망명을 구걸한 선조(宣祖)의 모습과, 한국전쟁 당시 서울 함락 때 시민들에게 허위 선무방송을 남긴 채 남쪽으로 도망간 이승만 전 대통령의 얼굴이 겹쳐 보이는 것은 불가피하다. 보통 사람의 사회생활 자체가 사회적 학습 과정에 다름 아니기 때문에 그 결과는 가히 치명적이라 할 수 있다.

지배계층의 공공의식 부재는 선공후사(先公後私)가 아닌 선사후공(先私後公)의 사회문화적 타락상을 낳는다. 공공선에 대한 존경심 결여는 서민들의 공중의식 부족으로 이어진다. 그 결과 나라 전체가 냉소와 위선의 도가니가 되고 국민 전부가 르상티망의 포로가 되는 것이다. 고위 공직자나 대기업 소유자들의 병역면제 비율이 서민층에 비해 몇 배 높은 현상도 '상놈만 군역(軍役)을 졌던' 봉건 조선의 유산이 현대 한국에서 재현되어 공공성을 파괴하는 경우다. 민주주의의 꽃이라는 지방자치제가 도입된 지 한참 되었건만 역대 기초자치단체장의 절반이 넘게 부정부패나 독직 혐의로 법적 처벌을 받았다는 통계는 우리 사회에서 일반화한 공직(公職)의 사적(私的) 전용(轉用) 현상을 입증한다. 국회 인사청문회에서 저촉되지 않는 대상자가 거의 없다시피 한, 부동산 투기를 동원한 재산증식 혐의는 '많이 배우고 잘났다' 하는 사람들이 집 없는 서민들의 피와 땀을 수탈하는 데 앞장섬으로써 공공성을 파괴하는 망국적 작태의 집약판이다.

　　국가 운영의 궁극적 준별점은 나라와 정치의 공공성에 있다. 아무리 큰 회사일지라도 기업의 궁극적 존재 이유는 사적 이윤의 극대화에 있는 데 반해 국가는 공공의 목적을 위해 존재하기 때문이다. 동아시아 문화에서 '경세제민'의 뜻은 oikos와 nomos를 결합한 economy보다 훨씬 넓고 심원하다. 시장철학의 전체 주제가 경세제민의 복원을 지향함은 물론이다. 이처럼 '경제'라는 말 자체의 외연과 함축(經世濟民)도 결코 작지 않지만 전 지구적 신자유주의와 동행한 한국 재벌의 무한팽창과 시장질서의 왜곡은 경제의 뜻을 단순한 돈벌이로 격하시키고 말았다. 돈의 전 방위적 위력은 화폐물신주의가 생활세계 전반에 깊이 침투하게 만들었다.

박정희 패러다임의 핵심인 불균등발전 전략은 김대중·노무현 두 진보 정부의 사회 경제 정책에서도 큰 질적 수정이 가해지지 않았다. 그러나 대기업 위주의 신(新) 발전 전략을 전면적으로 추진한 이명박·박근혜 정부 아래서 재벌의 힘은 기하급수적으로 커져 자본과 시장이 국가와 공화정의 질서 자체를 위협하는 리바이어던(leviathan)적 거대 주체로 확대된다. 우리가 몇 년 전 '삼성 사태'에서 확인한 것처럼 정치적 민주질서에 의해 견제되지 않는 시장과 기업은 모든 걸 집어삼키는 블랙홀이 되기 쉽다. 생산력과 개인의 창조력을 극대화하는 시장의 힘은 참으로 위대하지만 그것이 너무 커진 나머지 오히려 시민의 자유를 위협하는 지경에 이르게도 되는 것이다. 시장철학의 핵심 모티브는 이를 겨냥한다.

형해화(形骸化)한 공공성이 경제적 효율성에 의해 잠식되는 정도에 비례해 자본은 국가와 민주질서를 식민화한다. 양극화가 더욱 심화되는 가운데 열악한 사회안전망 탓에 무한경쟁의 탈락자와 패배자가 양산된다. 국부를 독점한 극소수 재벌이 국내총생산을 독과점(獨寡占)하면서 활황을 누리는 데 비해 중소기업과 자영업의 상황은 갈수록 열악해진다. 한국은 중소기업이 전체 기업 가운데 그 숫자가 99%이고 전체 고용의 88%를 차지하는 '9988'의 사회다. '재벌의 나라'인 한국에서 실상 기업의 절대 대다수는 중소기업이고 노동자의 절대 다수도 중소기업 노동자이다. 대기업과 공기업 입사, 공무원 되기가 '하늘의 별 따기'처럼 어려운 것이 바로 이 때문이다. 제2장에서 분석한 것처럼 대기업·공기업 노동자의 특권을 강화하는 강성노조의 과잉 요구가 억제되어야 하는 것도 같은 이유에서이다. 제조업의 신규 일자리 창출이 나날이 줄어드는 '노동의 종말' 현상과 연동(連動)된 성장률의 경향적 감소는 고교 졸업자의 80% 가까이가 대학에 가는 세계 최고의 진학률과 맞물려 거대한 청년 실업예비군을 만든다. 항시적 고용불안과 퇴직의 위기에 시달리는 중년층과 노후 대비를 하지 못한 퇴직자들과 노년층의 스트레스도 너무 심각하다. 이렇게 위태로운 상황에서 사람들의 분노가 폭발 직전에 이르지 않는다면 오히려 이상한 일일 터이다. 소수의 대기업이 잘나가고 극소수 상류층이 흥청망청하는 가운데 이들과 이해관계를 같이하는 것으로 인식된 제도정치에 대한 환멸이 상승작용을 일으킬 때 한국인의 르상티망과 집단울혈이 급격히 악성화(惡性化)하는 것은 앞서 분석한 그대로이다.

1960·1970년대의 '베이비붐 세대'가 압축적 산업화로 고생하면서도 비약적 신분 상승을 이룰 수 있었던 데 비해 21세기 초 한국 사회의 20·30대는 신분 상승의 사다리가 사라진 총체적 '로스트 제너레이션'(lost generation)의 현실에 직면한 실정이다. 번듯한 대학을 졸업해도 눈높이에 맞는 직장은 극히 드물고 자신의 노력으로 이룰 수 있는 게 별로 없어 불안정한 계약직을 전전한다. 부모의 계층적 지위가 자식 세대에게 수직적으로 이전되는 닫힌 사회의 출현은 젊은이들을 질식시킨다. 월급으로 감당하기에는 너무나 비싼 집값, 불안정한 수입, 불투명한 미래는 평균적 삶의 중요 요소인 우정, 취미활동, 연애, 독립, 결혼, 출산, 내 집 마련 등의 인생 계획을 모두 포기한다는 '칠포세대'(七抛世代)의 극단적 '잉여인간'들을 양산한다.

정치권과 정당의 무력함은 이런 상황을 더욱 악화시킨다. 국민들의 사회 경제적 이해관계를 대변하며 사회적 갈등들을 매개·조정해 국가정책으로 승화시켜야 할 정당의 무력함은 어제 오늘의 일이 아니다. 과두제로 타락한 한국 정치 현실에서 한정된 정치자원을 독점하기 위한 이전투구(泥田鬪狗)의 당쟁(黨爭)에 매몰되어 한국 사회 전체가 통치 불가능성의 위기에 직면한 실정이다. 현실에 대한 불만, 리더십에 대한 불신, 미래에 대한 불안은 서로 상승작용을 일으켜 한국 사회를 총체적 분노사회로 만든다. 사회 저변에 광범위한 절망과 분노가 빠르게 쌓이는데 제도정치가 그 분노의 출구를 제공하지 못할 때 사람들이 정치 바깥에서 희망을 찾는 게 자연스러운 일이다.

한때 공공성의 모범으로 여겨졌던 안철수 의원이 18대 대선 과정에서 선풍적 인기를 끈 이른바 '안철수 현상'의 근본 원인은 여기에 있었다. 하지만 '정치인 안철수'의 실패는 안철수 현상이 상징했던 새로운 정치 패러다임에 대한 시민들의 집합적 갈망이 종료되었음을 뜻하지는 않는다. 용광로처럼 이글거리는 지역·세대·계층 갈등이 모아져 새 정치를 요구하는 민심의 분출은 다만 지연되거나 유예되고 있을 뿐이다. 제2장에서 거듭 강조하듯이 경제민주화와 복지의 확대를 통한 사회안전망 강화가 21세기 한국 사회의 시대정신으로 여겨지는 것은 '분노사회 대한민국'의 대폭발을 막기 위한 민심의 지혜이기도 할 것이다.

4

정의론의 계보학
아리스토텔레스와 롤스

●   정의(正義)에 대한 국어사전의 풀이는 '진리에 맞는 올바른 도리, 올바른 의미 또는 사회를 구성하고 유지하는 공정한 도리'로 제시된다. 영어사전에서는 정의(justice)를 올바름(righteousness), 불편부당성(impartiality), 공정성(fairness), 정당성 또는 적법성(rightfulness), 공평성(equity) 등으로 설명한다. 동양의 윤리 전통에서는 원래 정의(正義)라는 말이 justice의 뜻이라기보다 '올바른 의미나 곧고 의로운 인격'을 지칭하는 것으로 쓰였다고 한다.[1] 우리가 주목하는 justice의 실제 내용에 더 부합하는 뜻은 의(義), 균(均), 평(平), 공(公), 명(名) 등과 같은 개념에서 널리 발견된다는 것이다. 이는 나중에 공정과 공평의 개념이 정의와 연계되는 과정에 대한 어원적 단서를 제공한다.

그러나 상기의 사전적 풀이는 공정사회와 정의의 실제 이념을 이해하는 데 큰 도움이 되지 않는다. 일종의 동어반복이기 때문이다. 오히려 고전적 정의론의 개념사와 실천의 역사에 대한 관견(管見)이 일정한 실마리를 제공한다. '진리가 학문적 탐구의 목적이듯, 정의(justice)는 정치 공동체의 궁극적 목표'라는 롤스의 말은 정의의 문제를 다루

---

1 이승환 (1998), 7쪽.

는 정치철학적 사유의 오랜 직관을 반영한다. 역사에서 가장 대표적인 정의(正義)에 대한 정의(定義)는 "각자에게 각자의 몫을 주라!"(*Suum cuique*)는 주장이다. 각자에게 각자의 것을 주는 것이 정의라는 유구한 생각을 플라톤은 자신보다 1백여 년 이전에 살았던 시인 시모니데스(Simonides)에게 귀속시키지만[2] 사실 이 사상은 호메로스의 〈오디세이〉에 진즉 언급되었다고 한다. 이런 생각이 플라톤과 아리스토텔레스, 키케로, 아퀴나스를 거쳐 로마법에 집대성됨으로써 서양의 지적 전통에서 공유자산이 되었다는 것이다.[3] 여기서 주의할 점은 '각자'의 의미를 어떻게 규정할 것이냐에 따라 이 주장이 엘리트주의에서 급진적 평등주의에 이르기까지 다양한 해석 앞에 열려 있다는 사실이다.

정의론을 최초로 철학적으로 체계화한 플라톤은 당대의 혼란과 타락을 근원적으로 치유할 '좋은 나라'의 청사진을 제시하면서 이상국가에서 구현되는 정의란 "국가 안에서 각 구성원이 각자의 일에만 전념하는 데 있다"고 설파한다.[4] "각자에게 각자의 몫을 주라!"는 구호를 형상이론과 접목시켜 통치자 계급, 수호자 계급, 생산자 계급의 위계적 분업을 정의의 원칙으로 제시한 것이다. 플라톤의 유기체적 사회관은 흔히 민주사회에 걸맞지 않는 '닫힌 사회' 혹은 전체주의 사회의 원형으로 비난받는다. 그런 지적에는 상당한 근거가 있지만 포퍼식의 전면적 비판은 플라톤 사유의 합리적 핵심까지 폐기하는 지경에 이를 위험이 있다.[5]

---

2 Plato, *Politeia*, 331.

3 Pieper, J. (1953/1995), p. 19.

4 Plato, *Politeia*, 433d~434a (앞으로 플라톤과 아리스토텔레스의 경우 저작 제목만 적시하며 표준 인용례를 따른다).

플라톤은 고행에 가까운 장기간의 엄격한 훈련을 거친 통치자 계급에게 사유재산과 가족을 허용하지 않음으로써 국가 운영의 공공성을 담보하고자 했고 그 길만이 완벽하게 정의로운 국가를 이루는 방안이라고 확신했다. 그의 이런 확신은 비록 지나친 것이기는 하지만 공공성의 실현이어야 할 정치가 프로 정치인의 사리사욕에 의해 잠식되는 고질(痼疾)에 비추어 보면 이해가 안 가는 것도 아니다. 나아가 플라톤에게는 경제가 정치 고유의 영역을 블랙홀처럼 빨아들이는 경향이 있는 현대의 구조적 질환에 대한 선견적(先見的) 통찰이 엄존한다.[6]

아리스토텔레스는 정치와 윤리를 이데아와 연계시키는 플라톤의 이상론을 비판하면서 정치와 윤리의 영역을 경험과 시행착오에서 배우는 실천지의 지평에 위치 짓는다. 아리스토텔레스는 정치와 윤리를 두루 관통하는 정의의 원리를 논하는 데 먼저 전체적 정의와 부분적 정의를 구분하고 부분적 정의를 다시 시정적 정의와 분배적 정의로 나눈다. 흔히 아리스토텔레스 정의론의 핵심이 시정적 정의와 분배적 정의, 특히 분배적 정의에 있다고 하는데, 이는 틀린 해석은 아니지만 실천학문의 요체인 정의론의 큰 맥락을 이해하기 위해서도 전체적 정의에 대한 최소한의 서술이 요구된다. 아리스토텔레스 정의론의 시발(始發)인 전체적 정의를 이해하는 데 가장 중요한 것은 정의가 품성상태(*hexis, character*)의 하나로 규정된다는 점이다. 예컨대 '사람들로 하여금 정의

---

5 Popper, K. (1945a).

6 아렌트의 정치 이론이 지닌 의미가 이런 관점에서 재조명될 수 있다, 특히 '사회적인 것의 부상'(*the rise of the social*)이 가진 지성사적 함의와 정치의 훼손 가능성에 대한 그녀의 경고에 나는 액면 그대로 동의하지 않지만 그 경고가 매우 중요한 것이라는 점은 인정치 않을 수 없다(Arendt, H. (1958)).

로운 것들을 실천할 수 있는 사람이 되게 하고, 실제로 정의로운 일을 하며, 정의로운 것들을 바라게 만드는 품성상태'가 바로 정의라는 것이다.[7]

정의는 수학적 지식처럼 명쾌하게 인지되거나 과학적 지식같이 명쾌하게 정식화되는 게 아니라 불확실한 삶의 현장 한가운데서 습득되고 훈련됨으로써 차근차근 축적되는 실천지향의 덕(arete, virtue)이다. 여기서 '아레테'는 덕으로 옮겨지는 것이 통례이지만 원래의 뜻인 '탁월함'(excellence: 뛰어남)으로 옮기면 그 의미 연관이 더 분명하게 드러난다. 뛰어난 품성상태의 사례에는 정의와 함께 용기, 절제, 온유함, 진실성, 애국심, 우정 등이 예거된다. 이런 탁월성을 가꾸고 시현하면서 사는 삶이 행복하고 유의미한 삶이며, 그걸 가능하게 하는 것이 바로 국가나 정치 공동체의 존재 이유라는 것이다. "국가 공동체가 존재하는 것은 (우리가 — 인용자) 단순히 모여 살기 위해서가 아니라 훌륭하게 활동하기 위해서"이기 때문이다.[8] 아리스토텔레스 정의론의 이런 전체론적 맥락은 현대의 철학적 정의론에 이르러 압도적 주류가 된 절차론적 자유주의 정의론에 대한 비판을 창도한 매킨타이어(MacIntyre, A.)나 샌델의 공동체주의(또는 공화주의) 정의론의 전거로 작동한다. "법을 지키는 것이 곧 정의"(《니코마코스 윤리학》, 1129b1)라는 언명의 당연한 전제가 그 법이 올바른 법이라는 가정인 것은 이런 전체론적 맥락의 산물이다.

아리스토텔레스 정의론의 큰 그림인 전체적 정의는 부분적 정의의

---

7 *Ethika Nikomacheia*, 1129a 8-9.

8 *Politika*, 1280b.

배경에 있는 규제원리로 이해하는 게 온당하다. 이어서 부분적 정의의 첫째 사례인 시정적 정의는 상대적으로 이해하기 쉽다. 시정적 정의란 부정의를 바로잡는 행위 또는 부정의가 바로잡힌 상태를 뜻하기 때문이다. 예컨대 갑이라는 인물이 을에게 일정한 손해를 끼친 반면 자신은 이익을 취했을 때 정의로운 재판관의 임무는 갑의 이익을 박탈해 그만큼 정확히 을의 손해를 메우는 데 있다. 여기서는 "손해의 차이에만 주목하며 당사자들을 모두 동등한 사람들로 간주한다. 이런 유형의 부정의는 동등하지 않은 것이기 때문에 재판관은 이를 동등하게 만들기 위해 노력한다"(《니코마코스 윤리학》, 1132a6-7).

시정적 정의의 이해 당사자들은 모두 평등하게 간주되므로 시정적 정의의 쌍방 관계를 규정하는 것은 '산술적 비례'라고 아리스토텔레스는 부언한다. 흥미로운 것은 이런 시정적 정의가 국가 공동체가 주목해야 하는 주요한 정의가 아니라고 그가 주장한다는 사실이다. 예컨대 아리스토텔레스는 "국가란 교환을 매끄럽게 하거나 서로 간에 옳지 못한 짓을 못하도록 막기 위해 생겨난 결사가 아니다. 사실 이들은 국가가 존재하기 전에 있어야 하는 조건이다"(《정치학》, 1280b 12)라고 강조한다. 시정적 정의가 국가의 중요한 과업이라고 보는 우리의 시각에서는 아리스토텔레스의 관점이 지나치게 도덕주의적이라고 여겨질 수도 있겠지만 그는 누구에게도 손해를 끼치지 않는 분배적 정의의 구현이 훨씬 고차적인 국가의 존재 이유라고 생각했다. 흥미로운 시각이 아닐 수 없다.

아리스토텔레스 정의론의 핵심이자 "각자에게 각자의 몫을 주라!"는 고전적 정의관의 정점으로 독해되는 것이 분배적 정의이다. 분배적 정의에서의 쌍방 관계는 '기하학적 비례'를 구성하는바 기하학적 비례로 일종의 비례식을 연상하면 이해하기 쉽다. 일반적으로 분배적 정의는 정의의 핵심으로 여겨지며 이는 누구에게나 자연스러운 반응이라 할 수 있다. 한 사회에서 권력, 돈, 명예, 직위 같은 소중한 재화는 누구나 원하지만 모두의 욕망대로 획득될 수 없는 희소성의 현실에 의해 규정된다. 따라서 정의를 논할 때 그런 재화를 제대로 분배하는 게 정치 공동체의 주요 임무가 되는 것이 우리의 직관에 부응한다.

아리스토텔레스에 의하면, 분배적 정의는 "정치체제를 같이하는 사람들 사이에서 나눌 수 있는 것들의 분배에서 성립하며 이러한 분배에서는 한 사람이 동등하지 않은 몫을 가질 수도 있고 동등한 몫을 가질 수도 있다".[9] 분배적 정의에서 가장 중요한 전제는 정치체제를 같이하는 사람들이 가져가야 하는 각자의 몫의 차이를 인정하는 게 정의에 더 부합한다는 것이다. 이는 '정의란 강자의 이익에 불과하다'는 통상적 강변(強辯)의 차원을 훨씬 뛰어넘는 통찰을 담는다.

예컨대 갑과 을이 각각 1억 원과 5천만 원의 투자금으로 동업해서 3천만 원의 이익이 났을 때 산술적으로 절반씩의 이익을 나눠 가지는 것은 분배적 정의에 부합되지 않는다. 오히려 갑:을 = 1억 원:5천만 원의 비례식에 준거해 이익금을 2:1의 차등 관계로 분배하는 것이 적절한 것이다. 따라서 분배적 정의는 각자의 차이에 따라 몫의 차이를 판단해야 하며, 몫의 차이를 판별하기 위해서는 기하학적 비례에 따라야 한다는 주장이다. "당사자들이 동등함에도 동등하지 않은 몫을 분배받거나 또는 동등하지 않은 사람들이 동등한 몫을 분배받아 갖게 되면 바로 거기서 싸움과 불평이 생긴다"고 아리스토텔레스는 역설한

---

9 *Ethika Nikomacheia*, 1130b 31-33.

다.[10] 위의 사례는 비교적 간단하다. 그러나 갑과 을의 동업 관계에서 을이 비록 갑의 절반에 불과한 투자금을 냈지만 자신이 갑에게는 없는 새 기술과 경영기법을 투하해 전체의 이익을 냈다고 주장하면 비례식을 가능하게 할 통약적 준거를 통한 분배적 정의의 실현은 결코 쉽지 않은 일이 된다.

각자에게 각자의 몫을 주는 것이 정의라는 화두를 국가 운영의 문맥에 대입하면 통치주체(주권자)에 따라 군주정, 귀족정, 민주정을 구분하는 접근법이 일차원적이라는 사실이 분명해진다. 아리스토텔레스가 보기에 정의의 실현과 관련해 정말로 중요한 것은 '누가 통치하느냐?'의 문제가 아니고 '어떻게 통치하느냐?'의 문제이다. 잘 통치하지 못할 때 군주정이 참주정, 귀족정이 과두정(寡頭政), 민주정이 중우정(衆愚政)으로 타락하는 것은 필지의 사실이기 때문이다. 물론 우리는 아리스토텔레스가 민주정(demokratia)을 중우정으로 이해했다는 점에서 오늘날의 용례와는 다르다는 점을 주의해야 한다. 우리가 민주정이라 부르는 현대 정체(政體)는 아리스토텔레스 정의론의 문맥에서는 민주정과 과두정의 혼합정체에 가까우면서도 일정한 재산을 쌓은 민중 출신이 다수가 되어 형성한 중산층이 법에 의해 통치를 이끄는 중산정(中産政, politeia, constitutional polity)에 가깝다. 주지하다시피 아리스토텔레스는 이 혼합정체가 중용과 정의를 구현하는 탁월한 정치체제가 될 가능성이 가장 크다고 보았다.

이런 맥락에서 보면 모든 시민이 자유시민의 신분을 가진 자로서 서로 동등하므로 통치에서 정확히 같은 비중을 가져야 한다는 산술적 비

---

10 *Ethika Nikomacheia*, 1131a 23-24.

레의 정의관을 아리스토텔레스가 인정하지 않는 건 당연한 일이다. 나아가 그는 시민들이 그 신분에서는 서로 동등하지만 재산의 과다에서 차이가 나는 데다 그 차이가 정치적 능력에 반영되므로 재산의 과다에 의거한 기하학적 비례에 의해 정치권력을 분배하자는 과두정의 주장도 정당하지 않은 것으로 본다.[11] 그 이유는 재산의 많고 적음이 통치 능력과 본질적 상관관계에 있지 않기 때문이다. 결국 아리스토텔레스의 정의관은, 정의란 획일적 평등의 산물이 아닐 뿐 아니라 합당한 통약 준거에 기초하지 않은 비례적 분배에서 오는 것도 아니므로 정당화할 수 있는 통약적 기준 위에 정립된 비례적 분배의 소산이라는 주장으로 압축될 수 있다. 위에 적시된 아레테가 정치 공동체의 목표 실현에 기여하는 보편적 통약 가능성의 틀로 규정되면서 분배적 정의와 전체적 정의를 잇는 통로로 부상하는 것은 물론이다.

"각자에게 각자의 몫을 주라!"의 화두에 대한 아리스토텔레스의 정의론이 일각에서 오해하듯 노예제가 존재했던 계급제 사회라는 당대 현실에 대한 단순한 정당화가 아니라는 점은 지금까지의 설명으로도 일단 석명(釋明)된 것으로 생각된다. 불가피한 시대적 한계를 배제하고 그 합리적 핵심을 추출하면 아리스토텔레스의 정의론은 보편적으로 정당화 가능한 분배적 차이를 정의 이념의 불가결의 요소로 삼은 공적이 있다. 나아가 분배 정의 자체가 기계적 절차 계산으로 환원되어서는 곤란할 뿐 아니라 좋은 삶의 실현이라는 전체적 목표와 접맥되어야 한다는 성찰은 오늘날에도 여전히 유의미하며 아래에서 다룰 롤스의 정의론에 대한 균형 잡힌 평결(評決)을 도와준다.

---

11 *Politika*, 1301b 31-33, 37.

아리스토텔레스의 정의론은 정의가 투명하게 지적으로 판별 가능한 이념적 실체라기보다 정의롭지 못한 실천과 관행을 극복하는 집합적 실천의 지평에서 시민들의 시행착오와 고투(苦鬪)를 거쳐 어렵사리 부각되는 과정적 복합체에 가깝다는 교훈을 암시한다. 아리스토텔레스의 이런 역동적 정의관은 플라톤에 비해 훨씬 설득력이 있다. 민중은 자유를, 부자는 재산을, 귀족은 미덕을 정의의 준거로 삼아 자신 계층만의 정의를 정치 공동체 전체를 견인하는 배타적 정의의 잣대로 승격시키는 투쟁에 골몰할 때, "그러한 불균형은 국가를 파괴하고 만다"[12]는 그의 충고는 21세기에도 일정한 울림을 가진다. 한 국가 안에서 상호 배타적 정의관이 난폭하게 충돌할 때 '우리가 같이하는 정치체제 자체가' 붕괴의 위기를 맞게 되는 것도 자명한 사실이다. 정체(政體)의 성숙함과 안정성의 요체는 최대로 통약 가능한 정의의 원리를 성숙한 시민들이 자발적으로 도출하여 정치의 지평에서 실행하는 데 있다고 보는 점에서 고대의 아리스토텔레스와 현대의 롤스는 서로 만난다.

정의에 대한 학문적 탐구에서 아리스토텔레스의 정의론과 필적할 수 있는 유일의 현대적 고전은 단연 롤스의 《정의론》이라 할 수 있다. '있는 것과 있어야 할 것'을 준별한 마키아벨리가 근대 정치학의 물꼬를 튼 후 정의론의 계보에도 사회계약론(홉스(Hobbes, T.), 로크, 루소), 공리주의(벤담과 밀), 칸트적 규범론, 합리적 선택이론(고티에(Gauthier, D.)), 마르크스주의, 자유지상주의(노직(Nozick, R.)), 복합 평등론 (Walzer, M. (왈쩌)), 공동체주의(매킨타이어, 테일러(Taylor, C.), 샌델) 등이 명멸했지만 현대의 철학적 정의론은 롤스를 준거로 삼을 수밖

---

12 *Politika*, 1309b 19.

에 없다. 롤스의 주요 논적(論敵)이기도 했던 노직조차도 인정하듯 "정치철학자들은 이제 롤스의 이론 안에서 작업을 펴든지 아니면 왜 그렇지 않은가를 설명해야만" 하는 상황이기 때문이다.[13] 한국 공론장에서 갑작스럽게 정의론을 독점한 샌델은 롤스의 주석가(註釋家) 자리를 크게 벗어나지 않는 대중적 해설자(*popularizer*)의 느낌이 강하다.[14]

자기소유권 주장을 핵심으로 하는 고전적 자유주의가 현대 자유주의로 발전하는 과정에서 가장 큰 영향을 준 사조 가운데 하나는 공리주의였다. 자유주의의 전제인 개인주의가 경제적 자유주의(자유방임주의)에 대한 정당화로 기울어질수록 근대 계약국가의 이념과 현실 사이에서는 긴장이 증폭되었다. 사회주의가 그 긴장의 공간에 대안으로 침투했음은 주지의 사실이지만 다른 한편으로는 최대다수의 최대행복과 고차적 쾌락에의 강조를 접목시킨 공리주의의 개입에 의해 서구 정치제도의 모순이 일부 완화될 수 있었다. 그러나 공리주의는 개인주의와 원리적 차원에서 갈등을 낳는 경향이 있다. 예컨대 롤스는 공리주의가 "옳음과 무관하게 좋음을 규정한 다음에, 좋음을 극대화시키는 것을 옳음으로 규정하는" 목적론적 구조를 가질 뿐 아니라 "개인들 사이의 차이를 심각하게 고려하지 않음"으로써 자유다원사회의 기초를 위협할 수도 있다고 본다.[15]

현대자유주의는 공리주의의 약점을 극복해서 자유와 정의의 철학을 통합적 방식으로 정립한다. 이는 사회계약론을 칸트적 노선을 쫓아 재

13 Nozick, R. (1974), p. 183.
14 내가 보기에 정의론의 지평에서 롤스 같은 'grand thinker'의 자리에 근접한 유이(唯二)의 현대 이론가는 매킨타이어(MacIntyre, A.)와 테일러(Taylor, C.)이다.
15 Rawls, J. (1971), p. 24와 p. 27(이하 *TJ*로 줄여 표기함).

구성하는 작업이며 권리에 기초한 윤리를 의무론적으로 정초하려는 시도이다. 먼저 롤스는 "사유체계의 제일 덕목이 진리이듯이 사회제도의 제일 덕목은 정의"라고 선언한다.[16] 정의의 철학적 원리에 대한 탐색은 사회가 구성원 상호 간의 이익을 위한 협동체이면서 동시에 이해관계의 상충이라는 특성도 가진다는 기본 전제에서 출발한다. 따라서 사회적 재화를 적절히 분배하고 이해관계를 조정하는 원칙이 필요해진다. 정의의 원리는 법과 사회제도의 타당성과 체계성을 따질 때 우선성을 가지는 원칙이다. 정의 원리의 첫 번째 대강(大綱)은 모든 인간이 사회 전체의 복지와 쾌락의 증대라는 미명으로 유린될 수 없는 본원적 자유에 대한 권리를 지닌다는 주장이다. 두 번째 대강은 '질서 정연한 사회'에서는 일정한 부정의가 오직 그보다 큰 부정의를 회피하기 위한 목적에서만 잠정적으로 허용될 수 있다는 생각에서 나온다.

여기서 롤스가 정의를 '공정으로서의 정의'(justice as fairness)로 규정하는 이유를 정확히 이해하는 게 특히 중요하다. 롤스에게 정의란, 플라톤처럼 특정 형태의 국가를 수립하거나 아리스토텔레스에서와 같이 특정한 통치 형태나 방식을 선택하는 실체적 문제가 아니다. 그의 철학적 정의론의 단초는 정치 공동체의 기본 구조를 규정하는 정의의 원리가 평등한 사회 구성원들이 참여한 자유로운 합의로 도출될 수 있다는 생각에서 출발한다. 정의의 원리란 스스로의 이익을 증진시키고자 하는 합리적 시민들이 평등한 입장에서 자신이 속한 공동체의 기본 조건을 규정할 때 채택할 원칙들이다. 롤스가 고전적 사회계약론에서 자연 상태에 해당하는 '원초적 입장'(original position)을 합의가 이루어질

---

16 *TJ*, p. 3.

가상적 상황으로 설정하고 그 조건으로 '무지의 베일'(*veil of ignorance*)
과 '상호 무관심성'을 도입한 이유는 사회의 기본 구조에 대한 동의를
최대한 공정한 방식으로 이끌어 내기 위해서이다. 자신들이 놓여 있는
특수한 처지를 알지 못한다면 계약 당사자의 결정이 주관적 편견이나
이해관계에 의해 왜곡되거나 영향받을 수 있는 소지를 최소화할 수 있
으리라는 것이 그의 기대인 것이다.

　주지하다시피 이러한 상태는 역사상에 실재했던 것이 아니라 단지
일정한 정의관에 이르도록 규정된 순수한 가상적 상황으로 이해되어야
한다. 이러한 상황 아래서는 아무도 자신의 사회적 지위나 계층상의
위치를 모를 뿐 아니라 자기가 타고난 소질이나 능력, 지능, 체력 등
도 알지 못한다.[17] 또 원초적 상황의 계약 당사자들은 합리적이고 상
호 무관심한 것으로 상정되어서 남의 처지에 대해 불필요한 질투를 한
다거나 나를 희생하면서까지 남에게 자비를 베푸는 식의 지나친 관심
이 금지된다. 후에 숱한 쇄말적(瑣末的) 비판의 십자포화 앞에 노출되
는 롤스적 전제의 최대 목표는 원초적 입장의 공정성을 보장하기 위한
것이다. 원초적 입장에서 확보되는 절차적 공정성이 정의 원리 자체의
정당성과 호소력을 보장할 것이라는 추론이 여기에 깔려 있다. 이렇게
롤스는 정의의 원칙들을 도출하는 절차와 방식에 주목해 '공정으로서
의 정의관'이라고 명명한다. 롤스 논법의 순수 절차주의적 성격과 공
정으로서의 정의관이 주로 주목하는 과녁이 개인이 가질 수 있는 이익
의 분배 '방식'이라는 점이 여기서 극명하게 드러난다.

　이런 추론 과정을 거쳐 롤스는 정의의 두 원리에 도달한다. 제1원

---

17 *TJ*, p. 12.

리는 일반적으로 '평등한 자유의 원칙'으로 간주되는바 "각자는 다른 사람들의 유사한 자유와 양립될 수 있는 한도 안에서 가장 큰 기본적 자유에 대한 권리를 지녀야 한다"는 원칙이다.[18] 여기서 롤스가 말하는 기본적 자유란 대부분의 현대 국가에서 모든 시민에게 보장하는 시민적·정치적 자유를 포함한다. 다음으로 제2원리는 사회적·경제적 불평등이 다음의 두 조건들과 결부되는 한에서만 허용된다는 원칙이다. 제2원리에는 두 가지가 있는데, 첫째는 차등의 원칙으로서 사회 경제적 불평등이 최소 수혜자에게 최대의 이득이 된다는 조건에서만 허용될 수 있다는 것이다. 제1원리를 침해하지 않는다는 조건이 충족된다면 사회적 이득의 불평등 배분은 사회적 약자의 처지를 극대화하는 방향으로 조정되어야 한다는 주장이다. 둘째는 기회균등의 원칙으로서 모든 사람에게 직책과 직위가 공평하게 개방되어야 한다는 주장이다. 비슷한 능력과 의욕 및 동기를 가진 사람들은 직책과 직위와 관련하여 동등한 삶의 전망을 가질 수 있어야 하기 때문이다.

정의의 원리들 사이의 축자적 위계성은 롤스가 이념적으로 어디에서 있는가를 판단하는 중요한 잣대이다. 그는 제1원리가 제2원리에 우선하며 제2원리에서 공정한 기회균등의 원칙은 차등의 원칙에 우선한다고 선언한다. 사회 경제적 불평등을 극소화하거나 타당한 범위에서만 허용하는 차등의 원리와 이에 대한 평등한 자유 원리의 우선성을 고려하면 롤스적 정의론이 가진 자유주의적 평등주의의 성격이 투명하게 드러난다. 비슷한 관점에서 롤스의 정의론이 '복지국가적 자본주의의 평등주의적 유형에 대한 철학적 변론'으로 판독되는 것도 자연스러

---

18 *TJ*, p. 60.

운 반응이다.[19]

　물론 정의론에 대한 호의적 비평만 있었던 건 아니다. 예컨대 샌델은 무지의 베일과 상호 무관심성의 가정이 견인하는 원초적 입장은 "개인주의적 편견을 도입함으로써 자비심, 이타주의, 공동체적 감정을 배제하거나 평가절하했다"고 꼬집는다.[20] 원초적 입장의 계약 당사자인 롤스적 자아는 인간 존재의 조건인 문화와 관행에 '얽매이지 않는' 유령 같은 존재로서 '성격과 도덕적 깊이를 전면적으로 결여한 존재'에 불과하다는 비판이다.[21] 샌델은 무지의 베일과 상호 무관심성의 가정이 존재론적 개인주의를 숨긴다고 비난했지만 나는 이를 지나친 확대 해석이라고 생각한다. '존재론적'이라는 규정 자체가 불분명하기도 하지만 롤스가 자신의 인간관이 형이상학적 철학 체계에 의해서가 아니라 현대의 자유다원사회에 내재한 일반적 직관에 근거한다고 응답하기 때문이다.

　롤스의 기획이 공동체의 본질적 중요성을 무시한다는 공동체주의자들의 상투적 비평도 정확하다고 하기 어렵다. 전체적으로 롤스의 취약점을 공격하기 위해 그의 인간관이나 공동체관을 물고 넘어지는 것은 롤스의 입론을 통관(通觀)할 때 썩 설득력 있는 전략으로 생각되지는 않는다. 그러나 롤스가 정의론에서 자신의 이론을 포괄적 교설로서 제시한 것은 사실이고 거기에 일정한 문제점이 수반된다는 것도 분명하다. 예컨대 다원주의 사회에서의 정치적 합의의 문제가 《정의론》에서는 선명하게 부각되지 않았고, 모든 사람이 같은 방식을 통해 도덕적

---

19 Wolff, R. P. (1977), p. 195.
20 Sandel, M. (1982), p. 60.
21 Sandel, M. (1982), p. 180.

으로 동기가 부여된다고 보았기 때문에 정치적 합의나 민주주의사회의 안정성도 자연스럽게 해결되는 듯이 그려진 측면이 있는 것으로 보인다.[22]

그러나 포괄적인 철학적 교설로서 제시된 《정의론》의 경계를 '정치적인 것의 영역'으로 좁힌 것은 분명 롤스의 성과임이 분명하다. "상반되면서도 합당한 포괄적 교설(教說)들이 공존하는 상황에서 입헌민주주의 체제의 정치적 이념에 대한 합의를 어떻게 이끌어 낼 것이며 이 체제가 어떻게 장기간 안정된 상태로 작동할 수 있겠는가?"를 묻는 《정치적 자유주의》로의 이행은 롤스에게 쏟아진 많은 비판에 대해 효과적으로 응답할 수 있는 여지를 확장시킨 것으로 판단된다.[23] 자신의 이익에 기초한 잠정협정(modus vivendi)의 차원을 넘어서는 공정으로서의 정의는 스스로에 대한 지지를 생산할 수 있는 내적 능력을 가진다. 입헌민주주의 체제의 안정성과 지속성은 그 체제가 상징하는 정치적 가치에 대한 시민들의 자발적 승인에서 나오기 때문이다. 정치적 지평에서 정당화의 작업을 맥락주의적으로 수행하는 기능을 롤스는 '이성의 공적 사용'이라고 부르는데 이는 현대 민주주의로 하여금 활력과 생명력을 잃지 않게 하는 핵심적 기제이다. 《정의론》에서 《정치적 자유주의》를 거쳐 《만민법》에 이르는 롤스의 지적 여정은 스스로 명명한 것처럼 '현실주의적 유토피아주의'로 적절히 규정 가능하다.[24]

전체적으로 보아 샌델을 비롯한 공동체주의자들의 롤스 비판은 설득력을 결여하거나[25] 아니면 정치적 자유주의의 기획으로 통합되었다

---

22 정원섭 (2008), 100~101쪽.
23 Rawls, J. (1993), pp. xviii.
24 Rawls, J. (1999), p. 11.

고 할 수 있다. 롤스의 최대 강점은 철학과 현대 사회과학의 성과를 통합함으로써 정의 이념의 핵심인 분배 정의의 원론적 함의에 대한 정교한 설명틀을 구축했다는 점이다. 현대 민주사회의 구성원들이 가진 직관, 즉 공정한 협동체제로서의 사회라는 관점과 정의감과 선(善) 개념을 발전시킬 수 있는 도덕적 능력을 지니기 때문에 자유롭고 평등한 시민들이라는 관점을 모아 정치적 정의관의 철학적 기초를 정초하는 데 성공한 것이다. 앞에서 살펴본 것처럼 개인의 자율과 책임을 기본으로 삼되 사회적 약자를 배려하는 정신을 유기적으로 결합해 정립한 '공정성으로서의 정의' 개념은 현대 정의론의 출발점이자 현대 복지국가의 사상적 기초라고 해도 과언이 아니다.

롤스의 정의론이 가진 진짜 문제는 롤스가 정치적 자유주의에서 극대화시키고자 하는 '정치적인 것'의 지평이 도덕 이론과 연계된 절차적 추론에 의해 제한되어 있다는 점이다. 바꿔 말하면 시민들이 일정한 도덕적 제약 아래서 이해관계를 합리적으로 조율하는 과정과 정치 고유의 역동적 실천이 평면적으로 등치되고 만다는 것이다. 그 결과 정치적인 것의 필수적 구성 요소일 수밖에 없는 "갈등, 적대, 권력 관계, 종속과 억압의 형태 등이 (그의 정의론의 지평에서는 — 인용자) 송두리째 증발하고 만다".[26] 정치를 도덕적 추론에 입각해 사유함으로써 갈등, 권력, 이해관계의 격렬한 충돌이라는 차원이 롤스가 표상한 정

---

25 황경식 교수는 다음의 글(황경식 (2009), 15~44쪽)에서 이를 설득력 있게 논증했다.

26 Mouffe, C. (1993), pp. 49. 무페가 롤스의 정치적 자유주의를 '정치를 결여한 정치철학'이라고 비꼬는 것은 롤스의 장단점을 동시에 부각시키는 의미심장한 언명임이 틀림없다. 물론 이는 롤스에게 국한된 것은 아니며 규범 이론으로서의 정치철학 전반에 적용 가능한 비평이다. 이런 롤스의 정향은 국제 정치에서의 정의를 논한 《만민법》에서도 같은 형태로 되풀이된다.

치적인 것의 지평에서 미리 배제되거나 약화될 가능성이 커진다는 것이다.

정치적인 것을 규정하는 데 있어 합리적 조정과 타협을 앞세울 것인가, 아니면 대립과 갈등을 본질적인 것으로 볼 것인가의 문제는 세계관과 연계된 사항일 수도 있다. 분명한 것은 이 두 차원이 상호 균형의 문제이지 서로 모순 관계에 있는 건 아니라는 점이다. 롤스의 경우 절차주의적 정의관으로의 경사(傾斜)는 정치 세계에 고유한 갈등과 적대에 대한 감수성을 왜소화하는 측면이 엄존한다. 우리가 생활세계와 공론의 영역에서 경험하는 이해관계의 충돌이 '성찰적 평형 상태에서의 숙고된 판단'에 의해 조정될 수도 있지만 그렇지 않을 수도 있기 때문이다. 원초적 입장에서 도출된 정의 원리를 전제하고서 그 원리와 연관된 문제를 처리하는 것을 정치의 내용으로 간주하는 태도는 확실히 일면적이다. 결국 롤스가 성취한 정의의 정교화는 정의의 왜소화를 동반하는 것이다.

5
공평 · 공정 · 정의와
대한민국 헌법의 상호 침투

● 　　지금까지의 논의를 바탕으로 정의, 공정성(*fairness*), 공평성
(*equity*) 개념들의 상호 위상을 명확히 해 보자. 일상 언어의 문맥에서
는 더욱 그렇거니와 학문 공동체 안에서도 이들이 혼란스럽게 혼용되
는 경우가 적지 않기 때문이다. 나는 기본적으로 '정의 > 공정 > 공평'
의 순서대로 그 외연과 내포에서 축차적 위계관계를 가진다고 본다.
롤스가 '공정성으로서의 정의'를 정초한 이래 공정과 정의 개념이 거의
치환 가능하게 통용되지만 원래 정의는 공정성보다 훨씬 넓은 개념이
다. 이것은 우리가 앞서 해명한 아리스토텔레스와 롤스의 정의 개념을
복기(復碁)하면 쉬이 파악할 수 있는 사실이다. 공정성의 이념에 모두
담기지는 않는 정의의 복합적 · 입체적 차원이 엄존하기 때문에 21세
기적 현실에 부응하는 정의의 차원을 발굴하는 것은 여전히 미완의 과
제라고 할 수 있다.

　나아가 공정과 공평의 차이는 다음과 같이 규정 가능하다. 공평은
사회적 재화의 분배를 향한 경쟁의 출발과 과정이 투명하고(숨김없이
드러낼 '公'), 균등해야 함(평평할 '平')을 뜻하며 산술적 비례에 가깝다.
이에 비해 공정은 기회균등(公平)에 더해 합당한 결과적 격차의 차이

를 담아내야 정의에 더 가까워진다(公正)는 개념이다. 너무 지나친 결과의 차이는 불공정한 것이지만 기여와 능력의 차이를 무시해 결과를 같게 하는 기계적 균등도 공정의 이념에 부합하지 않기 때문이다. 결론적으로 공정은 동등함과 차이를 함께 담아냄으로써 공평보다 상위에 서는 개념이라 할 수 있다.

공평성의 차원은 개인의 자유와 창의성이 존중되는 가운데 모든 사람이 최대한의 능력을 발휘할 수 있도록 경쟁의 출발과 과정에서 균등한 기회를 주는 것이다. 이에 비해 공정성의 차원은 경쟁의 결과에 대해서는 책임을 지도록 하되 탈락자나 패자에게 재기의 기회를 제공하는 것이다. 이명박·박근혜 두 보수 정부를 비롯한 한국 보수의 주된 한계는 공평성에 대한 이해도 부족하거니와 특히 공정성의 원리에 대한 감수성이 너무 척박하다는 데서 발견된다. 롤스적 공정성의 중핵인 차등 원리의 요소가 보수 정부들의 사회 경제 정책에서 거의 전면적으로 결락(缺落)된 사실은 단순한 우연의 소치는 아닌 것처럼 보인다. 차등의 원리가 함축하는 강력한 평등 지향성과 복지에 대한 강조를 한국적 신보수주의 정부의 사회 경제 정책이 제대로 수용하는 건 역부족이라는 추측이 가능하기 때문이다. 롤스적 차등 원리가 보수 정부들의 사회 경제 정책에 거의 반영되지 않는다는 점과, 한국 보수의 복지 개념이 시혜적 복지에서 크게 벗어나 있지 않은 현상 사이에는 일정한 인과관계가 개입한 것처럼 생각된다.

경쟁의 출발점과 경쟁 과정의 공평이야말로 공정성의 첫 단계라고 할 수 있으며, 한국 사회 진화의 현 단계에서 가장 시급히 요구되는 과제이다. 보수 정부의 사회 경제 정책이 문제의 정곡을 찌르지 못한 이유를 이런 문맥에서 추적해 보면 인사나 정책 방향이 경쟁의 출발과 경쟁 과정에서의 공평성을 경시하면

서 그것보다 더 고차적인 공정성의 차원을 강조하는 비정합성 때문이라는 판단
도 가능하다. 공평성이 부재한 공정성은 사상누각일 수밖에 없으며 공정성이 결
여된 공평성도 일차원적이거나 일방적이기 때문이다. 공정성 문제에 대한 다
른 시각의 분석틀로는 '능력과 필요'의 짝 개념을 생각할 수도 있다.
분배의 준거를 능력에 둘 것이냐 필요에 둘 것이냐 아니면 능력과 필
요의 적절한 결합에 둘 것이냐의 질문은 다양한 형태로 응답되었다.
따라서 거시적 차원에서 한국 사회의 최대과제 두 가지는 첫째, 사회적 경쟁의
출발과 경쟁과정에서의 공평성 확보이며, 둘째, 합당한 격차의 인정과 사회적
약자 보호로 담보되는 공정성의 수립이라고 할 수 있다. 시장철학의 근본 정향
은 명확히 공평과 공정의 확보를 통한 정의 실현에 맞추어졌다.

지금까지의 분석은 공정의 이념이 특정 정권에 제한된 것으로 이해
될 필요가 전혀 없다는 교훈을 보여준다. 오히려 우리는 현실정치적
이해관계의 포로가 되어 너무 쉽게 희화화되거나 번롱(翻弄)되는 보편
이념의 잠재력을 복원해 구체적 현실과 새로이 접합시키는 용기와 상
상력을 적극 발휘해야 한다. 공정성과 정의가 그런 보편 이념의 대표
적 사례임은 물론이다. 공정성과 정의의 이론과 실천에 대한 학문적
탐침(探針) 작업은 우리 지식인 사회에서 아직 제대로 시작조차 안 되
었다고 하는 것이 온당한 평가다. 나는 그 가능성의 일단이 시장철학
과 대한민국 헌법과의 연계에 대한 탐구에서 출발할 수 있다고 본다.

정치 공동체의 궁극적 목표가 정의 실현에 있고 그 목표의 최고법적
표현이 헌법이라는 사실을 감안하면 정의 · 공정성과 헌법의 삼투 관계
는 심중히 주목되어야 마땅하다. 하버마스가 담론적 법이론을 동원해
롤스의 '정치적 자유주의'를 비판하면서 정치적 자유주의뿐만 아니라
자신의 "의사소통행위 이론이 제도적 현실에 대해 둔감하다는 비판을

실천적으로 논파하기 위해" 법이 규범적 명제이고 해석인 것과 동시에 제도이자 행위 체계라는 명제를 논증하는 것은 이런 맥락에서일 터이다. [1] 롤스에 대한 하버마스의 비판이 설득력이 있는지의 여부는 일단 논외로 하더라도 "법이 의사소통적 권력을 행정권력으로 전환시키는 매체"라는 하버마스의 규정이 의미심장하기 때문이다. [2]

대한민국 헌법은 정치적으로 '민주공화국'(제1조 1항)을 선포하면서 동시에 '자유민주적 기본질서'(제4조)를 천명한다. 정치 이념적으로 민주주의, 공화정, 자유주의가 혼재한다. 세 이념은 인류 보편사의 과정에서 상호 침투와 접합의 과정을 거쳤지만 이들의 역사적 연원과 지향은 결코 동일하지 않다. 세 이념의 유사성과 차별성을 토대로 해서 포스트 분단 시대의 헌법에 대한 탐구와 통일 시대의 정치철학에 대한 고구(考究)가 풍성하게 진행될 수도 있을 것으로 생각된다. [3] 정의와 공정성의 이념이 민주주의, 공화정, 자유주의를 21세기적으로 통섭하고 차별화시키는 화두 역할을 충분히 할 수 있을 것으로 기대되기 때문이다.

또 하나의 가능성은 정의와 공정성 이념이 시장철학의 맥락에서 헌법의 사회 경제 조항과 접맥될 여지에 관한 것이다. 우리나라는 "개인과 기업의 경제상의 자유와 창의를 존중"(제119조 1항)한다. 우리 정치 공동체의 최고 법규범인 헌법 자체가 자유민주주의와 시장경제를 지향하면서 정의의 첫 부분인 공평성을 전제함을 알 수 있다. 동시에 대한민국 헌법은 "국가는 균형 있는 국민경제의 성장 및 안정과 적정한 소

---

1 Habermas, J. (1992), p. 10.
2 Habermas, J. (1992), p. 187.
3 나는 이 작업의 일단을 졸고 《급진 자유주의 정치철학》의 제7장 "국가와 헌법의 정치철학"에서 다루었다(207~232쪽 참고).

득의 분배를 유지하고 시장의 지배와 경제력의 남용을 방지하며, 경제 주체 간의 조화를 통한 경제의 민주화를 위하여 경제에 관한 규제와 조정을 할 수 있음"(제119조 2항)을 분명히 한다. 정의의 뒷부분이자 그 완결 개념인 공정성의 사회 경제적 지평을 환기시키는 대목이다.

결국 헌법 제119조의 전체 취지는 제1조와의 긴밀한 상관관계 속에서만 온전히 이해될 수 있다. 경제민주화의 헌법적 정당화와 연관해 숱한 논쟁을 양산했고, 자유와 평등이라는 민주적 기본 가치들 사이 근본적 갈등을 배태한 제119조 1항과 2항 사이의 우선성 논란은 오로지 시장철학의 지평 위에서만 변증법적으로 통합 가능하다. 이는 시장철학의 3가지 테제를 해명한 지금까지의 전체 작업이 대한민국 헌법에 대한 철학적 성찰로 심화될 수 있음을 의미한다.

대한민국 헌법에 의해서도 국가는 패자부활전을 확립해야 하며, 사회 경제적 약자를 보호해야 할 공적 의무를 진다. 보편화한 공정사회의 이념은 대한민국 헌법 질서와 부합하며 선진국의 규범적 표준이자 근본 가치인 사회정의론의 지향과도 일치한다. 무릇 정의롭지 않은 국가는 제대로 된 국가라 할 수 없다는 교훈은 인류의 오래된 직관이다. 불공정한 정치 공동체에서 안개처럼 피어나는 르상티망과 집단울혈은 시민 민주주의적 애국심의 발양(發揚)을 막아 헌정(憲政)의 활력을 시들게 한다. 한국사의 오랜 숙제였던 정의와 공정성의 화두가 경제민주화, 복지강화의 시대정신과 함께 새삼 주목받는 지금 현상은 다시 말하건대 '우연 속의 필연'이다. 이런 우연적 필연에 담대히 직면하는 용기를 지닌 실천하는 시민들만이 미래의 희망을 꿈꿀 수 있음은 두말할 필요가 없다. 시장의 철학은 자유시장이 정의의 적(敵)이 결코 아니며, 시장질서와 공정성은 함께 미래로 나아가면서 성숙한 삶을 향해 가는 경쟁적 근본 가치임을 증명한다.

6

법치주의와 반(反)법치적 대항폭력

● 　　르상티망과 집단울혈의 한국적 사회문화가 무절제한 대항폭력을 부추김으로써 법치주의를 부식(腐蝕)시키는 한국 사회의 오래된 관습은 독립 주제로 심중히 분석될 가치가 있다. 반세기 이상 지속되는 분단체제의 규정력과 군사문화의 잔재는 사회 구성원들의 의식과 무의식에 폭력성을 깊이 각인시킨다. 그 결과 세계가 찬탄하는 대한민국의 성취에도 불구하고 OECD 국가 중 자살률이 최고이고 출산율은 최저이며 국민적 불행지수도 가파르게 상승한다. 공공성의 부재와 울혈사회의 구조적 폭력에 대한 분노가 합리화시키는 대항폭력의 본질에 대한 정치철학적 성찰이 시급한 것은 이런 맥락에서이다. 이는 시장질서와 긴장 관계에 있는 민주질서에 내장된 국가폭력과 대항폭력의 근원적 상관성을 탐색하는 작업이기도 할 터이다.

　폭력은 문자 그대로 '사납고 거친 벌거벗은 힘'으로서 상대방에게 물리적인 위해를 가하는 부당하고 부적절한 행위로 규정되어 규탄과 사회적 공분(公憤)의 대상이다. 보통 사람들이 보통의 경우에 폭력을 혐오하고 비난하는 것도 자연스러운 반응이다. 학교폭력과 가정폭력을 비롯한 각종 사회적 폭력 현상에 대한 시민들의 경계심과 비판의식이 빠르게 높아지는 것도 바람직한 사회적 흐름이다. 한국 정치의 현실이 이상을 따라가지 못함으로써 개탄의 대상이 되긴 하지만 '주먹 대신 말로 싸우는 게 민주주의이다'라는 정치적 비유가 널리 상식으로 받아들여지는 것도 사실이다.

근대 이후 성숙한 민주국가에서는 국가의 노골적인 권력 행사가 갈수록 일상의 전면에서 배경으로 물러나는 현상이 관찰된다. 전쟁 상황이 아닌 한 군대가 직접 나서서 시민의 삶에 간여하는 경우는 드물고 대부분 경찰력에 의해 공공의 안전이 관리된다. 이 경우에도 보통 사람이 경찰력과 직접 대면하는 경우는 그리 많지 않으며 경찰과 만나는 경우에도 교통범칙 티켓을 발부받는 수준 이상을 크게 넘지 않는다. 선진국일수록 보통 시민들이 적나라한 국가폭력을 일상에서 맞닥뜨리는 경우가 드물어지는 것이다.

우리는 이를 푸코(Foucault, M.)식으로는 '권력의 미시물리학' 효과라고 해석할 수도 있다. 국가권력의 행사가 외형적으로 부드러워지는 대신 내용적으로는 훨씬 촘촘해지면서 폭력과 강제가 전 방위적 감시와 통제의 눈길로 대체될 뿐이라는 주장이다. 이런 시각에서는 폭력이 완화되거나 줄어들기는커녕 훨씬 세련되게 우리의 몸과 마음을 길들이는 것으로 비판된다. 푸코의 주장에 현대 권력의 변환에 대한 날카로운 통찰이 엄존하는 것도 부인하기 어렵다. 민주주의가 발전해 갈수록 국가폭력이 평범한 시민의 삶에 미치는 양태와 그 강도(強度)도 민주적으로 순화되는 경향이 있다는 점은 일반론의 수준에서 인정될 수 있다고 생각된다.

한 정치 공동체가 성숙해 간다는 것은 국가폭력의 절제 현상뿐 아니라 다원화된 갈등사회 곳곳에서 불가피하게 발생하기 마련인 크고 작은 폭력들이 미연에 방지되거나 적절한 선에서 통제되며 효율적으로 관리된다는 걸 의미한다. 그런 점에서 보면 요즈음 우리 사회에서 목도되는 폭력에 대한 사회적 감수성의 급작스러운 증가와, 폭력 문제가 신속하게 공식적으로 의제화(議題化)되는 현상은 우리가 선진사회로 나아가는 과정에서 겪는 진통의 일환이기도 할 것이다. 민주주의의 진화 과정은 결국 폭력의 순화 과정이기도 한 것이라는 게 우리의 보편적 상식이기 때문이다.

하지만 모든 사람이 그 구성원으로서 삶을 영위하는 현대 국가의 본질에 대해 깊이 들여다보면 폭력의 문제가 결코 단순하지 않음을 알 수 있다. 주지하는 것처럼 국가와 폭력의 관계를 논할 때 가장 핵심을 찌르는 논거는 단연 막스 베버(Weber, M.)의 선언이다. 베버는 "국가란 어느 일정한 영역 안에서 정당한 물리적 폭력 행사의 독점을 실효적으로 요구하는 인간 공동체"라고 정의한 바 있다.[1] 여기서 가장 중요한 것은 '정당한 물리적 폭력의 독점'이라는 표현이다. 이 대목에서 폭력이란 결코 추상적인 상징이 아니라 인신(人身)의 구속이나 감금, 파괴와 살상 등의 구체적이면서도 손에 잡히는 적나라한 폭력을 지칭한다.

국가라는 정치 공동체의 궁극적 목적이 정의와 인륜(人倫)의 실현에 있으며 공공성의 진작(振作)에 있다고 보는 정치철학적 관점에서 보면 베버의 주장은 당혹스러울 만큼 솔직하다. 그런 관점에서 보면 베버의 논의는 공공성을 중심으로 국가와 정치의 본질을 사유(思惟)한 앞 절의 논의와는 보완 관계를 이룬다. 사실 베버의 진술은 근대 국가의 본

---

1 Weber, M. (1919/2011), pp. 109~110.

질에 대한 날카로운 통찰에서 나왔다. 온갖 종류의 폭력 현상이 사회 구성체 곳곳을 관류하고 크고 작은 폭력의 주체들이 곳곳에서 발호하는 상황에서도 오직 군대와 경찰 같은 국가기구가 행사하는 물리력만이 '정당한' 것으로 간주되기 때문이다.

세계적 골칫덩어리인 소말리아 해적의 경우에서처럼 일정한 영역 안에서 국가 고유의 폭력 독점이 '유효하게' 확보되지 않는 상태에서는 무정부 상태가 구조화되는 것이므로 소말리아에는 국가가 존속한다고 말할 수조차 없다. 마약을 기반으로 한 갱단 조직이 국가 공권력을 무력화시킬 정도의 무장력과 자금을 동원해 나라 전체를 흔드는 멕시코를 비롯한 몇몇 중남미 국가 같은 경우에도 국가가 폭력을 독점한다고 말하기 어려운 지경이다. '아버지 아사드'의 무자비한 강권통치로 유지되던 시리아의 잠정적 평화가 시리아 정부의 폭력 독점이 깨지면서 시리아 버전의 천하대란으로 악화되는 사례도 의미심장하다. '아들 아사드'가 이끄는 정부군의 폭력에다가 반군 단체의 테러가 더해지고 종교를 빙자한 '이슬람 국가'(IS)의 학정·폭정까지 더해지면서 사분오열된 시리아에 남은 것은 정치 공동체의 완전한 파괴와 도탄에 빠진 시리아 민중뿐이다. 유럽을 흔드는 시리아 난민의 대량 탈출 사태는 정당한 물리적 폭력을 독점한 국가의 실존적 중요성을 웅변하는 사례일 터이다.

국가폭력의 정당성에는 크게 실정법적 합법성과 국민으로부터의 동의라는 두 가지 차원이 공존한다. 첫째, 국가가 행사하는 폭력만이 합법적이라는 차원이다. 예컨대 조직폭력배가 시장 상인들에게 상권 보호를 명목으로 자릿세를 갈취하는 것은 범죄로 규정되어 국가권력에 의해 엄하게 징치(懲治)되는 데 비해 국가는 합법적으로 상인들에게 세금을 징수할 뿐 아니라 온당한 이유 없이 세금을 회피하는 사람을 물리적으로 처벌하는 독점적 권한까지 지닌다. 이런 맥락에서 보면 요새 첨예한 논란이 되는 사형제의 경우에도 국가에 의한 합법적 폭력 행사 가운데 극단적 사례일 뿐이다. 개인이 원한이나 범죄로 사람을 죽이면 살인죄를 범하는 것인 데 비해 국가가 사형을 집행하면 합법으로 여겨지는 예는 합법성을 매개로 한 국가와 폭력의 본질적 상관관계를 투명하게 증언한다.

둘째, 국가가 소지한 물리적 폭력이나 물리력 행사의 근원적 정당성이 시민들의 자발적 동의에 의해 담보된다는 점이다. 국가폭력의 정당성이 국민의 동의에서 비로소 창출된다는 인식은 특히 근대 이전의 국가와 이후의 국가를 나누는 결정적 구획 기준으로 간주되는 게 통례다. 근대 정치사상의 지평을 활짝 연 사회계약론에 의하면 '모두가 모두에게 늑대가 되는'(*homo homini lupus est*) 원초적 자연 상태는 자의적 폭력이 난무하는 총체적 혼란의 장소다. 통일된 국가권력이 부재한 자연 상태는 인간의 삶이 '더럽고 잔인하며 언제 남에게 살해당할지 모르는 두려움이 지배하는 데다 협업에 기초한 산업 활동 자체가 불가능한' 공포와 빈곤의 지옥도(地獄圖) 비슷하다.[2] 국가 인프라가 송두리째 붕괴된 채 무장 파벌들이 헤게모니를 다투는 소말리아나 시리아가 그 비슷한 경우다. 21세기 세계에서 공공의 적으로 부상한 '이슬람 국가'라는 테러 집단이 이름과는 정반대로 결코 국가일 수 없는 이유는 이들 국가폭력의 정당성이 해당 지역에 사는 대다수 시민들에게조차 인정받지 못한 사이비 국가의 폭력조직에 불과하기 때문이다.

장기간의 내란 상태였던 당대 영국의 경험을 반영한 사회계약론의

---

2 Hobbes, T. (1993), pp. 109~119.

창시자인 홉스에게는 인간이 자신의 '자연적 권리'를 양도해 국가를 만드는 대신 스스로의 안전을 국가로부터 보장받는 상호 계약의 그림이 국가폭력의 이념적 정당화 근거가 된다. 그 결과로서 만들어진 국가라는 정치적 주체가 구사하는 물리적 폭력은 자의적으로 행사되는 게 아니라 시민들 스스로가 자발적으로 동의한 계약의 산물인 법과 공권력의 이름 아래 집행되는 까닭이 여기에 있다. 근현대 법치주의국가에서는 통치자를 포함해 그 누구도 법보다 상위에 설 수 없는 것이다. 시장철학의 주요 주장 가운데 하나는 이런 법치주의의 정신이 시장과 상업에서 파생된 계약법의 일반화와 무관하지 않다는 사실이다. 제1장에서 상론한 것처럼 보편적 법치주의의 핵심인 '법 앞의 만인 평등'과 고대 동아시아의 법가적(法家的) 사유 사이에는 중대한 질적 차별점이 존재한다.

앞서 언급한 몇몇 나라들의 사례에서 보듯 국가의 물리적 폭력이 그 국가 안의 어느 정치적 조직과도 비교 자체가 불가능할 정도로 압도적인 것이어야 한다는 기본 전제가 충족되어야 비로소 법의 현실적 권위가 확보된다는 점도 감안해야 한다. 법의 시원(始原)을 파고들 때 '법 보존적 폭력'과 '법 파괴적 폭력'의 경계가 항상 선명하지만은 않다는 근원적 딜레마가 여기서 비롯된다. 국가폭력에 도전하는 내부의 힘이 너무 커졌을 때 국가는 그 힘을 '법 파괴적 폭력'으로 규정하면서 자신의 '법 보존적 폭력'으로 분쇄하려 하지만 막상 혁명의 시기가 도래하면 두 종류의 법의 위상은 역전되고 만다.

이 문제는 또 다른 정교한 분석을 요구하지만 어쨌든 근대 계약법의 원리에 의하면 법 자체가 국민 동의의 소산이다. 따라서 법을 어기는 자는 곧 스스로의 약속과 의무를 어기는 셈이어서 근대 시민의 자율성과 법의 강제성은 서로 충돌하지 않는 것으로 상정된다. 이는 현대 민주주의의 기본 원리인 '치자(治者)와 피치자(被治者)의 동일성'을 법적으로 표현한 것이기도 하다. 여기서 우리는 저항권(抵抗權)이 주권재민의 표현이긴 하지만 대항폭력의 물신화는 민주주의를 위협하기도 한다는 통절한 교훈을 되새길 필요가 있다. 법치주의를 살리겠다는 반(反)법치적 대항폭력이 궁극에 가서는 법치주의를 파괴하고 만다는 역리를 명징하게 파악해야 한다는 것이다. 이는 특히 집단울혈 사회인 한국에서는 더욱 심중히 성찰해야 할 논점이다.

사회계약을 맺는 원초적 이유는 자기보존에 있으므로 국가가 시민의 자기보존, 즉 생명과 자유, 사유재산을 정당한 이유 없이 위협하거나 파괴할 때 국가의 권위에 복종하지 않거나 저항하는 것은 시민의 당연한 권리이자 의무이다. 1961년의 4·19 혁명뿐 아니라 1980년의 '5월 광주'는 한국 현대사에서 시민 불복종과 저항권의 금자탑이라 할 만하다. 특히 '5월 광주'의 정신과 실천은 쿠데타로 집권한 전두환 정부의 불법무도한 무단통치 아래 잠시 수면 아래 묻혔음에도 끊임없이 부활해 '억압된 것의 귀환'을 통해 계승되었으며 그 후의 한국 사회를 압도적으로 규정했다. 분단체제의 냉전반공주의 아래 과대성장할 수밖에 없었던 한국 군부의 정치 개입이 광주 민중항쟁의 뜨거운 기억 덕분에 더 이상 불가능해진 것이 단적인 증거이다. 그것은 역사란 결국 고통과 희생을 딛고 부단히 앞으로 나아간다는 교훈을 절감케 한 한국사의 경이로운 집합적 성취이자 비약의 계기였다.

'2008년 촛불'도 국가를 현실적으로 대표하는 행정권력인 정부의 독주에 대해 다수의 시민들이 '아니오!'를 외친 최신의 가장 유의미한 사례다. 당시 이명박 정부의 권위주의적 일방통행에 맞서 화산처럼 폭발한 민심은 거대한 '촛불의 바다'를 통해 미학적 장엄함으로 한 시대를 수놓았다. 선거의 참패로 무력감에 빠졌던 진보진영은 덕분에 빠르게 활력을 되찾아 찬란한 촛불의 광휘(光輝)에서 한국 민주주의의 현재와 미래를 읽었다. 헌법 제1조를 소리 높여 합창한 '2008년 촛불'은 대의 (代議) 민주제의 한계를 넘어설 직접민주제의 새 모델로까지 상찬되었다. 그 결과 한국 정치의 맥락에서 촛불은 주권자인 국민의 일반 의지 비슷한 것을 상징하게 되었다. 그 이후 촛불은 상투적 보통명사에서 시민적 저항권을 육화(肉化)한 고유명사로 승격된 것이다.

하지만 밝게 빛나는 촛불에도 그림자가 수반되기 마련이다. 2008년 당시 나는 민주시민의 주체적 자기표현과 자기형성이라는 '촛불'의 긍정적 의미를 십분 인정하면서도 그것의 치명적 문제점을 사실과 합리성의 결여에서 찾은 바 있다. 미국산 수입 쇠고기가 인간 광우병을 발생시킬지도 모른다는 데 대한 한국 대중의 공포가 엄청나게 부풀려진 데다 그 사실적 근거가 매우 취약하므로 광우병과 인간 광우병이 연계된 대중들의 공포와 분노는 대부분 합리성을 자임할 수 없는 것임을 논변했었다. 그러나 이런 나의 분석은 2008년 당시 상황에서도 이명박 정부의 천박함과 비민주성을 부인하는 것은 결코 아니었다. 앞서 공공성의 부재와 관련해 분석한 것처럼 당시 이명박 정부에 대한 민심의 분노와 환멸 그 자체는 분명한 객관적 실체였으나 그 분노를 터뜨리게 한 '미국산 수입 쇠고기의 인간 광우병 위험성'이라는 인계철선이 사실과 합리성의 잣대에서 너무나 부실한 것이었음을 지적했을 뿐이다.

'2008년 촛불'이 안은 또 다른 심각한 문제는 이 절의 주제인 반(反) 법치적 대항폭력에 대한 미화가 법치주의의 근본 토대 자체를 균열시킨다는 점이다. 반(反)법치 대항폭력의 개념은 국가의 부당한 폭력에 저항하는 수단으로 채택된 폭력이 국민 저항권의 이름으로 법치주의를 흔드는 사태가 정당화될 수 있다는 생각으로 정의 가능하다. 바꿔 말하면 압도적 물리력을 독점한 국가가 정당하지 못한 폭력을 행사하면서 국민을 겁박할 때 그것에 저항하거나 비판하는 폭력의 사용, 즉 반(反)폭력이나 대항폭력은 국가폭력과 같은 수준의 폭력이 아니기 때문에 민주정치와 법치주의의 활성화를 위해서라도 적극적으로 지지되거나 최소한 암묵리에 용인되어야 한다는 주장이다.

앞서 '법 보존적 폭력'과 '법 파괴적 폭력'의 경계가 의외로 모호할 수 있음을 암시한 데서 짐작할 수 있는 것처럼 정당한 물리적 폭력의 독점주체로서의 국가는 언제나 반(反)법치적 대항폭력을 이단시했다. 모든 국가에게 그것은 일단 자연스러운 반응일 터이다. 그러나 반(反)법치적 대항폭력의 여지가 원천적·전면적으로 부인된다면 국가폭력의 정당성이 영원한 성역으로 남아 타락하거나 변질될 가능성이 높아진다. 반면에 반(反)법치 대항폭력의 여지를 너무 열어 두면 국가폭력의 독점성이 희석되어 정치 공동체는 혼란에 빠질 것이며 정체(政體)의 정당성도 균열의 위기에 처한다. 결국 이 문제는 하나의 단일한 잣대로 일률적으로 재단하기 어렵다. 각 나라의 상황과 발전 정도에 따라 현실정치의 실천해석학으로 조율될 수 있을 뿐이다.

한국 현대사의 경우 국가는 언제나 과대국가였으므로 강력한 국가폭력을 거스르는 반(反)법치적 대항권력의 흐름도 지속적으로 과대팽창했다고 할 수 있다. 한편으로 이는 우리 사회를 매우 역동적인 곳으로 만들어 놀라운 한국 민주주의의 성취를 가능하게 했다. 구체적으로 이는 제도정치의 한계를 넘어선 운동정치의 활성화를 낳았으며 '2008

년 촛불'은 그 최신의 표현이라 할 수 있다. 그러나 또 한편 반(反)법치 대항권력의 과대팽창은 민주정치의 비용으로만 치부하기 어려운 값비싼 대가의 지불을 강제함으로써 한국 민주주의의 공고화와 새로운 도약을 가로막는 걸림돌로 작용하기도 한다. '2008년 촛불'의 경우에 그것은 직접민주주의의 신화가 정치적 물신(物神)으로까지 격상되어 정당정치의 착근을 방해하는 것으로 현현된다.

오래 지속된 군사독재정권 시절 내내 한국의 국가폭력은 항상적인 정당성 위기에 시달릴 수밖에 없었다. 반(反)독재 민주화 운동의 모습을 한 대항폭력의 정당성이 그 빈자리를 차지했고, 대항폭력의 정당성은 '5월 광주'가 상징하듯 5공화국의 전두환 독재 시절에 정점에 이르렀다고 판단된다. 이는 1980년대의 민주화 운동이 급진적 반체제 운동으로 치달았던 이유를 잘 설명해 준다. '87년 체제'의 출범과 성공적인 착근은 한국적 대항폭력의 정당성 근거를 급격하게 축소시켰지만 반(反)법치적 대항폭력을 호의적으로 평가하면서 국가폭력에 입각한 법치주의보다 '도덕적으로' 더 우월한 것으로 여기는 사회문화적 관행과 집단 무의식은 크게 변치 않은 채 그대로 남았다. 정통 진보를 자처했던 '통합진보당 폭력 사태'에서 횡행한 노골적 폭력 행위는 과거 진보 운동권에서 특히 강력했던 이런 집단 무의식을 도착적(倒錯的)인 형태로 보여준다.

이런 인지(認知) 부조화(mismatch)가 야기하는 가장 큰 문제 가운데 하나는 공공연한 공권력 경시 풍조로 이는 오늘의 시점에서는 한국 민주주의의 성숙을 가로막는 암종(癌腫)에 가깝다. 국가의 정당성과 공권력의 권위에 기초한 법치주의가 제대로 인정받지 못하는 곳에서 사회 발전에 필수적인 안정적 예측성과 시민들 사이의 자발적 신뢰는 뿌리를 내리기 어렵다. 법치주의의 균열과 신뢰라는 사회적 자본의 부족은 사회 진화를 가로막는 장벽으로 작동한다. 이런 상황을 더욱 악화시키는 것은 정치의 공공성에 대한 인식 자체가 부족한 역대 정부와 기득권층의 잘못된 형태들이다. 마치 법의 위에 서 있는 것 같은 일부 기득권층의 참람한 행태가 반(反) 법치 대항폭력의 아비투스에 비옥한 자양분을 제공하는 현상은 참으로 개탄스러운 일이다. 그렇다고 해서 반(反) 법치적 대항폭력이 용인될 수 있는 건 더 더욱 아니다.

헌법이 선포한 바와 같이 대한민국의 모든 권력은 국민에게서 나온다. 하지만 이 선언은 일각에서 오해하는 것처럼 직접민주제를 정당화하는 언명도 아닐 뿐 아니라 평화적으로 진행되던 '2008년 촛불'이 폭력화된 시점 이후 시위의 주체들이 오용한 것처럼 반(反)법치적 대항폭력을 상찬하는 내용은 더욱 아니다. 지금의 한국 민주주의의 발전 단계를 고려할 때 대항폭력의 물신화는 그 누구에게도 도움이 되지 않는다. 국가폭력이 법의 형태로 표현되고 그 법을 구성하는 원천적 힘이 시민들에게서 비롯되는 한, 법은 부단한 수정 가능성 앞에 열려 있다. 한국과 같이 역동적인 민주다원사회에서 시민들의 생각과 상상력 자체가 부단히 변화하기 때문이다. 그러나 한국 민주주의의 발전 단계로 보아 법의 그러한 수정 가능성은 국가폭력을 정당화하는 법의 안정성이라는 기반 위에서 비로소 작동할 수 있다는 사실을 분명히 할 필요가 있다.

국가폭력의 정당성이 의심받을 때 대항폭력의 유혹이 그 빈자리를 파고든다. 우리는 민주시민의 입장에서 국가폭력의 정당성을 부단히 검증함으로써 실정법적 합법성의 차원을 넘어서는 수준까지 법치주의를 고양시키고 내실화시키려 노력해야 한다. 하지만 정통성 있는 민주정부의 공권력 행사조차 희화화시키는 경향이 있는 대항폭력의 물신화 현상은 '울혈사회, 한국'에 대응하는 오래된 마음의 습관이 드러내는 또 다른 치명적 병폐임이 분명하다. '제주도 해군기지 사태' 같은 사회

적 갈등 사안들에서 보듯 반(反)법치적 대항폭력의 권능과 도덕적 우
월감에 대한 지나친 목가적 기대는 이제 한국 민주주의의 미래를 위협
하는 단계에 이르렀다고 할 수 있겠다.

제6장

대중, 공론장, 시민교육

- 자유시장과 대중의 출현
- 공화사회를 촉진하는 공론장
- 시민적 주체 형성과 교육의 철학
- 서머힐의 진보교육에 대한 비판적 성찰

1
자유시장과 대중의 출현

●   시장철학의 핵심인 시장질서와 민주질서의 변증법을 실천할 주체는 단연 깨어 있는 성숙한 시민의 존재이다. 우리는 시민의 역사적 근원이 사유재산에 상응한 사회 정치적 발언권을 요구한 부르주아의 활동에서 비롯되었음을 이미 살펴보았다. 유럽에서 처음 확인된 이런 사실은 우리 현대사에서도 다양한 형태로 변주되었다. 자유시장은 시민의 탄생지이자 활동의 거소(居所)나 마찬가지였던 것이다. 통치자를 비롯한 지배계급 자신을 보편타당한 법의 지배 아래 놓게끔 만든 시민민주주의 운동의 추동력도 자생적 시민계층의 목소리에서 비롯되었다. 국가로부터 독립적 위상을 확보한 시민사회의 출현이 가진 전향적 의의는 그만큼 막대하다.

중앙집권적 과대국가의 전통이 강력했던 한국 현대사에서 국가권력의 질주를 억제하고 민주주의를 발전시킨 최대 동력도 시민사회가 창출해 냈다. 결국 자유시장 없이 시민사회를 말하기 어렵고 시민사회가 부재한 모더니티와 민주주의도 실현 불가능하다. 바람직한 의미의 현대인은 시장질서와 역동적 긴장 관계 속에서 배태되는 성숙한 민주시민으로서 살아가는 존재다. 역사 현상으로서 시민의 존재에 대한 최대의 도전은 국가에서 오기 마련이었다. 하지만 사회적 삶의 한 단위로서의 대중의 출현이 시민과 시민성을 위협하는 비중 자체가 갈수록 커지는 것도 엄연한 사실이다. 세계사적으로 근대에서 현대로의 이행과 맞물리는 대중의 등장이야말로 시장질서와 민주질서의 변증법을 이해하는 관건이다. 역설적인 것은 현대 대중사회에서 시민과 대중이 결코 다른 존재가 아니라는 사실이다. 민주정치가 중우정치의 지평을 본질적으로 내포한다는 역사의 교훈은 대중사회로의 진입과 함께 시민과 대중의 불가분리성에 대한 인식으로 이어진다. 소비자본주의와 신자유주의의 시장논리가 생활세계에 침투하는 정도에 비례해 현대 시민은 대중으로서의 소비인간의 삶을 영위한다. '모든 시민이 대중사회 안에서 이미 대중의 한 사람으로서 산다'는 명제는 자유시장이 낳은 대중에 대한 모든 학문적 논의에서 출발점임과 동시에 궁극적 귀착지인 것이다.

그러나 이 명제는 성찰적 시민사회론의 관점에서는 결코 닫혀 있지 않다. 이름 없는 다중으로 여겨진 무력한 대중이 독자적인 자신의 이름을 가진 공중적 시민으로 폭발적으로 상승해 갈 수 있는 역동성과 가능성을 함께 가지기 때문이다. 물론 상승의 가능성은 추락의 위험성과 분리될 수 없다. 우여곡절로 가득 찬 한국 현대사의 만화경(萬華鏡)은 이 점을 뚜렷이 보여준다. 대중과 공중의 변증법을 시현하는 최대 사례 가운데 하나가 '2008년 촛불'이었음은 물론이다. 미국산 수입 쇠고기의 인간 광우병 촉발 문제로 발화되어 대대적인 거리의 정치로 폭발한 촛불에는 성숙한 민주시민의 자기표현이 낳은 정치적 주체 형성이라는 빛의 차원과, 음모론의 선전선동에 휘둘린 우중(愚衆)적 대중의 대두라는 어두움의 차원이 한 동전의 양면처럼 모순적으로 교차한다. 공중적 시민과 우중적 대중의 모순적 혼재 현상의 핵심 교훈은 시민과 대중의 존재가 칼처럼 선명하게 나뉘지 않는다는 데 있다.

《공산당 선언》의 마르크스조차 찬탄해 마지않았던 미증유의 생산력 폭발을 가져온 근대 자본주의 시장경제는 이전의 어떤 사회에서도 경험하지 못했던 새로운 삶의 형식을 만들어 냈다. 생산력의 팽창과 이윤율의 경향적 저하와 같이 가는 계급갈등의 첨예화가 총체적 혁명의 길로 인도될 수밖에 없다는 마르크스의 예단은 시대의 흐름에 의해 학문적 설득력을 잃은 지 오래되었다. 통합진보당 해산과 관련된 헌재(憲裁) 판결이 야기했던 논란이 한국적 분단 상황이 잉태한 세계사적 지체(遲滯) 현상에 불과한 것은 이 때문이다. 그럼에도 극단적 분업과 노동의 소외로 상징되는 왜곡된 삶의 형식에 대한 마르크스의 고발이 지닌 도덕적 힘은 소진되지 않았다.

마르크스의 사회주의적 비전에 대해 비판적이었던 베버도 현대성의 기본 원리를 점진적 합리화에 두고 그 합리성이 관료행정과 자본주의적 시장경제에서 집중적으로 발현되는 양상에 주목했다. 고도로 합리화된 관료 조직과 시장기제가 경이로운 기능적 효율성을 과시함으로써 우리의 삶을 최종적으로 '탈(脫) 주술화'시켰다는 것이다. 그러나 베버는 이런 형식적 합리성의 확산이 동시에 본질적 합리성의 희생을 동반한다고 비판했다. 처방전이 서로 매우 다름에도 불구하고 19세기 사회과학의 두 거인이 내놓은 시대 진단은 한 방향으로 수렴된다. 그들은 과거와는 전혀 다른 사회인 대중사회의 출현을 거대 이론의 맥락에서 예감하고 선취한 것이다.

대중사회의 출현이 자유시장경제의 팽창에 의해 가능해진 것은 두말할 필요가 없다. 대중사회의 구조와 동학(動學)에 대한 지식인들의 비판적 태도는 이때부터 정형화되기 시작했다. 대량생산과 대량소비의 경제행위에 익숙해지고 몇 년마다 돌아오는 투표권 행사 따위를 민주적 참정권과 동일시하는 익명의 다중(多衆)으로서 정의된 대중은 정치적으로 몰역사적이며 경제적으로 수동적이고 문화적으로는 저급하다는 것이 동서양을 불문한 비판적 지식인들의 한결같은 목소리였다. 한국 진보가 선거에서 패배할 때마다 '계급을 배반한 대중의 비이성적 투표' 운운하는 진보 정치 엘리트의 대중비판론이 제기되기 일쑤인 것은 이런 맥락에서이다. 시장이 상징하는 화폐만능주의에 진보 지식인들이 생래적 적대감을 보이는 것과 같은 문맥이다.

일정한 경제력을 갖고 나름대로의 소비생활을 즐기며, 주권자로 격상되어 가면서 현대 민주주의의 주체임을 자임하고 자유로운 문화 향수자임을 자처하는 대중의 출현에 대해 지식인들이 불편해하는 것은 자연스러운 반응이다. 구미 사회의 경우 19세기 말에 시작해 20세기 초 들어 일반화되었고, 한국의 경우 1980년대 이후 본격화되기 시작한 대중사회로의 이행에 대한 지식인들의 두려움은 기실 생래적인 것이라고 할 수도 있다. 대중사회로의 전환 이전의 서구에서는 지식인들이 오랫동안 지배계층의 말석을 차지했기 때문이고 우리 전통사회의 경우에는 지식인들 자신이 바로 지배계층의 본류였기 때문이다. 하지만 자본주의와 돈에 대한 지식인들의 즉물적 거부 현상은 앞서 분석한 시장철학의 통찰을 알지 못하는 일면적 인식의 산물 아니면 명분론적 위선의 요소를 담은 경우가 적지 않다. 현대의 대학과 지식인 사회가 상업과 돈에 적대적이었던 서양 중세의 수도원의 역할을 대신한다는 최소한의 역사인식조차 결여한 지식인이 의외로 많다.[1]

---

1 Simmel, G. (1900/2013), Kahan, A. (2009/2010). 정신과 돈을 대조한 아래의 서술은 《지식인과 자본주의》의 통찰에 힘입은 것이다.

정신과 돈을 대비시키고 수도자(유학자)와 상인의 삶을 비교하는 것은 한국 역사에서 훨씬 강하긴 하지만 서양의 오래된 관습이기도 하다. 이른바 장사치의 목표가 소유에 있는 데 비해 성직자는 참된 삶을 지향한다는 주장이다. 여기서 자연스럽게 정신이 돈보다 우월하고 수도자가 상인보다 도덕적인 존재로 표상된다. 과거 성직자와 상인이 각기 정신과 돈을 상징했다면 종교의 권위가 실추된 근대 이후에는 지식인이 정신의 옹호자로 부상하고 자본주의가 돈을 대표한다. 그 결과 정신과 돈 사이의 전통적 대립 구도가 지식인의 자본주의 비판으로 변환된다. 서양에서도 시장과 상업에 대한 멸시는 플라톤 이래 지식 사회의 전통이었지만 특히 20세기에 들어 수많은 서구 지식인들이 자본주의와 자본가에 대한 경멸을 노골적으로 표현함으로써 지식인 사회 자체가 반(反)자본주의 문화전쟁의 사령부 역할을 자임하는 게 대세로 자리 잡았다. 자본주의를 비판하면서 정치혁명을 꿈꾸는 지식인들의 거처인 대학 캠퍼스가 수도원(서당)의 영적 직계후손인 것은 이 때문이다.

자본주의와 함께 나타난 근대 지식인 집단이 반자본주의 운동을 가장 중요한 소명으로 삼는 건 아이러니가 아닐 수 없다. 이처럼 서구 지성사 전체를 관통해 지식인의 반(反)시장적 전통은 매우 뚜렷했다. 강력한 상업의 전통이 엄존했던 유럽의 경우에도 그럴진대 상업의 영향력이 미미했던 한반도 역사에서 산업화가 시작되기 이전 반(反)시장적 전통은 강력히 온존되었다. 유럽의 경우 근대 지식인들의 반(反)자본주의적 정체성을 감안하면 18세기 초에서 19세기 초까지 지속된 '정신과 돈의 밀월', 즉 자본주의에 대한 일부 지식인들의 호의는 예외적 사건이었다고 할 수 있다. 예컨대 '사유재산이 문명의 바탕이며 자본주의와 자유는 연결되어 있다'고 본 토크빌의 통찰을 대다수 지식인들은 일관되게 외면했다. 결국 우리가 지금까지 탐색한 시장철학은 동서고금에 거의 공통되다시피 한 지식인 사회의 반(反)시장 편향에 대한 철학적 도전이라고 할 수 있다.

근대 지식인은 소수만 구사할 수 있는 비판 능력의 소지자라는 뜻에서 민주사회의 준(準)귀족이며, 도덕적 비판을 맡는다는 점에서 자본주의 사회의 준(準)성직자 역할을 적어도 자신들의 마음속으로 자임했다. 대중 지성을 말하는 21세기에도 사정은 크게 변하지 않았다. 이것이 지식인들이 가진 사명감과 자부심의 원천이며 대중을 경멸하는 태도의 근원이다. 반(反)자본주의의 전형인 마르크스주의에서 지식인들이 과학, 종교, 도덕의 삼위일체를 발견하고 매혹되었던 건 우연이 아니다. 현실사회주의의 붕괴 후에도 적지 않은 지식인들이 사회주의의 꿈을 버리지 않는 것도 같은 맥락이다.

반미주의나 반(反)세계화 운동도 현대 지식인들의 반(反)자본주의 투쟁의 맥락에서 해석 가능하다. 반자본주의 지식인이 볼 때 미국은 순수한 형태의 자본주의 체제이므로 지식인들의 반미 성향은 태생적으로 예비된 것이나 다름없다. 게다가 미국은 구체제가 없었던 민주 사회이므로 준귀족이자 준성직자인 지식인을 특별히 대접하지 않는 문화이다. 준귀족과 준성직자의 역사적 배경을 지닌 유럽 지식인들이 미국에 대해 가진 반감의 뿌리를 짐작할 수 있다. 이들이 볼 때 신자유주의적 세계화도 결국 미국 주도의 지구적 자본주의화이므로 용납할 수 없는 게 당연하다.

하지만 지식인들은 자본주의의 혁신과 시장의 창조 능력이 지식인의 지식 생산 능력과 비교해도 결코 열등하지 않다는 사실을 인정할 때가 된 것 같다.

이처럼 우리는 지식인의 대중 비판에는 그들이 시장과 자본주의에 대해 가진 비판 의식과 우월감이 자리한다는 사실을 지식사회학적으로 성찰해야 한다. 지식인이 스스로를 정신의 옹호자로 자임하는 태도는 자명한 게 아니라 역사적으로 형성된 담론이므로 상대화되어야 마땅하다. 정신이 돈보다 우월하다고 믿는 자기확신도 지식인이 처한 특정한 계층구조의 산물이라는 교훈을 돌아볼 필요가 있다. 따라서 '정신이냐, 돈이냐'의 이분법적 대립 구도는 크게 완화되어야 하고 그 위계구조도 역동적으로 재구성되어야 한다. 시장철학의 지평에서 이런 문제의식은 시장질서와 민주질서의 변증법으로 현현된다.

대중사회론이나 대중문화 담론의 큰 흐름 자체가 대중 일반의 정체성과 정향(定向)에 대해 비판적일 수밖에 없는 지식사회학적이고 계급적인 정황이 엘리트 지식인들에게 간과되는 경향이 있다는 사실이 의미심장하다. 유교적 명분론에 입각해 대중에 대한 계도(啓導)주의를 현대의 많은 지식인들조차 스스로의 당연한 권리로 받아들이는 한국 사회에서는 더욱 그러하다. 하지만 전문성이나 도덕성 또는 고급한 문화적 감수성의 소지자라는 미사여구로 포장된 현대 지식인의 우월감이나 특권의식이 과연 얼마나 근거가 있는 것인지는 상세히 따져보아야 할 일이다.

한편으로 대중적 삶의 양식은 과연 '타자 지향적'이며 일차원적이고, 유행에 부화뇌동하며 온갖 허위의식에 휩싸였다는 사실을 부인할 수는 없다. 그러나 이러한 삶의 양식이 존재론적으로 이미 규정된다고 보는 것은 일면적 진단일 뿐이다. 대중에 대한 많은 고전적 분석 이론을 지나친 패배주의로 몰고 간 함정을 뛰어넘을 필요가 있는 것은 이 때문이다. 또 한편의 극단은 오늘날 주류화된 대중의 정체성과 삶의 양식을 있는 그대로 받아들이면서 기능주의적 틀 안에서 그 현상을 표피적으로 서술하는 데 자족하는 흐름이다. 현대 대중사회론이나 문화연구를 장악한 듯이 보이는 이런 경향은 현실추수주의적 편향에 지나지 않으며 심각한 철학의 빈곤을 드러낸다.

대중문화의 입체적 성격에 대한 분석은 대중 자체의 이중적 정체성을 파악하는 지름길이라고 할 수 있다. 대중이 우중과 동일시될 때 대중문화는 천박하고 저급한 문화로 규정되기 십상이다. 영혼 도야(陶冶)의 산물이라는 고전적 문화 개념과 대극적인 그 무엇으로 여겨진다. 원래 문화인이란 주어진 욕망을 절제하면서 특정한 교육과 훈련의 과정을 밟아 정신적이고 감성적인 영역에서 자신의 내적 힘을 발휘할 수 있는 존재로 묘사되었다. 인간을 인간답게 만드는 정신적인 것의 한 정화(精華)로서 문화가 이해되어 온 것이다. 이는 서양에서 고대 이후 19세기까지 별다른 이의제기 없이 통용되었고, 유교적 명분론의 유산이 지금까지도 영향력을 행사하는 한국 사회에서도 자연스럽게 사용되는 이 같은 문화관을 우리는 '문화관념론'이라 부를 수 있을 것이다.

문화적인 것과 비문화적인 것 사이의 경계를 분명하게 가르고 문화의 핵심을 고답적이고 정신적인 데서 찾는 문화관념론적 태도는 오늘날에도 그 위세가 줄지 않았다. 특히 스스로 고급문화의 대변자이자 정신문화의 수호자라고 자처하는 지식인들 가운데 현대에 일반화된 문화의 쇠락 현상에 대해 비분강개하는 이들을 적지 않게 찾아볼 수 있다. 한국 사회에서 주기적으로 재현되는 '인문학 위기 담론'도 비슷한 배경을 지닌다. 이들 엘리트주의자들과 인문학자들은 시간이 흐를수록 진정한 문화가 갈수록 찾기 어려워지는 데 비해 쓰레기 같은 대중문화가 넘침으로써 인간의 정신과 감성을 병들게 한다고 주장한다.

상업주의적 대중문화의 범람과 지나친 비대화 현상이 엄청난 부작용과 역기능을 불러온다는 사실 자체를 부인할 수는 없다. 특히 젊은 세대의 경우 대중문화의 부정적 측면을 깨닫지 못한 채 대중문화 자체를 이미 주어진 자연스러운 현실로 받아들여 수동적으로 수용하거나 적극 영합하는 경우가 많다. 대중문화의 지나친 득세 또는 '모든 문화의 대중문화화'라는 우리 시대의 도도한 흐름에 대해서도 일정한 자기성찰적 태도를 취하는 것이 필수적이다. 이런 비판적 태도를 결여할 때 주위에서 흔히 보는 것처럼 범람하는 대중문화 속에 빠져 수동적으로 휩쓸려 내려갈 가능성이 높아진다.

우리가 흔히 듣는 '정신문화/물질문명' 사이의 이분법적 대비도 정신성으로서의 문화 개념으로부터 나온 것이다. 문화가 정신적인 것의 수련과 성취와 연관이 있는 데 비해 문명은 구체적이고 실용적인 영역에서 물질적 삶을 편하게 하고 유족하게 만드는 기술적 노력의 성과라는 것이다. 그 연장선에서 문화는 철학, 종교, 예술과 연관되고 문명은 과학과 기술의 소산으로 보는 관점이 나온다. 그리하여 동양은 전통적 정신문화에서 우월하고 서양은 근대적 물질문명에서만 앞서 있다는 자기방어적 논리로 발전하는 현상을 볼 수 있다.

하지만 우리는 표면적으로는 상당히 그럴 듯해 보이는 문화관념론의 이면에서 작동하는 은폐된 이데올로기적 동역학(動力學)에 주목할 필요가 있다. 문화에 대한 관념적 이해에서는 인간이 영위하는 구체적이고 일상적인 삶의 현장으로부터 문화를 분리시키는 경향이 있다. 즉, 일상의 삶을 가능하게 하는 물적 조건들과는 독립된 어떤 고매하고 추상적인 지평에 문화를 위치 짓는다는 것이다. 그런데 고급문화론과 문화/문명 분리론이 명시적이고 적극적인 담론의 형태로 조직화된 시점과 그 계기를 살펴보면 매우 흥미로운 역사적 사실을 발견할 수 있다.

　문화의 자기정체성을 묻는 담론들은 산업화의 결실이 전체 서구 사회에 파급되기 시작한 19세기에 분명하고 체계적인 형태로 출현하였다. 물론 그 단초는 과학기술의 발전이 전통적인 삶의 형태를 크게 변화시키는 데 위기의식을 가진 근대의 인문주의적 지식인들이 과학의 흥기(興起)에 대한 대응책으로서 시도했던, 문명과 문화를 분리시키려는 노력으로 소급된다. 지금까지 문화의 핵심으로 간주된 정신의 영역이 시대 변화에 의해 총체적으로 위협받는다는 지식인들의 위기의식이야말로 고급문화론의 태동을 가능하게 한 배경이었던 것이다. 그렇다면 삶을 가능하게 하는 물질적 조건들을 정신의 지평과 양분법적으로 구분하려는 집합적 노력이 왜 하필 19세기에 태동한 것일까?

　그 이유는 앞서 말했던 대로이다. 19세기야말로 전 유럽에 근대 정치혁명의 결과가 본격적으로 파급되어 신분제적 위계질서가 무너지고 산업혁명의 여파로 전통적 가치관이 붕괴하던 총체적 변혁기였다는 게 핵심이다. 한마디로 요약하자면 대중사회가 본격화한 것이다. 이제 한 사회의 다수로서 고유한 정치사회적 발언권과 경제적 구매권을 가진 대중이 문화 영역에서도 자연스럽게 자신들에 걸맞은 문화 향수권을 주장하기 시작했다. 대중이 다수이자 주체가 된 대중사회의 천박함에 대해 본능적인 경계의식을 가졌던 인문주의적 문화 엘리트들에게 이런 현상은 엄청난 위협으로서 다가올 수밖에 없었다. 특히 이들은 자신들의 정신적 헤게모니가 대중의 부상 때문에 위협당하는 데 대해 불편하고 거북한 태도를 감추지 않았다.

　대중사회와 함께 등장한 대중문화는 광범위한 산업화와 도시의 출현에 물질적 근거를 둔다. 도시 주변에 모여 살기 시작한 수많은 산업

노동 인구와 상업적 중산층이 바로 대중으로서, 그들은 인류 역사상 최초로 보통교육 제도의 혜택을 받고 급박한 생존의 필요에서 어느 정도 벗어나 일정한 여가를 누릴 수 있는 익명의 다중(多衆)이었다. 다중이 문화를 향유하는 주체가 되는 대중문화의 지평에서는 문화 생산자와 문화 소비자가 완전히 분리된다. 산업화가 가능하게 한 기술적 대량복제를 통해 문화 소비자에게 판매할 수 있는 형태인 상품으로서 문화가 대량으로 창출·유통되고 소비되는 특징적 모습을 보인다. 즉, 상품으로서의 문화 현상이 일반화되는 것이다.

문화 엘리트들, 즉 문화관념론자들이 볼 때 대중문화는 미학적으로 저급하며 심리적으로 천박한 대중에 영합하는 문화이며 변덕스러운 대중들의 취향 자체를 자본의 논리로 조정하고 제어하는 상업적 계산에 의해 철저히 지배되는 문화이다. 대중문화가 이렇게 부정적으로 규정될 때 문화의 자기성찰적 본질을 고수하려는 지식인이 대중문화의 잠재적 반(反)문화성에 주목하게 되는 것은 자연스러운 결과다. 대중문화론에 대한 인문주의적 비판의 극점은 문화산업론으로 집약된다.

제2차 세계대전의 발발을 앞두고 독일에서는 일군의 비판적 지식인들이 모여 현대 사상계에 큰 영향을 끼친 이끈 프랑크푸르트학파가 성립되었다. 프랑크푸르트 대학 사회조사연구소를 중심으로 마르크스주의, 정신분석학, 헤겔철학, 문예이론, 예술, 사회학, 역사학 등의 다양한 배경을 가진 학자들이 당대의 사회 변화에 대해 총체적이고 비판적인 연구를 시도한 것이다. '비판이론가들'이라고 불리기도 하는 프랑크푸르트학파 초기의 주요 사상가 가운데 하나였던 아도르노(Adorno, T.)가 개진한 문화산업론이 우리의 관심을 끈다.

문화산업론의 핵심적 주장은 다음과 같이 몇 가지로 압축된다. 대중문화의 일반화가 입증하는 것처럼 문화생산의 전 과정이 산업화된 결과 문화가 성찰적 본질을 상실하고 한갓 표준화된 상품으로 전락하였다. 문화의 산업화는 전통적으로 궁정귀족과 도시 대(大) 부르주아 계층이 누리던 고급예술뿐 아니라 공동체적 사회에서 피지배계층과 농민층이 창조한 자발적이고 역동적인 민중예술도 질식시키고 말았다. 그리하여 상공업의 발달과 함께 등장한 근대 시민계층의 욕구를 반영한 통속문화가 대중매체의 발달과 대량생산, 대량소비 체제의 착근과 함께 오늘날 우리가 보는 공룡 같은 대중문화로 통합된 것이다.

문화산업론에 의하면 문화의 산업화는 궁극적으로 자본의 논리에 의해 규정된다. 대중문화는 대중들의 삶을 한 치의 여백도 없이 게걸스레 집어삼킨다. 대중문화가 대중들의 노동뿐 아니라 여가시간조차 완전히 점령함으로써 비(非) 자본주의적인 정체성과 감수성의 성립 자체를 원천적으로 불가능하게 만드는 것이다. 비판의식의 실종과 대중들의 완전한 소외와 삶의 파편화가 그 결과였다. 따라서 아도르노를 위시한 비판이론가들은 대중문화의 일반화가 예증하는 대중의 우중화(愚衆化)야말로 파시즘 같은 끔찍한 전체주의 체제를 현대적 삶의 밑바탕에서 예비한 주 요인이었다고 보는 것이다.

아도르노에 의하면 문화산업화된 대중문화 자체가 본래적으로 자본을 효과적으로 재생산하기 위해 고안된 것이다. 따라서 대중문화를 통해 형성되는 대중의 욕망 자체가 자율적이고 진정한 욕구라고 할 수 없다. 대중의 욕구 회로 자체가 자본의 논리에 의해 대중문화를 통해 습득되고 확장되므로 인간의 욕망은 더 이상 합리적 숙고를 통해 제어되지 않는다. 문화산업이 사람들로 하여금 자발적으로 좋은 것(good)과 상품(goods)을 동일시하게끔 만든다는 것이다. 그리하여 대중은 완벽하게 대중문화의 틀 안에서 진행되고 증식되는 소비와 여가의 사이클과 자신의 품성 및 삶을 동일시한다. 대중이 대중문화 자체의 역사성을 완전히 망각한 채 물신(物神)화된 자본주의적 교환 관계를 맹목적으로 추종하게 되는 것이다. 상품 속에 체현된 돈이 신(神)의 위치로 떠오르는 사태를 대중이 너무나 자연스럽게 수용한다는 것이다. 문화산업론이 마르크스 정치경제학의 연장이 되는 것은 이 지점에서다.

현대 사회의 행로와 대중문화의 전망에 대한 프랑크푸르트 1세대 학자들의 견해는 이처럼 매우 부정적이었다. 아도르노의 대중문화론과 비판이론가들이 경험했던 파시즘의 대두와 유태인 대학살이라는 비극적 경험은 서로 긴밀하게 교차된다. 오늘날 우리가 문화산업론 테제에 짙게 깔린 유태계 지식인들의 비관주의적 역사철학을 그대로 받아들일 필요는 없을 것이다. 그러나 대중문화의 핵심적 정체성에 대한 그들의 놀랄 만한 통찰력이 오늘날에도 경청할 만한 가치가 있다는 사실 자체를 쉽게 부인할 수는 없다.

하지만 대중과 대중문화가 지닌 입체적이고도 모순적인 성격에 대한 지금까지의 논의는 문화관념론의 공과를 극명하게 입증한다. 인간 형성의 지평과 인간성의 향상이라는 문화의 보편성에 대한 강조에서는 문화관념론이 일정한 설득력을 가진다. 그러나 문화관념론과 문화산업론은 정신주의적이고 인문주의적 편향 때문에 극소(極小) 전자 디지털 세계 그리고 전 지구화된 자본주의라는 현실 속에서 역동적으로 변화하는 보통 사람들의 생활세계를 해명하고 미래의 바람직한 문화생활을 진단하는 데는 역부족이다. 우리는 대중문화의 전면화를 거부할 수 없는 현실로 인정하면서도 그 속에 압도되거나 매몰되지 않는 지혜와 실천능력을 필요로 한다. 공허하고 구태의연한 철학적 이론들을 되풀이하는 차원을 넘어서 문화철학적 담론이 대중문화의 명암을 해부하면서 미래 전망을 제시할 수 있어야 할 것이다.

나는 문화가 삶의 다양한 형태와 방식을 통해 총체적으로 관철되기 때문에 일상의 삶 자체가 바로 문화라고 생각하며 이러한 경향은 대중 사회에 이르러 보편적으로 관철되는 경향이 있다고 본다. 따라서 문화 관념론이 집착하는 정신 영역의 소산이라는 배타적 문화 영역을 인정하지 않으며 문화가 경제활동의 반영에 불과하다는 마르크스주의적 환원론에도 동의하지 않는다. 서로 경쟁 관계에 있는 두 고전적 패러다임은 건강한 삶의 토대 위에서 진정한 문화인이 되기 위해 반드시 극복해야 할 단순 논리에 불과하다.

문화는 우리의 관습, 정서, 무의식, 종교, 법, 문법 체계, 표상, 상상력, 실천 등의 총체를 지칭한다. 이런 맥락에서는 정신/물질, 문화/문명, 상부구조/토대 등의 기계적 이분법도 당연히 거부된다. 여기서 우리는 문화와 경제 그리고 다양한 사회적 관계들이 서로 씨줄과 날줄처럼 엮여져서 문화라는 총체적 의미 네트워크를 건설한다는 사실을 확인할 수 있다. 다시 결론적으로 요약하자면 문화는 순수하게 물질적인 것도 아니고 순전히 정신적인 것도 아니면서 이 두 영역이 교류하는 가운데 진행되는 인간의 사회적 실천을 총칭하는 것이다.

문화는 인간 삶의 무늬와 결을 구성하는 일상적 실천 활동이다. 따라서 우리는 문화적 존재로 살아갈 수밖에 없다. 삶 자체를 인간에게서 빼앗지 않는 한 인간으로부터 문화를 박탈하는 것은 원천적으로 불가능하다. 결국 인간은 문화인으로 태어나 살다가 문화적 존재로 종언을 고할 수밖에 없다. 개인이 사라져도 문화는 남는 이유는 바로 이 때문이다. 바로 이 이유 때문에 문화는 구조이면서 동시에 생동감 넘치는 활력으로 자기변신을 거듭한다. 다양한 삶의 풍경과 현장 속에서 우리가 직접 직조(織造)하는 의미와 실천의 그물망이 삶을 형성하면서 동시에 문화를 창출하는 것이다. 이 생생한 교훈 앞에서 일상이 가진 문화철학적 의미는 극대화된다. 대중문화에 대한 비판적 성찰은 대중과 시민의 정치철학적 불가분리성을 예증하는 강력한 실제 사례라고 할 수 있다.

2
공화사회를 촉진하는 공론장

    ●   일반론적으로 이야기하자면 공론장(公論場)은 시민의 공중적 차원을 극대화하고 우중적 측면을 최소화하는 최선의 훈련 무대이자 토론의 장(場)으로 정의된다. 모더니티의 특징이 시장질서와 민주질서의 긴장 어린 동행으로 규정될 수 있다는 명제를 더 세밀하게 개념화하면 다음과 같은 정리가 가능하다. 모더니티에서는 국가, 시장, 시민사회만 분리되는 것이 아니라 국가라는 공적 권위의 영역과 시민사회라는 사적 영역 사이에 독립적인 공론장이 형성되기 시작함으로써 앞서의 세 영역을 매개하는 역할을 담당하기 시작했다는 것이다.[1]

공론장은 개인의 사생활 차원을 넘어서 사회화된 사람들 사이의 실천적 행위와 소통 관계를 지칭한다. 근대 자유민주주의 정치질서의 구성에 공론장이 핵심적 역할을 담당했음은 두말할 필요가 없다. 내가

---

1 Habermas, J. (1989). 원본은 1962년에 발간된 그의 교수자격 논문인 "Strukturwandel der Offentlichkeit"(Darmstadt: Hermann Luchterhand Verlag, 1962)이다. The Public Sphere는 공적 영역, 공공영역, 공개성, 여론 등으로 옮겨지지만 여기서는 '공론장'으로 옮긴다. 공론장은 공개성의 원칙에 의해 여론이 형성되고 공론으로 승화되는 제도적·비제도적 차원을 역동적으로 포괄하는 지평이기 때문이다. 이런 관점에서 보면 공적 영역이나 공공영역이라는 번역은 다소 평면적이다.

보기에 근대 공론장의 혁신성은 크게 보아 두 가지로 압축된다. 하나는 그 발화주체가 평범한 보통 사람들이라는 점이며, 두 번째는 공론장의 소통구조가 쌍방향적이고 다면적이었다는 사실이다. 따라서 나는 조선 문명의 유교적 공론장의 가능성을 논하는 선구적 작업은 충분히 유의미한 기획이지만 서구 공론장의 이러한 기본 특성을 면밀히 고려해야 적실성 있는 논의가 가능할 것이라고 본다.

공론장의 성격이 정치적으로 진화하면서 국가와 시민사회를 매개하는 독자적 성격이 분명해진다. 부르주아 계급이 공론장에 적극 참여함으로써 근대 국가의 정치적 의사결정 과정의 한 주체로서 당당히 선다. 이런 부르주아 공론장은 영국에서는 17세기 후반, 프랑스에서는 18세기, 독일에서는 19세기에 들어와서야 본격화되기 시작했으며 이 과정은 곧 근대 자유시장과 자유민주주의 정치질서의 확립과 그 궤를 같이했다고 하버마스는 주장한다. 개인의 자연권, 보통선거권, 삼권분립에 의한 권력의 제한, 언론·출판·집회·결사의 자유 등은 모두 공론장의 통로를 통해서 차근차근 확보될 수 있었다.

하지만 하버마스의 공론장 연구는 "시장철학 전사"에서 분석한 중세 유럽 코뮌운동과 자유상업도시의 형성사의 중요성에 대해 충분히 고려하지 않았다. 바꿔 말하면 그의 공론장 연구에는 시장질서의 독자적 위상에 대한 독립적 논술이 부재하다. 정치적 공론장의 정립과 대의제의 성립, 법치주의, 입헌국가, 정당의 태동 등 근대 민주주의의 발전이 중세 자치도시와 시민의 형성이라는 모태를 근원적 배경으로 삼기 때문이다. 결국 시장철학의 논리와 동역학을 상론한 제2장과 제3장은 하버마스의 공론장 연구가 건드리지 못한 채 공백으로 남은 현대 정치철학의 주요 부분을 메우는 역할을 수행한다.

한마디로 《공론장의 구조변동》은 중요하면서도 일면적인 텍스트이다. 후기 하버마스가 비관적 결론이 불가피한 '공론장의 재봉건화' 명제를 대체하는 '체계에 의한 생활세계의 식민화' 테제를 들고 나오는 것은 이 때문이다.[2] 이 테제의 도입과 더불어 '국가-공론장-시민사회'라는 초기의 3분법적 틀도 '행정 체계-경제 체계-사적 생활세계-공론장적 생활세계'의 4분법으로 변화된다. 이로써 지나치게 부풀려진 시민사회라는 용어의 부담이 줄어들고 근현대 민주주의의 동역학에 대한 보다 균형 잡힌 평가가 가능하게 되었다고 하버마스는 자부한다. 보편화용론과 소통행위 이론, 담론 윤리, 토론민주주의론 등의 이론 구성에서 핵심 역할을 수행하는 하버마스의 담론 이론은 '현대에 진정한 민주주의가 가능한가?'라는 정치철학적 문제의식과 유기적으로 연결된다.

공론장과 공론장적 생활세계를 제도적 기반으로 삼는 하버마스의 담론 이론은 여러 가지 문제점에도 불구하고 우리가 논구한 시민정신의 지평을 확대·심화시키는 데 큰 도움이 된다. 정치적 참여와 의사결정 과정의 민주화가 보다 나은 논증과 이성적 설득으로 평결되는 성찰적 담론(소통적 행위)에서 정식화되기 때문이다. 그 결과 공론장의 지평도 아렌트의 정치적인 것의 이념이나 자유민주주의 정치 이론의 세련된 형태라고 할 수 있는 후기 롤스의 '정치적 자유론'보다 확장된다. 이것은 자유민주주의가 제도화하면서 왜소화되고 만 공화주의적 입헌정치의 계기가 부활할 수 있는 가능성을 뜻한다.

풀뿌리 참여정치의 활력은 아렌트나 롤스의 논의보다 하버마스의

---

2 Habermas, J. (1981).

282

담론 이론에서 더 효과적으로 확보될 수 있는 것으로 판단된다. 담론 이론의 성격이 공론장의 경계를 사회적이거나 정치적인 행위 유형에 참가하는 모든 이들에게 원론적으로 개방하기 때문이다. 아렌트가 집착하는 말과 행동을 공유하는 폴리스의 엘리트적 위상과 공적 영역의 제한적 성격이 무너지면서 자유민주주의적 공론장도 급진적으로 확대될 수 있다. 하버마스 자신은 이 논제에 대해 침묵하지만 비판적 공론장의 원리적 개방성은 부르주아 공론장과 경합적 공존 관계에 있는 프롤레타리아 공론장의 가능성과 현실성에 대해서도 상도(想到)하게 만든다. 대중이 주요 행위자인 대중적 공론장의 지평이 활짝 열리게 되는 것이다.

다스리는 자와 다스림을 받는 자의 궁극적 동일성을 원칙으로 하는 민주주의의 이상은 정치철학의 영원한 규범적 요청이지만 그것이 논리적으로 극단화될 때 국가와 시민사회가 설 자리가 사라진다. 역으로 정치 공동체의 통합성과 통일성을 전제하지 않는 민주주의는 중우정치적 선동정치의 위험 앞에 곧바로 노출되어 자신의 존재 근거가 침식되기 마련이다. 디지털 혁명의 가장 큰 정치적 가능성으로서 상찬되는 디지털 직접민주주의의 철학적 한계도 바로 이 부분에서 발견된다. 민주적 참여 없이 획득되는 어떤 형태의 정치적 통합도 공허하고 정치적 존재인 인간의 실천적 직관에 위배되며 민주주의의 이상에 반(反)한다는 교훈을 부인하기 어렵다.

공론장의 입체적 지평이 극적으로 확장된다는 사실이 디지털 혁명의 주된 의의 가운데 하나다. 정보 혁명의 최신 단계인 디지털화는 자연스럽게 공론장의 추가적 구조 변화로 이어진다. 디지털 혁명이 지닌 정치적 함축 중에서 가장 흥미로운 현상은 민주주의의 근대적 수정 양태인 자유민주주의의 출현 이래 불가능하다고 여겨진 직접민주주의의 가능성과 타당성에 대한 논쟁이 활성화된다는 사실이다. 이는 민주주의적 인민 주권과 정치적 통합성 테제 사이의 내재적·창조적 긴장 관계에 대한 분석과 상호 선순환 관계로 연결된다. 디지털화된 정보가 정보기술·통신기술과 매개되어 구사됨으로써 삶의 형태나 주체화 방식, 그리고 소통방식이 혁명적으로 바뀌기 때문이다. 우리가 '이-폴리틱스'(e-politics)를 '인터넷을 중심으로 전개되는 정치'라 정의하고 '전자민주주의'를 '디지털 혁명이 다양한 정치주체들 사이의 소통과 권력 배분에 개입함으로써 이루어지는 민주주의'라고 규정한다면 전자민주주의는 이-폴리틱스를 포함한다.

여기서 핵심은 전자민주주의가 시민정신의 변화와 공화사회의 가능성에 어떤 의미를 가지는가 하는 점이다. 전 세계에서도 유례를 찾기 어려울 정도로 신속하고 광범위한 디지털 혁명이 한국 사회에 끼친 영향은 여러 실증적 자료가 증명한다. 통계청 발표에 의하면 2008년 말을 기준으로 우리나라의 가구 인터넷 보급률은 80.6%로서 세계 최초로 80%를 넘어섰다. 2008년도 가구당 컴퓨터 보유율도 80.9%로서 세계 최고 수준을 자랑한다. 2007년 OECD 조사에서도 한국의 가구 인터넷 보급률이 세계 1위를 기록한 바 있다. 이런 흐름은 지금도 비슷할 것으로 판단된다. 인구 비율로 세계 최고 수준인 네티즌들이 정치에 접근하는 방식의 변화는 현실권력의 지형을 크게 바꾼다. '2008년 촛불'도 기존의 운동정치적 시각으로는 이해되기 어려운 한국적 전자민주주의와 이-폴리틱스의 폭발에 크게 힘입었다. 한국의 국가 관료기구나 정당들의 변화가 이런 이-폴리틱스의 흐름에 의해 일정 부분 강제되는 것도 사실이다. 현대 민주정치의 지표인 공공성과 연결된 공론장의 구조 변화와 거버넌스의 지평 확대를 전자민주주의가 촉발하는 것이다.

한국 상황에 대해 하버마스식으로 진단하면 정파적인 제도언론의 독과점 상황, 광고를 통한 거대 기업집단의 영향력, 그리고 과대정부의 끊임없는 개입 시도가 야기한 한국 공론장의 재(再)봉건화를 극복할 수 있는 가능성을 전자공론장의 활성화에서 찾을 수도 있다. 복합적 전자미디어의 확산이 초래한 공론장의 구조 변화는 이중적 함축을 지닌다. 일방향적 소통의 흐름(중심에서 주변으로, 위에서 아래로)을 드러내는 매스미디어가 사회적 통제의 효율성을 강화하는 데 비해 그 흐름이 다(多)방향으로 전환할 때 열린 사회의 가능성을 크게 확장시킨다는 사실이다. 이는 공론장을 축으로 한 현대 커뮤니케이션 구조 자체에 '해방적 잠재력'이라는 평형추가 내재한다는 것을 입증한다. 이러한 해방적 잠재력이야말로 전자민주주의의 가장 큰 특장(特長)이라고 해야 할 터이다.

네티즌들도 사이버 공간 뒤에 있는 기술적 힘이 어떻게 우리의 사회 공간을 변화시키는가에 주의를 기울이는 사이버 리터러시를 충족시킬 것으로 기대된다.[3] 인터넷 정보매체 양식의 보편화 현상이 일대다(一對多)에서 다대다(多對多)로의 커뮤니케이션 방식 전환과 동행한다는 사실이 지적되어야 한다. 전자공론장은 그런 전환 과정의 산물이다. 전자공론장에 대한 지나친 기대를 경계하는 것도 필요하지만 전자공론장이 공공성의 지역적·공간적 한계를 혁파하고 비대칭적이고 비(非)

---

3 Gurak, L. J. (2001/2002). 원제목은 *Navigating the Internet with Awareness*(Yale University Press, 2001).

대화적이었던 과거의 공공성을 대칭적이고 담론적인 공공성으로 변화시키는 구조 변환의 측면은 주목할 만한 가치가 있다.

또 한편 오프라인 미디어의 거대화, 독과점화, 상업화, 탈(脫) 공론 장화라는 현상은 세계적 추세이기도 하다. 1980년대 이후 한국 정치 민주화 과정의 최대 수혜자 가운데 하나가 강력한 권력집단으로 자리를 굳힌 제도언론이라는 사실을 감안하면 전자공론장의 출현은 일단 한국 민주주의의 활성화에 대해서도 의미심장한 희망의 싹을 보여준다고 평가할 수 있다.[4] 의제 형성의 길이 다기화되고 시민의 정치 참여가 촉진되며, 전자공론장과 현실공론장이 건설적으로 상호작용할 개연성이 원리적 문맥에서 제고된다는 것이다. 이는 민주주의의 실현과 정치 공동체의 통합성 확보에 필수적인, 직접적이면서도 쌍방향적이고 다면적인 정치 참여가 '흐름의 장'으로서 현대 정치 공동체 안에 구조화된다는 사실을 뜻한다.[5]

전자공론장의 활성화는 기본적으로 정치사회의 실천 형태가 국민투표, 국민발안, 지역 공동체로의 권한 위임 등의 차원으로 다면화 · 실질화하면서 유권자/네티즌들이 심의민주주의의 정치주체로 활발하게 재형성될 수 있는 가능성이 커짐을 의미한다.[6] 대의민주주의 아래서 무력하기만 했던 개개의 시민들이 전자공론장의 직접적 참여자가 되어 자유롭게 정보를 수 · 발신하며 의제를 형성함으로써 적극적 정치주체

---

4 오늘날 국가기관과 맞먹는 수준으로까지 과대팽창한 한국 언론이 의제를 형성하고 변형시키는 과정을 통해 준(準) 국가적 권력을 행사하는 과정에 대한 실증적 연구로는 박승관 · 장경섭 (2001) 이 있다.

5 Castells, M. (1997), pp. 376.

6 Barber, B. R. (1998), pp. 573~581 참조.

로 자신을 재정립시킬 수 있다는 것이다. '2008년 촛불'의 빛은 그 가능성을 극적인 형태로 보여주었다고 할 수 있다. 이런 실천적 기획이 지속적으로 진행될 수 있다면 민주주의의 요구와 정치적 통일성을 동시에 담보할, 즉 '어디에나 분포하며, 지속적으로 가치 부여되고, 실시간으로 조정되며, 역량의 실제적 동원'이 가능한 집단지성이 창출될 수도 있을 것이다.[7] 대중지성과 집단지성의 일치를 기대할 수도 있는 측면이다.

하지만 높은 이론적 기대치에도 불구하고 한국의 전자공론장을 고전적 공론장의 대체 공간으로 간주하기에는 무리가 있는 것처럼 보인다. 전자공론장이 때로 현실공론장의 일면성을 경고하면서 대의민주제의 빈터를 메우는 역할을 하지만 논의의 섬세함과 차분함에서 상대적 약세를 피하기 쉽지 않은 전자공론장이 현실공론장 일각의 목소리를 일방적으로 재생산하거나 감성적 파편화의 길을 가는 현상이 득세하는 것도 엄연한 사실이기 때문이다.[8] 이른바 '대중과 공중의 이분법'이 전자공론장의 특성에 힘입어 확대 재생산되는 것이다.

전자공론장의 모순적 양면성은 고유의 정치철학적 난점도 드러내는 바 가장 심각한 도전은 다음과 같은 문제로 압축된다. 전자민주주의가 형상화시킬 디지털 정치의 원형이 온라인 직접민주주의로 구체화될 때 중요한 국가 현안을 국민이 직접 심의하고 결정해야 한다는 주장이 논리적으로 도출될 수 있다는 점이다. 이는 시민들이 '필요로 하는 것'(공공의 이익)과 '필요하다고 생각하는 것'(여론) 사이의 자동적 일치를

---

7 Levy, P. (1994/2002), p. 38. 원제목은 *L'Intelligence Collective*이다.
8 이에 대한 실증적 연구로는 백선기 (2003), 319쪽 참조.

전제하므로 그 자체가 소박한 입론이거니와 매우 위험한 정치적 결과를 초래할 수 있다. 여론정치에 대한 맹신이 위험천만한 결과를 낳을 수도 있기 때문이다.

제도화된 전자공론장을 통해 항시적으로 작동하는 국민투표와 국민발의를 거쳐 중대한 정치적 결정이 내려져야 한다면 대의제가 더 이상 필요치 않게 되며 상설 여론조사기관만 남는다.[9] 그 결과 국정 수행과 여론조사는 투명하게 일치될 것이다. 이는 정치적 동물인 인간이 결코 포기할 수 없는 아렌트적인 복수성(複數性)의 원칙과 현대 정치에서 결코 삭제될 수 없는 우연성과 다원주의의 대전제를 위협한다. 존 스튜어트 밀(Mill, J. S.)이 그렇게 우려했던 '다수의 전제'를 상설화시킬 개연성이 있는 것이다.[10] 정치를 온라인 국민투표로 환원시켜도 된다는 생각에는 정치주체 가운데 특정한 국가 현안에 대해 장기간 지속적으로 공감하면서 충성을 바치는 다수의 시민이 존재한다는 낙관론이 자리한다. 그러나 우리가 지금까지 논의한 한국 사회에서의 시민정신의 빈곤함과 왜곡의 가능성은 이런 낙관론에 심각한 그늘을 드리운다. 공론장과 전자공론장의 상호 관계와 그 관계에서 잉태되는 시민과 대중존재의 중의성(重義性)은 성숙한 공중적 시민이 지향해야 할 장소인 공화사회의 위상을 한층 복합적인 것으로 만든다.

개인 자유의 과잉이나 공동체의 과소가 문제가 아니라 원자화한 개체와 미성숙한 공동체가 엉겨 붙어 이성적 주체의 출현과 사회의 합리화가 지체되는 형국이 한국 현실의 많은 부분을 설명한다. 공론장과 전자공론장의 구조 변화가 시

---

9 Halstead, T., & Lind, M. (2001/2002), p. 151 참조. 원제목은 *The Radical Center: The Future of Politics*이다.

10 Mill, J. S. (1989), p. 8.

민정신과 연결되는 방식도 대중사회의 일반화와 함께 복잡다기해진다. 한국 사회의 발전을 위해 제일 먼저 요구되는 것 가운데 하나는 바로 성찰적이면서도 책임 있는 주체의 등장, 즉 건전한 시민정신의 형성에 있다. 공동체적 가치를 포용하면서도 개체의 중요성을 앞세우고, 좋음의 중요성을 시인하면서도 옳음의 정립이 선결하는 것을 수용하는 시민적 주체의 형성이 현대 한국 사회의 급선무인 것이다. 이런 시민적 주체가 성숙한 시민정신의 소산임은 물론이며 그 역(逆)도 참이다.

87년 체제 이후 정당성을 지닌 역대 민주정권들의 국정 운영에서 발견되는 출범 초창기의 과잉기대와 중·후반부의 과잉환멸의 악순환 현상은 '민주화 이후 민주주의의 위기'를 초래했다. 한국 시민들이 공동체적 삶의 존재 근거인 공공성을 내면화하지 못해 '각개약진의 나라'가 생활화된 게 가장 큰 이유라고 할 수 있다. 나라와 공동체를 위해 희생하는 사람들이 가끔 있지만 대부분의 시민들은 그래 봐야 자기만 손해라고 느낀다. 임진왜란에서 만약 충무공이 전사하지 않았다면 십중팔구 선조의 질투와 당쟁의 희생양이 되었을 것이다. 천안함 폭침 때 선체 인양과 관련해 자신을 바침으로써 대한민국 해군의 명예를 살린 한주호 준위도 국민의 뇌리에서 희미해진 지 오래다. 세월호의 극소수 의인(義人)들에 대한 기억조차 지금은 가물가물하다. 지도층이나 부자에 대해서 '모두가 도둑놈'이라는 식의 냉소가 일반화된 사회에서 자유와 법치의 상관성에 대한 공감대는 희박할 수밖에 없다.

앞서 강조했듯이 세월호 같은 대형 재난사건에서 시민정신이 전격적으로 폭발하는 경우가 있다. 하지만 시민들의 참여의식이 생활세계의 일상에 뿌리내리지 않을 때 그것은 신기루처럼 사라진다. 공동체의식의 고양과 확대에 있어 정작 중요한 것은 순간의 폭발이 아니라 장기 지속성과 현실 적합성을 확보하느냐의 문제이다. 바로 제도와 이념의 복합체로서의 시민정신의 문제인 것이다. 공동체에 대한 귀속감과 자부심을 느끼지 못하는 사람들 사이의 연대의식이 옅은 것은 당연한 일이다. 한마디로 현대의 한국은 원심력이 구심력을 압도하는 사회인 셈이다. 나아가 한국 사회는 갈등과 분열을 생산적 에너지로 전환시키는 데 과도한 사회적 비용을 지출한다. 우리를 고통스럽게 하는 갈등과 대립, 분열과 적대, 분노와 폭력의 근저에는 더불어 가는 공화사회의 부재가 자리한다. 분열과 갈등, 분노와 폭력을 완화시키는 왕도(王道)는 명실상부한 공화사회로 나아가는 데 있다.

비판적이고 성찰적인 공화사회 형성의 도정에서 핵심적 가치가 공공성의 구현이다. 공공성의 실천은 민주적으로 변용된 선공후사(先公後私)의 공적 이성을 엘리트 계층이 솔선수범하고 전체 시민들이 자발적으로 공유해 상호 시너지 효과가 극대화함으로써 사회 참여와 훈련의 과정이 선순환하는 것을 의미한다. 장구한 시간과 끈질긴 집합적 노력을 요구되는 사회적 과정이다. '더불어 조화롭게'의 미명 아래 개인의 자유가 침해되지 않는 것도 공화사회의 필수조건이다. 민주시민들 스스로 정당한 것으로 동의한 법질서 속에서 누리는 책임 있는 자유는 공화사회의 진면목이다. 자유와 법치가 공존하는 나라에 대해 시민들이 자부심과 애국심을 가지는 것은 자연스러운 귀결이다. 외부 세계와 내부의 비주류 시민에 대해서도 열려 있고 관용하는 자세를 견지하는 자발적인 나라 사랑은 공화사회의 시민정신에 부속되는 비지배(non-domination)의 중핵이다.

공화사회의 미래는 자유로운 한국 시민들의 실천에 달렸다. 그것은 한반도의 현재적 미래에 부응하는 집합적 실천임과 동시에 동북아와 세계 시민사회의 평화와 공존에 봉사한다.[11] 경제적으로 양극화되고 사회 정치적으로 찢긴 한국 사

---

11 이런 시각에서 안중근 의사와 이토 히로부미의 국가이성 개념을 비교해 현대의 한일 관계와

회에 대한 통합 처방전이 바로 공화사회인 것이다. 나아가 공화사회는 한반도의 남북을 정치철학적으로 아우를 수 있는 미래지향형 통일의 이념적 틀로 승화될 수도 있다. 민주적 리더십과 주체적인 팔로워십(*followership*)이 유기적으로 어우러질 때 공화사회가 가까워진다. 공공성으로 무장한 소통과 통합의 정치 리더십 그리고 그것과 수평적으로 어우러진 시민적 폴로워십이 창출하는 역동성 속의 안정이야말로 좋은 나라의 핵심일 터이다.

동아시아의 미래를 조망하는 글로는 졸고 "헤겔과 마루야마 마사오로 본 국가이성, 정치, 역사"(한국일어일문학회 2014년 추계 국제학술심포지엄)이 있다.

3
시민적 주체 형성과 교육의 철학

• 　　제5장에서 분석한바 한국인의 습관적 '남 탓' 하기는 '공화사회 만들기'로 나아가는 우리 사회의 진화를 저해하는 치명적 장애물이다. 우리가 스스로의 운명을 감당하는 성숙한 존재로 가는 길을 가로막기 때문이다. 책임을 지기는커녕 불특정 다수인 남이나 사회 그리고 국가에 책임을 떠넘기는 행태가 한국인에게 또 다른 마음의 습관이 되고 말았다. 이와 관련한 의미심장한 통계가 있다. 2014년 10월 9일 미국의 여론조사업체인 퓨 리서치센터(Pew Research Center)는 44개국 48,643명을 대상으로 조사한 '기회와 불평등에 대한 태도'를 발표했다. 그 가운데 "성공은 외부 요인에 의해 결정된다"는 항목이 특히 흥미롭다. 이 질문에 '그렇다'고 답한 한국인이 74%, 선진국 그룹의 평균 응답률은 51%였다. 성공의 원인이 내 안에 있지 않고 바깥에 있다고 보는 한국인의 일반적 성향을 웅변하는 조사 결과이다.

　같은 여론조사에서 "인생에서 앞서가기 위해 무엇이 중요한가?" 항목도 주목할 만한 가치가 있다. 오로지 한국인만이 성공하는 데 '적절한 사람과 알고 지내는 것'(39%)이 '근면'(34%)과 '교육'(30%)보다 중요하다고 답했다. 반면 다른 43개국 시민 모두 '근면'과 '교육'이 가장 중요하다고 응답했다. 주체적이고 자발적인 요인을 더 중시한 것이다. '꽌시'(關係)로 유명한 중국인조차 성공의 관건을 '근면'(27%) > '교육'(18%) > '적절한 사람과 알고 지내는 것'(12%) 순서로 답했다. 이는 한국인의 민낯이 여실히 드러나는 여론조사 결과가 아닐 수 없다. 성공을 설명할 때조차 외부 요인을 중시하는 터에 자신의 부정이나 실패의 책임을 바깥에 돌리는 것은 더욱 쉬운 일이 된다. 마음 깊은 곳에서 우리는 그만큼 비주체적이다. 자신의 일을 책임지지 못하는 사람일수록 타인과 나라의 잘못에 대해서는 가혹하다. '내 탓이오'의 목소리는 드물어도 '남 탓, 국가 탓'은 넘쳐나는 것이 21세기 한국 사회의 자화상이다.

우리네 삶의 지평에서 사람들은 끈끈하게 이어져서 실존한다. 강력하고 효율적이었던 한국형 발전국가의 근대화가 심대한 변화를 가져오면서 과거의 농촌 공동체적 생산양식과 생활세계의 관습이 거의 사라졌음에도 한국인의 집단주의적 행태는 변용된 형태로 온존되었다. 자기정체성을 홀로 정초하고 확인하는 사회문화적 훈련에 익숙하지 않은 한국인들은 특징적으로 지연, 학연, 혈연에 의해 자신의 정체성을 '호명'받는다.[1] 한국 정치의 병폐인 지역감정의 문제, 교육개혁을 가로막는 근본 원인인 학벌의 계급화 현상, 수많은 부정부패의 모태 역할을 하는 온정주의적 집단주의 등은 우리네 삶의 원형적 실체에 해당된다. 연줄로부터 자유로운 개인이 한국 사회에서 역사적 실체로서 자리 잡은 것은 비교적 희유(稀有)한 일이었고, 최근에도 드물게만 관찰되는

---

1 '주체의 호명' 테제는 알튀세 이데올로기 이론 가운데 가장 생산적인 대목이며 푸코의 질료적 (유물론적) 담론 이론을 예비한 개념이다.

현상이다. 가족주의나 변용된 형태의 가족주의적 집단주의는 우리 사회에서의 법치주의의 무력화 현상과 연관해서 더 논의할 가치가 있다.

공동체주의자들이 역설하는 것처럼 공동체에 대한 주체의 귀속감은 의미 있는 삶을 가능케 하는 근원적 배경이며 공동선(共同善)의 한 원형이다. 우리 사회에서 이런 근원적 귀속의 장으로서 대표적인 것은 가족이거나, 변형되고 확대된 의사(擬似)가족(회사나 이익집단, 공동체, 조직, 종교기관, 향우회, 동창회 등)이다. 독립된 개체로서가 아니라 소속집단의 성원으로서 자신의 정체성을 먼저 확인하고 자기가 속한 조직의 이익을 무엇보다 앞세우며 집단에 대한 충성심을 강조하는 의사가족은 가족의 사회심리학적 확대판이다. 가족이나 의사가족은 급격한 압축성장이 초래한 총체적 아노미의 현실에서 우리를 지켜 주는 최후의 안전판 역할을 맡았고 지연, 학연 같은 다른 집단주의 기제의 매개망(媒介網)으로 작동하기도 한다.

하지만 배타적이고 이기적인 가족주의, 의사가족주의는 자기 집단의 이익이나 구성원들 사이의 결속감과 '의리'를 사회 전체를 규율하는 합리적 규범과 법질서보다 앞세우는 경향이 있다. 공익을 위해 필요한 내부비리 고발자가 우리 문화에서 환영받기는커녕 변절자 취급을 받는 이유도 이런 사회문화적 습속에 기인한다. 우리는 오늘날의 한국 사회에서도 의사가족주의의 횡포가 법의 지배를 압도하는 현상을 자주 볼 수 있다. 사회적으로 부과된 규범이나 집합적 규약에 의해 정해진 절차조차 제멋대로 무시하는 이익집단들의 제 몫 찾기가 빈발하는 현상도, 사회 경제적 원인을 일단 배제하고 문화적 차원으로 논의를 제한하면 자신이 속한 공동체에의 충실성이라는 '좋음'(善)의 목표가 보편적 절차 합리성의 준수라는 '옳음'의 원칙을 무력화시키는 데 주된 원인이 있다.

개인이 실체로서 착근된 경험이 일천한 사회라는 특성과, 급격한 산업화로 전래의 공동체 정신이 공동화(空洞化)된 사회 사이의 모순적 결합이 현대 한국 사회의 실체에 가깝다. 시민정신의 척박함이 그 결과인 것이다. 나는 '하나는 전체를 위해, 전체는 하나를 위해'라는 공허한 순환논리를 극복하기 위해서라도 실천적 관점에서의 선택이 불가피한 지점에 한국 사회가 도달했다고 본다.

현재 한국 사회의 진화 단계에서 가장 중요한 것은 시민정신을 견인하는 성찰적 주체의 형성인 것이다. 시민정신의 기초인 주체성을 갉아먹는 르상티망에 대항하는 내적 힘을 길러야 우리가 미래를 기약할 수 있다고 주장하는 까닭이다. 사회제도의 변화도 중요하지만 교육의 논리존재론이란 관점에서 볼 때 주체형성이 구조개혁보다 더 선차적이라는 결론이 불가피하다. 시민정신의 창건(創建)이란 곧 시민적 주체의 형성을 뜻하며 인간 주체의 위상은 교육의 보편적 토대에 대한 철학적 성찰을 통해 더 명료하게 밝혀진다.

4

서머힐의 진보교육에 대한
비판적 성찰

•   시민적 주체 형성과 민주시민교육의 바이블로까지 여겨지는
서머힐의 교훈에 대한 비판적 독해는 교육의 철학적·인간학적 본질에
대한 의미심장한 교훈을 제공한다. 닐(Neill, A. S., 1883~1973)이
1921년 런던 근교에 세운 서머힐(Summerhill) 학교는 오늘날에도 찬란
한 민주교육의 신화로 남아 있다. '아이들을 학교에 맞추려 하지 말고
학교를 아이들에게 맞추는'[1] 민주적 대안교육과 진보적 대안학교의 상
징인 서머힐의 실험은 현대 교육의 패러다임을 바꾼 혁명적 시발점으
로 여겨진다. 처음에는 작은 사회적 파장만을 불러일으켰던 이 조그만
기숙학교의 이름은 1930년대 들어서면서 차츰 영국 사회 전체에 알려
지기 시작했다. 학교생활을 둘러싼 닐의 경험담과 그의 교육관을 엮어
펴낸 《서머힐》은 1960년대 미국에서 선풍적 인기를 끌며 수백만 권이
판매되었고 수많은 미국 대학들이 이 책을 교재로 채택한다. 《서머
힐》이 1970년대에는 독일 그리고 1980년대에는 일본에서까지 밀리언
셀러를 기록하면서 급진적인 '자치자유학교'의 선구자 서머힐은 세계적

---

1 Neill, A. S. (1995/2006), p. 35.

인 고유명사의 위상을 획득했다.

　서머힐 교육의 문제점에 대한 비판도 적지 않게 제기되었지만, 현대
의 교육 체계나 사상에 끼친 서머힐의 코페르니쿠스적 영향력은 결코
과소평가될 수 없다. 한마디로 서머힐은 '새로운 교육, 새로운 세상'을
꿈꾸는 모든 이들에게 영원한 마음의 고향 비슷한 곳이기 때문이다.
우리의 관점에서 볼 때 서머힐의 가장 중요한 의의는 닐이 서머힐을
'진정한 민주주의에 근접'하는 공동체적 실천으로 이해했다는 사실이
다.[2] 그는 서머힐의 실험을 "우리 학교의 민주주의에 국한되지만" 현재
의 세계에서 시행되는 '가짜 민주주의'와 대극되는 진짜 민주주의로 상
정하며[3] "아테네식 모델에 근거한 민주주의로 보고 싶다"고 선언한다.[4]

　닐의 이러한 자부심은 어디서 오는 것일까? 설립된 지 거의 1세기가
되어서 지금은 많이 알려졌다고는 하지만 한국의 교육 현실에서는 아
직도 경이롭게 들리는 서머힐의 풍경은 다음과 같은 것들이다. 남녀공
학 기숙학교인 서머힐에서 아이들은 학습뿐만 아니라 생활 전반에서
완전한 자유를 누린다. 교장을 비롯한 교직원들은 학교 운영에서 최소
한의 도우미 역할에 머물 뿐 학교생활의 근본은 아이들의 자율과 자치
로 진행된다. 다섯 살에서 열여섯 살짜리까지 섞여 있는 아이들은 나
이별로 기숙을 하는데 각 연령대마다 보모 한 사람이 함께 지낸다. 중
간 나이의 아이들은 석조건물에서 잠을 자고 나이가 많은 축에 속하는
아이들은 작은 오두막집들에서 잔다. 학생들은 방 검사를 받지 않으며
아무 때든 자기가 입고 싶은 대로 옷을 입는다.

---

2 Neill, A. S. (1995/2006), p. 446.

3 Neill, A. S. (1995/2006), p. 446.

4 Neill, A. S. (1995/2006), p. 18.

수업은 필수가 아니라 아이들의 선택사항이다. 아이들은 수업에 들어올 수도 있고 그렇지 않아도 된다. 원하면 몇 년 동안 수업에 들어오지 않아도 되며, 실제로 닐의 회고에 의하면 3년 동안 수업에 들어오지 않는 학생도 있었지만 그냥 내버려 둔다. 아이 스스로 수업의 필요성을 깨닫고 공부에 흥미를 가질 때까지 기다리는 것이다. 수업 시간표는 있지만 교사들을 위한 것이다. 서머힐의 전형적 일과표는 오전은 수업시간, 오후는 누구에게나 완전한 자유시간으로 구성된다. 아이들은 뛰어 놀거나, 음악, 공작, 미술, 운동 등 자기가 하고 싶은 일을 한다. 저녁을 먹고 나서는 또 다른 자치활동 시간이 주어진다. 대학을 진학하려는 학생이 서머힐에도 있고 교직원이 그들을 도울 자세를 가지지만 우리가 통상적으로 생각하는 시험제도는 서머힐에서 권장되지 않는다.

서머힐에도 물론 공동체를 규율하는 규칙과 규정들이 있다. 규칙과 규정은 모든 교직원과 학생들이 평등하게 각자 한 표씩 행사하는, 매주 토요일 밤에 열리는 '전체회의'에서 토의되고 결정된다. 이런 민주적 자치제도에는 "관료주의가 없다"고 닐은 선포한다.[5] 전체회의 때마다 의장이 바뀌며 서기는 자원자가 맡는다. 학기 내내 이런 절차에 따라 의장이 선출된다. 불만사항 또는 새로운 안건이나 법을 제시할 사람은 누구나 전체회의에 상정이 가능하다. 규칙을 지키지 않는 아이들은 '제소'되어 상응하는 '불이익'을 받지만 그것도 전체회의의 다수결 결정을 통해서다. 전체회의에서는 학문적이거나 추상적인 토론은 가능하면 회피한다.

---

5 Neill, A. S. (1995/2006), p. 49.

학교생활 가운데 아이들의 자치 영역에 들어가지 않는 부분은 존재한다. 예컨대 누가 어떤 음식을 조리하는가는 전체회의의 안건이 아니다. 교직원 채용이나 해임도 공식 협의의 대상이 아니다. 학생들의 침실 배정, 학교의 재정 관리, 물품 구매 등도 교장인 닐과 부인이 결정한다. 학생들에게 자치는 '그들의 공동생활에서 일어나는 문제와 상황을 처리하는 것을 의미'하므로 이런 인프라적 요소는 '자치의 영역'이 아니라는 것이다.[6] 닐은 이런 민주적 자치가 실천된다면 학생들이 진정한 행복감과 자부심을 지닐 것이라고 확신한다. 아이들은 "천부적으로 지혜롭고 실제적"이므로 "어른들이 일절 간섭하지 않고 아이들 스스로에게 맡겨 둔다면 아이들은 자신들이 발전할 수 있는 최대한으로 발전할 것"이라고 닐은 단언한다.[7] 신경증에 걸린 전문가나 과도한 스트레스에 시달리는 기능인이 아니라 행복한 거리 청소부를 길러 내는 것이 훨씬 낫다는 것이다.

결국 제대로 된 교육은 일상생활 속에서 민주주의의 실천 그 자체이므로 그런 자발적 과정을 통과한 아이들이 행복한 민주시민으로 성장할 수 있다는 것이다. 닐의 회고에 의하면 초창기 서머힐에는 다른 학교에서 추방된 문제학생들이 많이 왔으며 불량·폭력학생들도 심심치 않게 있었다고 한다. 그러나 적어도 《서머힐》의 기록은 이들 문제아들이 시간의 흐름에 따라 자연적으로 '치유'되는 광경을 묘사한다. 놀랍고 아름다운 모습이 아닐 수 없다. '문제아동' 뒤에는 거의 '문제부모'가 있다는 우리의 체험적 실감은 이 책에 의해서도 재확인된다. 그

6 Neill, A. S. (1995/2006), p. 50.
7 Neill, A. S. (1995/2006), p. 36.

만큼 서머힐은 늪처럼 고여 썩어 가는 제도교육을 고발하는 현상 타파의 사자후(獅子吼) 같은 현장이라고 할 수 있다. 또한 서머힐은 학교의 교육 자체가 민주시민교육의 장이어야 하는 현대적 상황에서 중요한 선구자적 비전을 제시하는 데 성공했다.[8]

서머힐에 대해 제기되어야 할 첫 번째 의문은 '그것이 현대 대중사회에서 재현 가능한가?'는 질문이다. 앞서 해명한 시민과 대중의 변증법적 이중주(二重奏)가 교육 문제에서 재현되는 셈이다. 닐이 '자치와 자유의 서머힐'을 아테네 직접민주주의에 비유하는 것은 진정 의미심장한 일이다. 전성기 아테네의 민주주의의 경우에도 우리는 그 체제가 성인 남자 시민들만을 위한 정체(政體)였음을 알고 있다. 남자보다 많은 여성과 아이들뿐만 아니라 시민보다 훨씬 다수의 노예와 비(非)아테네 출신 거주인들에게는 민주적 자유와 권리가 보장되지 않았던 것이다. 아테네 민주주의 자체가 시민권을 결여한 노예를 비롯한 다수의 노동 인력들이 제공한 잉여 생산력 위에서 비로소 작동 가능했다는 사실(史實)도 곱씹어 보아야 한다.[9] 이 점에서 아테네 민주주의는 소수만을 위한 일종의 엘리트 민주주의였다.

아테네 민주주의의 절정인 페리클레스의 통치조차 아테네 바깥의 그리스 도시들에게는 아테네 제국주의 외의 다른 것이 아니었다. 고대 아테네를 번성케 한 사회 경제적 배경과 소수의 중상류층 가정에서 온 서머힐 아이들이 청소와 세탁, 조리 같은 구질구질한(?) 노역에서 면제된 채 때로는 공부조차 안 할 수 있는 자유를 누리면서 '민주놀이'를

---

8 박제장 · B. J. 젤리거 공편 (2007) 참고.
9 아리스토텔레스는 "노예에게는 폴리스가 없다"고 단언한다.

즐길 수 있는 정황 사이에는 분명 흥미로운 '겹침현상'이 엄존한다. 나는 서머힐을 다른 사회에 이식하려는 논자들은 운명적으로 대중사회일 수밖에 없는 현대 사회의 상황에 대해 정면에서 응전해야 한다고 본다. 물리적으로 직접민주주의를 실행할 수 없는 근대 이후의 상황이 교육에서도 핵심적 문제이기 때문이다.

앞서 밝혔듯이 현대인은 모두 대중의 한 사람으로서 살아간다. 현대 대중사회는 대중교육을 동반하며 대중사회에서는 오직 소수의 기득권자들만이 대중교육을 넘어선 '소수를 위한 맞춤교육'을 자식을 위해 시행할 수 있는 사회 경제적 능력을 지닌다. 다수의 서민대중은 국가가 제공하는 대중교육에 멈출 수밖에 없는 상황이며 계층의 사다리를 오르려는 중상류층은 자신의 능력을 초과하는 과잉 교육투자로 멍든다. 자식들에 대한 교육투자가 무한경쟁의 과소비로 치달음으로써 교육망국론을 실감케 하는 게 한국 사회의 현실이다. 총인구 수십만 명을 넘지 않았던 극성기(極盛期) 고대 아테네 전체 인구보다 서울의 보통 구(區) 인구가 훨씬 많은 실정이 교육과 민주주의 자체에 대해 던지는 도전은 결코 적지 않다. 흔히 서머힐은 루소의 교육사상을 체현하는 것으로 평가되지만 루소의 민주주의론이나 교육론 자체가 고대 아테네보다 인구가 더 적었던 루소 당대의 제네바를 전제로 한다는 사실을 간과할 수 없다.

서머힐의 실상은 그 상징적 중요성이나 명성에 비해서는 매우 왜소하며 초라하기까지 하다. 학생과 교직원 전체의 숫자가 1백 명 남짓이며 설립 이후 1990년대 초까지 서머힐을 다닌 아이들의 총 누적 숫자가 6백여 명을 넘지 않았기 때문이다. 1960년대 서머힐이 국제적 명성을 얻기 전에는 만성적인 재정 문제로 존폐의 위기에 몰린 상황이었다. 유명해진 후에도 참관을 희망하는 외부 방문객 숫자가 학생 수를 능가하는 날이 많았다는 기록도 참고할 만하다. 교직원과 학생들의 빈번한 교체와 전학도 오랜 숙제 가운데 하나였다. 한마디로 서머힐의 문제는 현대 대중사회에서는 재생산이 가능한 일반적 모델이 될 수 없다는 데 있다. 기존 교육제도의 계급성에 도전하는 민주적 대안학교 자체가 은폐하는 본질적 계급성은 우리나라를 포함해 모든 대안교육의 시도가 반드시 풀어야 할 숙제가 아닐 수 없다.

서머힐이 비판하고 극복하려 한 현대 대중 의무교육에도 명암이 공존한다는 사실을 유념할 필요가 있다. 대중 의무교육이 역사상 처음으로 절대 다수의 보통 시민을 '강제적으로' 교육함으로써 현대 민주주의의 초석을 깔고 현대 사회가 요구하는 인적 인프라를 제공했기 때문이다. 근대 이후 출현한 자유시장이 가능케 한 국민국가의 시민교육과 뗄 수 없이 연결된 대중 의무교육은 자본주의 시장경제를 운영하는 인력자원을 기르며 국수주의적 애국심을 배양하기 위해 푸코적 맥락에서 인간을 훈육시키는[10] 측면을 지닌 것과 동시에 시민의 수준을 끌어올리는 보편적 계몽과 자아실현의 차원을 포괄하면서 현대적 삶을 가능하게 만드는 것이다. 시민과 대중의 이중주가 진행되는 교육의 현장이다.

현대 대중 의무교육의 혁명성은 동서를 관통한 고대 교육론이 가진 계급적 한계를 돌아보면 더 분명해진다. 예컨대 서양 사유에 큰 족적을 남긴 플라톤의 이상국가론은 동시에 이상국가의 시민에 대한 교육론이기도 한데 여기서 철학을 비롯한 인문 교육은 오직 소수의 통치계

---

10 졸저 《푸코와 하버마스를 넘어서》 수정판 (교보문고, 1997) 의 "푸코" 편 참고.

급에게만 허용된다.[11] 마찬가지로 동아시아 문명을 지배한 공자의 교육사상도 유교적 이상국가의 추구에서 나온 것인데 극소수의 지배계급을 위한 계급적 성격을 탈색하기는 쉽지 않다.[12] 교양인과 문화인을 기르는 고전적 인문 교육에 역사적으로 내장된 계급적 성격을 넘어서 인문 교육을 민주다원시대의 교육 프로그램으로 재구성하는 것은 우리 모두의 과업이 되어야 마땅하다. 대학 제도상에서 인문학의 죽음이 널리 울려 퍼지는 것과 동시에 CEO들을 비롯한 여유 있는 계층 사이에 인문학 열풍이 부는 현상도 음미할 만한 가치가 있다.

서머힐의 가장 커다란 문제점은 교육이 노동을 통한 도야(陶冶) 과정임을 소홀히 하는 데 있다. 서머힐이 규율 부과와 교과학습 위주의 주류 교육에 대한 반발로 시작되었다는 데서 이해할 만하지만 "서머힐이 놀이를 가장 중요하게 생각하는 학교"라는 닐의 언명은 교육에서 가장 중요한 '노동을 통한 자기도야'의 차원을 너무 과소평가하는 치명적 잘못을 저질렀다.[13] 기존의 제도교육에서 입은 정신적 상처에 대한 힐링이 필요하다는 명목으로 수년간 수업에 들어오지 않을 권리를 학령기 아동에게 허용하는 자유가 과연 교육민주주의의 이름으로 정당화될 수 있는가라는 의문은 단순한 꼬투리 잡기가 아니라 교육의 본질에

---

11 물론 플라톤의 교육론은 현대적으로 확대 해석될 수 있다. 오인탁 (2001) 참고. 그러나 포퍼식의 플라톤 비판에 일부 지나친 측면이 있다고 하더라도 플라톤 사유의 시대적 한계와 계급적 배경도 동시에 고려해야 온전하고 균형 잡힌 플라톤 독해가 가능할 것이다.

12 특히 현대 중국에서 유행한 공자의 교육 사상의 평등주의적 재해석, 즉 공자가 신분의 귀천과 빈부 및 지역을 따지지 않은 평등 교육의 실현에 진력한 교육사상가였다는 시각에 대한 설득력 있는 비판에 대해서는 하상규 (2004) 참고. 여기서 저자는 '有敎無類'(《논어》, 衛靈公)를 평등주의 교육의 강령으로 해석하는 중국의 학자들이 논변하는 것에 대해 치밀한 반론을 편다.

13 Neill, A. S. (1995/2006), p. 74.

대한 심중한 성찰에서 나오는 뼈아픈 질문이기 때문이다.

　입시의 중압감, 성적 경쟁의 살인적 스트레스, 승리와 세속적 성공만을 앞세워 우정과 연대의 인간적 덕목을 파괴하는 학교, 아이들을 점수기계로 만들어 암기식 지식 측량의 한 줄로 세우는 한국의 반(反)교육적 교육 현장의 총체적 황폐화 현상에 대한 안티테제인 서머힐은 참으로 아름답다. 그러나 서머힐의 아름다움이 간과한 게 있다. 즉, 어떤 종류의 미(美)는 놀면서 저절로 얻어지기는커녕 엄청난 인공적 단련과 노력 끝에 비로소 획득되는 귀한 자질과 소양이라는 교훈이다. 교육의 본질이 노동을 통한 자기도야에 있다고 할 때 노동의 의미는 다음과 같은 것들이다. 끊임없는 훈련과 땀 흘림, 뭔가를 하고 싶고 놀고 싶지만 참는 금욕, 스스로를 가다듬는 절제는 결코 그냥 생기지 않는다.

　닐의 소박한 희망과는 달리 어린 아이들은 결코 천사가 아니다. 천사가 될 수도 있고 악마로 타락할 수도 있는 극단의 가능성 앞에 열린 과정적 존재다. 어른이 개입하지 않고 아이들이 하고 싶은 대로 놔둘 때 스스로 최대한의 발전을 이끌어 내리라는 기대는 피상적인 소망 사고에 지나지 않은 것처럼 보인다.

　인간은 천성적으로 놀기 좋아하고 땀 흘려 노력하는 것을 기피한다. 바꿔 말하면 노는 건 달콤하고 쉬우며, 노력은 쓰디 쓸 뿐 아니라 고통스럽기까지 하다. 자라나는 아동의 경우 노동은 곧 공부를 뜻한다. 물론 이때 공부는 현대 한국어에서처럼 국영수 중심의 교과학습만으로 왜소화되어서는 안 된다. 공부(功夫)라는 말 자체가 중국 무술을 총칭하는 '쿵푸'를 뜻하기도 하지만, 원래 의미는 땀 흘려 닦는 기예(技藝)를 지칭한다. 교육의 본질이 노동을 통한 자기도야라는 주장과 상통하는 대목이다. 자연과 대비되는 '문화'의 라틴어 어원이 '경작하다'인 것과 비교해 음미할 가치가 있다.

'그냥 있는 것' 또는 '스스로 그러한 것'인 자연과는 달리 뜨거운 햇볕 아래 땀 흘려 씨를 뿌리고 잡초를 뽑는 힘겨운 노동 끝에 비로소 얻는 것이 바로 문화이자 교양인 것이다. 이런 관점에서 보면 공부, 문화, 교양이 학교나 제도교육으로 제한되지 않고 삶과 사회의 전체 국면으로 확장되는 것은 당연한 결론이다. 서머힐 방식의 진보적 자유주의 교육이 가진 가장 큰 문제점은 이런 의미의 노동이 교육에서 차지하는 몫을 지나치게 저평가하거나 너무 안이하게 처리하는 데 있다.

노동의 이런 철학적 의미는 헤겔의 《정신현상학》의 "주인과 노예" 장에서 가장 탁월하게 묘파(描破) 된다.[14] 절대정신이 스스로에 대한 투명한 자기이해에 이르는 과정을 서술하는 정신현상학은 정신의 노동인 외화(外化) 와 그것의 지양 없이는 아무것도 생겨날 수 없고 일체의 인간적 발전이 불가능하다고 주장한다. 헤겔의 관념론적 사유에서 불필요한 형이상학의 꺼풀을 벗겨 합리적 핵심을 이끌어 내면 여기서 노동은 일상적 어법보다 훨씬 넓은, 자신과 대상계를 형성하는 인류의 활동을 총칭하는 것으로 이해될 수 있다.

생사를 건 승인(承認) 투쟁에서 살아남는 대가로 예속의 나락에 빠진 노예는 이윽고 그 상황을 반전시킨다. 노예의 예속성을 탈피하게 만든 결정적 동인은 바로 노예의 노동이다. 승리한 주인은 노동하지 않으면서 노예의 노동이 가져다 준 사물을 향유하기만 하지만 노예는 자신의 욕망을 절제하면서 노동을 통해 자연을 가공(*bearbeiten*) 하며,

---

14 Hegel, G. W. F. (1952), pp. 141~150.

세계를 변화시키는 과정을 통해 자신의 품성을 도야하고 스스로를 초월할 수 있는 기회를 가진다. 노예는 노동함으로써 자연의 세계를 넘어서 역사와 문화의 세계를 형성하며 자연적 존재 이상의 것으로서 스스로를 밀어 올리게 되는 것이다. 후에 마르크스가 헤겔철학 전체의 비밀이라고 찬탄해 마지않았던 "주인과 노예" 장에서의 노동에 대한 서술은 교육의 철학적 의미에 대한 완정(完整)한 정리로 읽힐 수 있다.

독일어로 '교육'인 'bildung'은 교육(education) 뿐만 아니라 교화(edi-fication)로서의 자기형성(self-formation)까지 포괄하는 개념이다. '자기형성으로서의 교육'은 부단한 노고와 땀 흘림, 욕망의 유예, 스스로 부과하는 엄격한 절제 없이는 획득이 불가능하다. 서머힐식 자유주의 진보교육은 이 점에서 치명적인 약점을 가진다. 그것은 주류 교육제도의 과잉을 혐오하면서 또 다른 정반대의 과잉으로 치닫는 경향이 있다. 서머힐의 사상적 아버지인 루소의 선언과는 달리 인간은 결코 자유롭게 태어나지 않았으며 자연 상태는 목가적 평화 상황이 아니다. 진정한 자유는 힘든 노고의 결정체이며 장구한 평화는 인간적 교양과 물질적 풍요 위에서 비로소 성취될 수 있기 때문이다. 노동의 철학적 함의는 정신과 육체 그리고 문화와 경제적 생산의 모든 영역에서 확인 가능하다.

깨어 있는 보통 사람들의 삶 속에서만 민주주의가 꽃필 수 있다는 것은 불변의 진리에 가깝다. 따라서 교육이 민주시민의 훈련장이어야 한다는 것은 당연한 시대적 요구이다. 서머힐은 아이들을 존중하고, 그들의 인성을 신뢰하며 자유를 장려함으로써 우리시대의 소명을 선취했다. 서머힐의 가치가 높이 평가되어야 하는 이유는 여기에 있다. 하지만 서머힐의 실험은 아테네 민주주의와 자신을 견주면서도 아테네 민주주의의 행로를 면밀히 들여다보지 않았다. 흔히 아테네 민주주의의 몰락은 중우(衆愚)정치의 도래와 동행했다고 이야기된다. 사람들은 아테네 전성기의 진정한 민주주의와 몰락기의 군중선동에 좌우된 가짜 민주주의를 준별하고 싶어 한다. 하지만 민주주의가 다수 시민의 민의에 의존하는 여론정치일 수밖에 없으며 여론이 본성적으로 변덕스럽다는 점을 감안하면 민주주의와 포퓰리즘 사이의 경계는 우리가 희망하는 것처럼 선명하지만은 않다. 고통스러운 교훈이지만 다수 시민의 뜻이 반드시 민주 공동체에 유익한 결과를 산출한 것도 아니다. 고대 아테네의 몰락은 감정과 선동에 휩쓸린 다수 시민의 결정에서 비롯된 측면이 크다.

민주주의는 현대인의 상식이자 운명이 되어 버렸지만 모든 문제에 대한 만능 해결책은 결코 아니다. 민주주의 자체의 생존과 진화를 위해서도 민주주의의 자기주장은 더 겸허해져야 한다. 민주정의 공백과 결여를 메우기 위한 가장 큰 역사적 도전은 자유주의와 공화주의 양쪽에서 왔다. 자유주의의 공과를 일단 논외로 하자면 포퓰리즘으로 치닫는 민주주의를 제어하기 위해서라도 공화정(共和政)의 덕목과 제도가 긴급히 요구된다고 할 수 있다. 공화정이라는 목표를 우리는 앞에서 공화사회로 개념을 규정한 바 있다. 고대 아테네의 행로와 로마의 행보를 참고할 필요가 있는 것은 이런 맥락에서이다. 만약 로마 공화정이 아테네 민주주의보다 정치적으로 현명했던 한 지점을 찾는다면 군주-귀족-평민이 상호 경쟁하고 견제하는 혼합정(混合政)에서 발견된다는 해석이 가능할 터이다. 혼합정의 지혜야말로 이질적인 아리스토텔레스와 마키아벨리의 교훈이 만나는 지점이기도 하다.

민주주의와 공화주의의 관계에 대한 탐구는 또 하나의 논쟁적 주제다. 그러나 교육과 민주주의의 상관성에 대한 우리의 논의 안으로 그 교훈을 대입하자면 다음과 같은 명제로 표현될 수 있을 것으로 보인다. 현대 교육은 민주적이어야 마땅하다. 하지만 교육 과정 전체와 교육의 목표 자체가 민주주의로 수렴될 수 있는 것은 아니다. 이는 교육과 민주주의가 완전히 동일한 것은 아니라는 사실을 의미한다. 서머힐의 진보 대안교육의 실험은 이를 오해했다. 학내 민주화의 이름으로 시행된 대학 총·학장 직선제와 교육감 직선제 등도 한국 현대사를 옥죈 권위주의에 대한 반작용이라는 측면과 일정한 순기능이 있음을 감안해야 하지만 교육과 민주주의의 동일성이라는 오해에 너무 쉽게 편승한 측면이 엄존한다.

민주교육의 구원(久遠)한 이상으로 평가받는 소크라테스의 문답법에서조차 선생과 학생은 결코 같지 않다. 소크라테스는 대화 상대자의 잠재력을 깊이 신뢰하며 성심성의로 격려하면서 제자가 스스로 깨닫게 인도하지만 제자와 자신이 동등하다고 말하지는 않는다. 역설적이지만 아테네 시민 가운데 소크라테스 혼자만 자신이 무지하다는 것을 인식하기 때문에 가장 현명한 존재인 것이다. 소크라테스에게는 제자와 시민들에게는 없는 권위가 있다. 물론 그 권위는 관습과 전통으로부터 오는 게 아니라 소크라테스가 닦고 연마한 지혜, 용기, 절제에서 온다. 소크라테스는 노동을 통한 자기도야의 달인이었던 것이다. 보통의 아테네 시민들에게는 그것이 없었다. 아테네 시민들이 소크라테스를 사형에 처하면서 '철학에 최초의 범죄를 저지른' 까닭, 그리고 아테네가 결국 자기해체의 길로 치달은 까닭은 여기에 있었다.

교육의 한 본질적 측면은 민주주의의 산술적 평균화 요구에 강력히 저항한다. 노동을 통한 자기도야로서의 교육이 전형적인 경우이며, 서머힐을 비롯한 진보적 자유주의 교육이 상대적으로 경시하는 대목이다. 민주주의가 포퓰리즘으로 흐를 때 민주주의 자체만 침식시키는 게 아니라 교육의 본원적 기능 하나도

덩달아 휩쓸고 갈 우려가 있다. 하지만 힘든 노동을 통한 자기형성의 과정은 언제나 어디서나 소중하다. 그리고 플라톤과 스피노자의 말처럼 '모든 귀한 것은 드물다'. 현대의 대중민주주의에서 정말 찾아보기 어려운 게 바로 이런 맥락에서의 '귀한 것들'이다. 대중과 시민의 변증법도 이런 의미의 귀한 것들에 대한 자기성찰로 승화되어야 한다.

지금까지의 철학적 통찰을 현실에 적용하면 다음과 같은 그림이 만들어진다. 즉, 보통 사람의 일상에서 지속적으로 실천되는 시민적 덕목의 집적(集積)과 구조화가 곧 시민윤리의 정수인 것이다. 현대인의 마음은 고독한 인격 수양으로 닦아지지 않는다. 개인 차원의 도덕 수련으로 고매한 인품을 획득하는 경우는 큰 사회적 함의를 가지지 못한다. 사회적 문법으로 확장 가능한 개인의 미덕만이 시민정신의 이름에 값하기 때문이다. '도덕이 땅에 떨어졌다'는 식의 감성적 한탄으로는 아무것도 해결할 수 없는 까닭이 여기에 있다. 시민적 자유와 공동체의 통합이 유기적 조화를 이루는 곳이 곧 공화사회이고, 건전한 시민정신은 공화사회로 가는 거의 유일한 지름길임을 우리는 앞에서 이미 살펴본 바 있다.

인간으로서의 자존감과 유기적으로 연결된 사회의식, 자유와 자율성, 권리와 의무의 일체성 실천하기, 평등의식, 법치와 민주질서의 생활화, 타인과 사회에 대한 신뢰, 자신의 일에 대한 책임감과 장인정신, 약자 배려, 나(우리)와 '다른 것'을 관용하고 인정하기, 합리적 애국심, 정치 공동체의 최고 준거로서의 공정과 공평에 대한 일상에서의 헌신, 자연 앞에서의 겸허함, 사랑과 환대의 세계보편주의 등은 모두 현대 세계에서의 성숙한 시민정신의 구체적 사례들이다. 그것은 개인과 가족의 사밀성(私密性)을 보장하고, 국내 시민사회와 전 지구적 시민사회의 확고한 정신적 기반을 이루며 국가와 세계 사회의 여러 제도들에까지 그 영향력이 침투되는 시민윤리의 구체적 덕목(德目)들이다. 하지만 이러한 시민정신이 각 시대와 문명에서 구현되는 방식과 양태는 일반화가 쉽지 않을 정도로 다종다양할 것이 분명하다. 유럽과 한국의 차이점이나 동북아 3국의 개별성에 대해서는 제1장에서 개략적으로나마 살펴본 바 있다.

직업윤리와 시민정신의 상관성은 교육의 본원적 의미를 깨닫게 한다. 직업은 나 자신과 가족을 부양 가능케 하는 수입을 제공하며, 나의 노동으로써 공동체에 기여하고 그렇게 사회적 인정을 받는 과정에서 스스로의 자아를 실현할 수 있게 해 준다. 하지만 "시장철학 전사"에서 분석한 것처럼 우리 사회에서의 직업을 바라보는 눈은 경제적 수입과 권력 획득이라는 잣대로 너무 과도히 편향되었다. 수입과 권위는 직업 선택에서 물론 중요한 사안이지만 이 한 가지로 지나치게 무게중심이 쏠릴 때 직업윤리가 왜곡될 수밖에 없는 것은 불문가지이다. 앞에서 설명했듯 '경제행위가 이윤의 창출로 제한되지 않는 독자적 윤리성과 합리성을 지닌다'는 명제도 공동체에 대한 기여와 시민윤리의 배양과 연계된 직업의 의의에서 창출된다.

만약 사람답게 살 수 있는 기본 수준의 수입이 확보된다면 — 물론 그 수준의 수입이 어느 정도인가는 개인과 사회에 따라 매우 다를 수 있지만 — 그 다음 단계에서 진정 중요한 것은 스스로의 일과 삶에 자족하는 것이다. 르상티망과 남에 대한 관심, 비교의식이 유독 강한 한국 사회에서 안분지족(安分知足)보다 희귀한 덕목도 드문 것처럼 보인다. 그러나 노동의 종말이 현실로 닥쳐오는 사회에서 '일할 수 있다'는 사실 자체를 소중하게 여기는 태도도 나름대로 소중하다. 나아가 자신의 일에 대한 자족감이 현실에 대한 안주(安住)로 퇴행하지 않게끔 자계(自戒)하는 습관이 필수적이다.

어떤 일에 자족하면서도 자계하면 이윽고 그 일을 잘할 수 있다. 자족하면서 자계하여 잘할 수 있는 일의 과정에서 자연스럽게 생겨나는 것이 행복감이다. 일 자체에 대한 몰입에서 나오는 행복감은 자기충족적이어서 세상의 인정과 돈의 보상으로부터 상대적으로 자유롭다. 자신의 일에 대한 자족과 자계의 사이클이 만드는 고유의 뛰어남(arete)은 모든 직업윤리와 성숙한 시민정신의 핵심이다. 그 뛰어남과 자족감에서 비롯되는 마음의 중심이야말로 오늘의 한국인에게 가장 필요한 삶의 준칙이자 시민정신의 구체적 기반이며 교육의 진정한 의미가 아닐 수 없다.

결국 시민정신의 본령은 우리 스스로에서 시작하고 궁극적으로 우리 자신에게로 수렴된다. 사회 지도층이 공적 의무를 솔선수범해야 하는 것은 지당한 요구다. 공화사회를 지향하는 것도 공동체적 존재인 인간 본성의 발현이다. 하지만 민주공화국의 주권자인 우리 스스로가 시민의 한 사람으로서 나날의 삶의 현장에서 개인적 의무와 책임을 다하려는 노력이야말로 모든 창대한 것들의 출발점이다. 자신과 관련된 공적인 일에서 사회에 먼저 책임을 돌리거나 남 탓만을 하는 것은 시민정신에 대한 배반이다. 시민정신에서 그 무엇보다 중요한 것은 바로 나 자신이 공공성의 의젓한 주체라는 명징한 인식을 나부터 지금 그리고 여기의 일상에서 실천하는 것이다. 바로 이 대목이야말로 학교교육과 시민교육이 현대적 맥락의 자기완성과 통합되는 궁극적 지점이다.

사실과 숙의(熟議)의
문화

- 사실 존중이 숙의와 소통을 가능케 한다
- 담론 원리의 철학적 지도 그리기
- 담론은 권력과 지식의 결합체이다
- 사실과 합리성이 소통과 통합의 근본이다

1
사실 존중이
숙의와 소통을 가능케 한다

●   공론장에 대한 분석이 명징하게 보여주는 것과 같이 오늘날 한국 사회의 소통(疏通)이 심각한 위기 상황임을 부인하는 사람은 거의 없다. 소통의 부재와 왜곡은 사회적 갈등지수를 크게 증폭시킨다. 온갖 매체가 범람하는 데다 만인의 발화(發話)를 가능케 하는 기술의 진보 덕분에 정보와 의견이 매 순간 폭포수처럼 쏟아져도 소통에 목말라 하는 사람들의 갈증은 갈수록 심해진다. 비유컨대 소통과 관련된 지금 한국 사회의 정황은 물의 바다인 대양 한가운데서 정작 마실 물이 없어 고통받는 난파 직전의 배와 비슷할지도 모른다.

  우리 사회를 괴롭히는 문제군(群)의 저변에서 공통적으로 작동하는 핵심 기제를 개념적으로 포착하는 작업을 '한국 사회문제의 철학'이라 부른다면 '소통'이라는 화두야말로 그 핵심적인 문제 설정의 하나로 떠오른다. '한국 사회문제'라는 틀은 사회적 지평뿐만 아니라 정치, 경제, 문화, 대중심리의 다양한 영역에 적용 가능한 생산적 개념으로 확장될 수도 있다. '시장의 철학'은 한국 사회문제의 틀을 시장이라는 화두로 해명해 보려는 대표적 시도일 터이다. 이런 관점에서 보자면 소통의 위기는 한국의 오래된 사회문제라 할 수 있는 사실과 합리성을 존중하는 아비투스의 취약함에서 비롯되었다.

현대 한국 사회에서 사실과 합리성을 존중하는 마음의 습관이나 사회적 훈련이 부족한 것은 다방면에서 관찰 가능한 현상이다. 소통의 문제 설정과 관련해 심각한 위협은 사실과 합리성을 가치와 진실성보다 더 열등한 것으로 여기는 강고(强固)한 사회문화적 습속(習俗)에서 온다. 가치판단이 사실판단을 압도하는 경향이 있는 한국의 지식 사회와 지식인의 관습은 시장질서와의 비판적 대면에서 창출되는 상호 비판과 혁신 정신을 억압한 유교 문화라는 장구한 연원을 지니기도 하지만, 굴곡 많은 한국 현대사의 도전에 대한 지식 사회에서의 응전 과정에서 더욱 심화되었다. 정의 구현을 주된 사명으로 확신하는 실천가나 해방과 계몽의 목표에 전념하는 '진리의 정치'를 믿는 지식인이 볼 때 사실과 합리성은 가치와 진실성보다 열등한 덕목으로 받아들여지기 십상이다.

가치 지향의 흐름과 선명한 대조를 이루면서 거의 정반대에 서 있는 입장이 바로 편협하게 정의된 '사실'을 물신화하면서 힘에의 경배(敬拜)와 결합시키는 현실추수주의와 기회주의 풍조이다. 객관성의 갑옷으로 무장한 사실지상주의자들이 과학과 학문의 본질로 강조해 마지않는 '사실과 현실'이 기실 기득권 세력의 현상 정당화 논리를 숨기는 경우가 적지 않다. 이들의 논리는 '옳은 자가 살아남는 게 아니라 살아남는 자가 옳다'는 약육강식의 사회진화론에 대한 무비판적 옹호로 귀결되기 일쑤이다. 흥미로운 것은 각각 '진리의 정치'와 '권력의 정치'로 명명할 수 있을 두 극단적 태도가 서로 상대방을 신념이 결여된 '사실 영합론자'라고 경멸하거나 구제불능의 '독단론자'로 폄하하는 현상이다. 이들은 적대적 공존 관계에 있기 때문에 우리 사회의 씨줄과 날줄을 이루면서 공론 영역을 왜곡한다. 불모의 대립 상황에서 진정한 사실과 성숙한 합리성이 설 자리는 갈수록 협소해지기 마련이다. 그 결과 이성적 대화와 조정의 지평이 부단히 침식되는 것이 소통 위기의 핵심인 것이다.

사실의 중요성과 관련해 우리 사회의 통폐(通弊) 가운데 하나는 다면적 얼굴을 지닌 사실의 복합성을 자신의 입맛에 맞게 단순화시켜 자신의 신념을 옹호하는 데 남용하는 습관이다. '너의 사실과 나의 사실이 다를 수 있다'고 강변하면서 현대 인식론의 다원주의나 상대주의를 악용해 여러 사실들이 마치 동등한 것처럼 여기는 것이다. 하지만 사실성의 요소를 분유(分有)하는 여러 사실들이 학문적으로 모두 균등하게 대접받을 수 있는 건 아니다. 사실성의 정도에는 신뢰도와 설득력에서 엄청난 차이가 있을 수 있기 때문이다. 이는 지식 공동체에 의한 자유토론과 비판적 검증을 통과할 수 있는 사실만이 합리성의 지위를 획득하며 제대로 된 과학적 객관성을 자임할 수 있다는 걸 의미한다.

'민주다원사회'란 사실과 합리성의 기초 위에 가치를 융해(融解)시키는 사회이다. 협소하게 규정된 실증주의적 사실이 아니라 비판해석학적으로 이해된 사실의 준엄함이 인간 이성의 준거이며 합리성의 잣대이기 때문이다. 이렇게 정의된 사실과 합리성은 진정한 대화와 소통이 이루어지는 공론 영역을 산출하며 한국 사회문제 해결의 단서를 제공한다. 가치판단(정파성, 당파성, 소명의식, 진리의 정치, 양심에의 헌신, 신앙심, 역사관, 특정한 도덕과 윤리관 등)이 객관적 사실과 합리성을 압도하고 경시하는 문화에서는 가치 지향의 성숙한 삶이 가능하기보다 정의의 이름으로 자기정당화에 매진하는 권력과 권위가 횡행하면서 억압과 탄압이 판치는 현실로 인도되기 쉽다는 역설에 주목해야 한다.

가치판단이 사실판단을 압도할 뿐 아니라 사실과 합리성을 열등하다고 비난하는 사회 풍토에서는 소통과 대화가 활성화하는 게 쉬운 일이 아니다. 더욱 심각한 것은 사실에 부합하지 않는 주관적 가치에 대한 과잉 집착이 '모두가 모두에 대해 늑대인 사회'를 만들 수도 있다는 교훈이다. 만인이 자기가 하고 싶은 말만 하고 남의 말을 듣지 않으면 언어가 소음으로 타락하고 소통이 붕괴되어 버리는 건 시간문제일 뿐이다. 이때 특정 가치에 대한 확신과 헌신이 상호 주관성에 입각한 공감의 지평으로 승화되기는커녕 정치 공동체의 통합적 가치를 붕괴시킬 수도 있는 것이다.

당파성이나 정파성의 과잉으로 인한 공론장의 균열도 철학적으로는 사실과 합리성을 존중하지 않는 문화 탓으로 설명 가능하다. 물론 소통의 위기를 초래하는 한국 사회문제의 다른 사례들도 많이 존재한다. 예컨대 자본과 권력에 의한 공론 영역의 재(再)봉건화 가능성이나 언론정치의 구조화 현상 등이 초래하는 소통의 균열이나 왜곡 현상에 대해서는 별도의 분석이 필요하다. 우리는 여기서 사실과 객관성에 대한 존중이야말로 이성적인 사회를 만들기 위한 토대라는 관점에서 사실과 객관성의 학문적 성격을 철학적으로 상세하게 점검하려 한다.

난삽하게 들릴 수도 있는 '담론 원리의 철학적 지도 그리기'는 사실과 객관성의 문제가 결코 간단한 이슈가 아니라는 점을 논증하기 위해 도입되었다. 사실과 객관성의 학문적 지위는 2천 년 철학사상사의 흐름에 대한 인식론적 반성의 맥락에서만 제대로 논의될 수 있다. 푸코와 하버마스의 논쟁을 중심으로 정리한 담론 이론은 사실과 객관성이라는 학문적 논제를 현대의 철학이 어떻게 응용하고 정리하고 있는가를 보여주는 생생한 사례다.

2
담론 원리의 철학적 지도 그리기

●   그렇다면 사실과 합리성이란 과연 무엇을 뜻하는가? 사실에 대한 학문적 탐구는 결코 간단치 않은 작업이다. 원론적으로 말하자면 사실이란 무엇보다 과학적 사실을 의미하며, 합리성이란 과학적 탐구 방법을 거쳐 획득된 객관적 사실성을 존중하는 사유와 실천의 체계를 뜻한다. 여기서 우리가 조심해야 할 것은 이런 맥락에서의 사실이 현대 실증주의에 의해 견인된 과학만능주의적 사실이 결코 아니라는 교훈이다. 객관성을 앞세우는 과학적 사실조차도 완전히 가치중립적인 것은 아니라는 게 현대 과학철학과 인식론의 근본 통찰이기 때문이다.[1] 그러나 사실과 객관성을 정당화한 전통적 철학 패러다임인 토대이론, 대응이론, 소박실재론(*naive realism*)이 균열의 위기를 맞았다고 해서 오늘날 유행하는 인식론적 상대주의나 무정부주의적 과학론이 학

---

[1] 현대 실증주의 논쟁, 핸슨(Hanson, T.)의 이론의존적 관찰, 포퍼(Popper, K.)의 반증주의, 쿤(Kuhn, T.)의 패러다임, 라카토스(Lakatos, I.)의 연구 프로그램, 파이어아벤트(Feyerabend, P.)의 무정부주의적 인식론, 하버마스(Habermas, J.)의 담론 이론, 푸코(Foucault. M.)의 권력-지식 연계론, 로티(Rorty, R.)의 신실용주의 등의 성과를 예시할 수 있다.

문적으로 정당화되지는 않는다.

사실과 합리성의 특성을 철학적으로 탐구하는 유효한 방법론 가운데 하나가 담론(談論)의 원리를 분석하는 것이다. 일상에서나 학문적 토론에서 우리는 담론이라는 용어를 즐겨 사용한다. 경제민주화 담론, 통일 담론, 페미니즘 담론, 생태주의 담론, 힐링 담론, 오리엔탈리즘 담론 등 무수히 많은 예를 들 수 있다. 이때 담론은 사실판단과 가치판단, 언어와 실천이 혼효(混淆)된 일반 명제들의 집합을 뜻한다. 즉, 담론의 원리는 사실과 가치가 완전히 다른 종류의 것이라고 주장하는 보편적 객관주의를 받아들이지 않는다. 담론 원리는 그렇다고 해서 사실과 가치가 동일한 지평 위에서 다루어져야 할 그 무엇이라고 보지도 않는다.

결국 담론은 서로 겹치는 부분이 엄존하는 사실과 가치의 경계를 가능한 투명하게 하려는 지적 노력의 산물이다. 얼핏 혼란스럽게 들릴 수도 있는 담론의 존재론적·인식론적 위상을 분명히 위치 지우기 위해서는 담론 원리의 철학적 지도 그리기 작업이 필수적으로 요구된다. 담론 원리의 지도 그리기는 푸코와 하버마스의 시도에서 비판해석학적으로 종합된다. 현대 철학자들인 푸코와 하버마스에 이르기 위해 우리는 철학사에서 담론 이론의 계보와 배경에 관한 지도 그리기를 수행해야 한다. 이는 푸코와 하버마스의 담론 이론이 가진 사상사적 의미를 이해하기 위해서도 필요한 작업이며 사실과 합리성의 학문적 계보를 소묘한 '간추린 서양철학사'로 독해될 수도 있겠다.

담론 원리의 출발점은 서양의 고대 철학이다. 여기서 우리는 고대 철학의 주류였던 형이상학의 핵심이 실재론적(實在論的) 야망에서 시작했다는 데 주목해야 한다. 형이상학은 유한한 감성적 현실계의 기반이자 근거인 무한자를 실재로 간주하였다. 우리가 접할 수 있는 경험의 세계를 초월하는 신, 자연, 이데아, 존재 따위로 이념화된 무한자와 무한자에 의존하는 유한자와의 관계는 일자와 다자 또는 동일자와 타자의 논리적·존재론적 위계를 구성한다고 보는 게 형이상학의 학문적 전제이다. 진리는 이런 실재계(무한자, 일자, 동일자)와 조응 관계를 형성한다. 바꿔 말하면 형이상학은 세계 그 자체와 보이는 바로서의 세계 사이의 구분, 즉 본질과 현상 사이의 존재론적·가치론적 구분과 실재에 대한 객관적 표상이 가능하다는 믿음을 전제하는 것이다.

동일성과 차이를 존재론적으로 위계화하면서 동일자를 우선시하는 형이상학(形而上學)은 자연스럽게 의식 중심의 철학으로 귀결되었다. 변화무쌍한 현상계를 넘어서 있는 실재계에 대한 파악, 즉 진리의 파지(把持)는 투명한 사유에 의해서만 획득될 수 있기 때문이다. 예컨대 플라톤에게서 이데아는 존재론적이고 목적론적이며 논리적인 의미에서 세계와 삶의 객관적 본질을 지칭한다. 무엇보다도 이데아는 참된 존재이며 실재 그 자체로 여겨진다. 고대 희랍 세계에서 창안된 후 서구 지성사에서 널리 받아들여진 진선미의 구획과 계서(階序)적 서열은 플라톤의 막대한 영향력을 반영한다. 플라톤주의의 확신에 의하면 객관적 진리가 엄존하며 인간 이성은 그 진리를 파악할 수 있고, 객관적 진리에 상응하는 것만이 옳고 선한 것으로 간주된다. 파르메니데스에게서 발원하고 플라톤이 체계화시킨 동일성 철학과 관념론은 서양 형이상학의 핵심을 구성한다. 철학사적으로 이런 문제의식은 플로티노스, 어거스틴, 아퀴나스, 데카르트, 스피노자, 라이프니츠를 거쳐 독일 관념론으로까지 승계된다.

다른 한편, 형이상학 자체에 대한 철학사적 반발도 다채로운 방식으로 변주되었다. 고대 유물론과 회의주의, 중세 말의 유명론과 근세 영국 경험론은 형이상학이 역설한 동일성 사유와 관념론에 내장된 모순을 지적한다. 즉, 형상이나 본질 자체가 언제나 질료와 비(非)본질에서 유추될 수밖에 없다는 점을 반(反)형이상학자들은 날카롭게 고발한다.

예컨대 형이상학을 계승한 중세 실재론(實在論)은 초감각적 무한자의 실재성을 강변함으로써 절대자에 대한 신앙과 신의 대리자인 보편 교회의 정통성을 입론했다. 중세 기독교 사회를 천 년 이상 사상적으로 결속시킨 실재론은 그러나 중세 말 사회 분화와 함께 유명론(唯名論)의 공세 앞에 균열되기 시작한다. 형이상학에 총체적 위기의 시대가 도래한 것이다. 유명론이 비(非)실체화한 개체는 근대 경험론의 완성자인 데이비드 흄(Hume, D.)에 의해 '감각 인상의 다발'로까지 분해된다.

이러한 탈(脫)형이상학적 사유의 출범 그리고 기독교 신앙의 난파와 근대 과학의 도전에 대해 동일성 철학과 관념론은 교묘한 방식으로 대응한다. 즉, 형이상학적 문제 설정을 인식론적 방향으로 변전시키는 것이다. 근대 물리학의 도전 앞에서 형이상학의 근본 구도가 그대로 유지될 수 없게 되자 시도되는 것이 존재론에서 의식철학 패러다임으로의 이행이었다. 실재계에 관한 표상의 확실성은 이제 내적 의식의 확실성에 의해 담보되는 것이다. 자의식이나 인식주체의 자기 관계가 근세 철학의 화두로 부상하는 것은 그 자연스러운 귀결이다. '생각하므로 존재하는 나'를 철학의 출발로 삼은 데카르트가 '근세 철학의 아버지'로 불리는 것은 당연한 사태일 수밖에 없었다. 이제 형이상학의 실재론적 사유는 인식주체와 인식대상의 구분을 전제하며 인식주체는 자기의식의 명증성을 근거로 삼아 생각하는 실체로 승격된다.

　흥미로운 것은 독단론적 형이상학에 대해 적대적이었던 영국 경험론의 경우에도 본질계와 현상계의 존재론적 구분을 온존시킴으로써 형이상학적 문제 설정을 우회적으로 계승했다는 사실이다. 이처럼 형이상학은 근대 인식론의 문제 설정 자체를 간접적으로 규정짓는 것이다. 합리론과 경험론의 대치 이후 의식철학은 칸트처럼 기초주의적이거나 헤겔과 같이 변증논리적 방식으로 전환하지만 동일성과 형상을 논리존재론적으로 선차적인 것으로 보는 형이상학의 유산을 변형된 형태로 계승한다. 근대 인식론의 '저수지'인 칸트는 선험적 종합 판단의 가능성을 천착함으로써 수학과 과학 명제의 보편성과 필연성을 주체의 선천적 형식에 의해 확보하려 하였다. 칸트 이후 인식론은 이성(理性) 능력 자체에 대한 해부에 골몰하고 선험적 자기의식의 형식과 구조 탐색에 전념한다.

　존재론에서 인식론으로의 문제 변환이라는 시각에서 볼 때 헤겔보다는 칸트의 궤적이 현대 철학에 더 선명한 자취를 남겼음을 부인하기는 어렵다. 칸트 이후 철학은 이성에 대한 메타 비판으로 환원되고, 절대적 관념론의 거대한 파탄이 상징하는 형이상학의 빈자리를 대체한 인식론이 '철학적 우세종'의 자리를 압도적으로 굳힌다. 형이상학의 문제 설정이 본질/현상의 존재론적 구분에 의존하는 것처럼 인식론이 필연적인 것/우연적인 것, 구조적인 것/경험적인 것 사이의 범주적 구별에 기대는 것은 단순한 우연이 아니고 형이상학적 실재론의 문제 설정을 공유한 데서 비롯된 것이다.

　근대 인식론의 정향을 정교하게 발전시킨 현대의 철학적 시도들, 즉 비엔나학파의 실증주의나 초기 비트겐슈타인의 작업에 감화된 분석철학과 과학 지향적 언어철학은 원초적 감각자료, 기초문장, 필연적 명제 등을 인식의 '아르키메데스 점'으로 간주하고 발굴하려 애썼으나 그 노력은 신기루를 찾는 것과 비슷했다. '철학의 모든 문제를 해결했다'고 자부한 비트겐슈타인의 《논리철학논고》(Tractatus)의 망상과 좌절은 이 행로를 상징한다. 인식론을 출범시킨 필연/우연, 분석/종합, 개념/직관, 이론/관찰의 이분법이 일종의 순환논리에 잠겼다는 사실이 현대 영미 철학자들의 사상적 고투에 의해 밝혀지기 시작한 것이다.

'소여(所與)의 신화'에 대한 셀라스의 비판, 콰인의 '자연화된 인식론', 쿤의 해석학적 과학철학, 파이어아벤트의 무정부주의적 인식론, 로티의 강한 맥락주의, 퍼트남의 '인간의 얼굴을 한 실재론' 등은 그 흐름의 다양한 현대적 변주곡들이다. 현재진행형인 논쟁의 와중에서 우리가 잠정적으로 추출할 수 있는 교훈을 요약하자면 다음과 같다. 인식론적으로 특권적 지위를 가지는 표상(재현)을 지정하는 것이 불가능하다면 본질/현상의 존재론적 구분과 진리/허위의 범주적 위계도 내파(內破)되고 만다는 것이다. 의식철학과 인식론의 형태로 변형된 채 은밀히 작동하던 형이상학적 사유는 이로써 최대의 위기를 맞는다.

이른바 '언어적 전회(轉回)'는 이런 현대 철학의 총체적 위기에 대한 응전의 소산이며 오늘날의 철학적 사유와 실천을 가로지르는 보편적 특징으로 간주된다. 한마디로 의식에서 언어로 철학의 강조점이 이동한 것이다. 그러나 우리가 보기에 현대 철학의 기치인 언어적 전회만으로는 위에서 설명한 철학 일반의 위기를 제대로 다룰 수 없다. 현대 철학이 직면한 불확실성을 넘어 철학의 위기를 극복하는 과업은 이 절의 문맥에서는 사실과 합리성의 문제 설정을 탈현대적 방식으로 재구성하는 작업으로 번역이 가능하다. 의식과 언어라는 철학적 문제 설정을 담론으로 변환해야 이런 과업이 제대로 진행될 수 있을 것이다. 여기에는 크게 두 가지 이유가 있다. 첫째 이유는 이론 내재적인 것으로서 사실과 합리성의 학문적 위상이 담론 개념의 정교화를 통해 입론될 수 있다는 점이다. 둘째 이유는 담론 개념의 부상으로 해방과 계몽을 지향하는 철학적 패러다임이 새로이 소통의 이념에 주목한 것이다. 이는 역사적으로 민주주의의 실현과 내실화를 위해서 공공성과 여론정치의 실천이 결정적 중요성을 가진다는 인식을 반영한다.[2]

담론 원리의 철학사적 지도 그리기는 이제 하버마스에 이르렀다. 헤겔에게서 역동적인 형태로 정식화된 근대 주관철학의 현실 설명력과 비판 능력이 소진되었다고 보는 하버마스는 주관성의 범주를 상호 주관성으로 전화시킴으로써 현대 철학의 위기에 대처할 수 있다고 주장한다.[3] 하버마스가 강조하는 상호 주관성의 범주는 이성주의 철학의 탈현대적 전유(專有)의 소산이라고 할 수 있다. 이성중심주의의 합리적 핵심을 포기하지 않으면서 위에서 서술된 근대 인식론적 주관철학의 과부하와 고·중세의 형이상학적 실체론의 유산이 초래한 철학적 아포리아를 넘어서는 것이 목표이기 때문이다. 담론검증 이론의 모범 사례인 '보편화용론'에서 하버마스는 해방과 계몽의 목표가 인간의 의사소통행위 안에 구조적으로 전제되었다는 주장을 한다. 철학적 해석학 논쟁에서 언어의 중요성에 대한 상호 공감에도 불구하고 가다머(Gadamer, H. G.)와 하버마스가 서로 동의할 수 없었던 대목은 '정당

---

2 아래의 서술은 졸저 《담론 이론의 사회철학》(1998), 149~175쪽 참조.
3 현대성과 탈현대성의 철학적 담론에 대한 총괄적 정리로는 Habermas, J. (1985) 참조. 이는 후기 하버마스의 역작이지만 동시에 이론가로서 그의 한계를 드러내는 작품이기도 하다. 하버마스적 이성주의와 유럽중심주의의 질곡이 드러나기 때문이다.

한 전(前) 판단'이라는 개념에서 드러난 해석학적 순환 현상을 비판할 수 있는 지점이 상정될 수 있는가의 문제였다. '지평 융합'이 상징하는 해석학적 감수성에 충실한 가다머가 유보적 태도를 견지하는 것과는 달리 언어와 담론이라는 용어 자체가 이해와 합의로 요약되는 투명한 소통의 지평을 전제함을 역설하는 하버마스는 언어에 대한 화용론(pragmatics)적 접근에서 그 정당화의 실마리를 모색한다.

언어 연구에서 통사론(syntax)이 언어표현(기호)과 언어표현 사이의 관계를 주로 문제 삼는다면 의미론(semantics)은 언어표현과 지시체 사이의 관계에 관심을 가진다. 이에 비해 화용론은 언어표현, 지시체 및 언어 사용자들 사이의 관계와 사용되는 맥락을 함께 탐구하지만 그 핵심은 언어 사용자들 사이의 관계를 연구하는 데 있다. 심리언어학이나 사회언어학 같은 경험화용론이 경험적이고 제한된 의사소통의 조건들을 따지기 때문에 담론검증 이론을 정초하는 데 있어 한계가 있는 데 비해 보편화용론은 모든 의사소통의 조건을 밝힘으로써 언어가 기능하는 데 필연적으로 요구되는 전제조건들을 해명하려고 한다.

하버마스의 보편화용론은 여기서 오스틴(Austin, J.)과 써얼(Searle, J.)의 언어행위 이론(speech act theory)의 성과를 빌려 온다. 오스틴과 써얼에 의하면 의사소통의 기본 단위는 상징이나 단어 또는 문장 자체가 아니라 "언어행위를 하는 데 있어서의 상징, 단어, 문장의 생산 또는 발화(發話)이다".[4] 바꿔 말하면 언어행위 이론은 우리가 어떤 것을 말함으로써 무엇인가를 하게 되는 점에 집중적 관심을 가진다.[5] 이는

---

4 Searle, J. (1969), p. 16.

5 Austin, J. (1961) 참조. 특히 pp. 231~251에서 수행적 발화(performative utterances)의 중요성을 상론한다. 또한 Austin, J. (1975), p. 109 참조.

언어철학의 발전사에서 획기적 중요성을 가지는 통찰이라고 할 수 있다. 논리실증주의나 경험주의 언어철학이 말과 세계의 관계에 전념함으로써 재현과 지시 기능을 특권화한 지시론적 의미론에 고착되고, 투명한 주관의 의식을 중시하는 관념론적 의미론이 유아론의 덫에 매인 것과는 달리 언어행위 이론은 수행적 행위로서의 말의 교환에 근거한 의미 창출의 현상을 역동적으로 설명하는 이론이기 때문에 화용론적 의미론이라고 평가된다. 언어와 의미의 위상을 제대로 이해하기 위해서는 행위 이론이 필수적이라는 사실을 후기 비트겐슈타인에게 영향을 받은 오스틴의 선구자적 작업이 밝히는 것이다.

언어행위 이론의 요점을 이해하는 데 있어서나 보편화용론을 논구하기 위해 가장 기초적인 사항은 발화 행위(*locutionary act*), 발화수반 행위(*illocutionary act*), 발화효과 행위(*perlocutionary act*)의 구분이다. 발화 행위는 어떤 걸 말하는 것이 어떤 것을 행하는 것이라고 할 때 '어떤 것을 말함'의 행위이다.[6] 발화수반 행위는 말함으로써, 말하는 사람과 듣는 사람 사이에 말하는 사람이 의도한 상호적인 인간관계를 성립시키는 행위이다. 말함으로써 화자와 청자가 어떤 인간관계로 진입해 들어가게 하는 힘은 발화수반력(*illocutionary force*)이라고 불린다. 발화효과 행위는 말하는 사람이 행한 언어행위의 결과로 성취된 결과를 의미한다. 예컨대 동료에게 차 한 잔을 건네주면서 "이 차가 뜨겁다"고 할 때 발화 행위는 이 언명을 말하는 행위다. 발화수반 행위에서는 말하는 사람이 듣는 사람에게 받아들이거나 거부할 수 있는 제안을 하는 셈이다. 뜨거운 차에 대해 주의를 줄 때 상대방이 그것을 수

---

6 Austin, J. (1975), p. 94.

용할 수도 있지만 개의치 않을 수도 있기 때문이다.

만약 상대방이 나의 주의를 받아들이면 나와 그 사람 사이에는 어떤 인간관계가 성립한다. 발화효과 행위는 그 경고를 받아들임으로써 성취된 결과로서 듣는 사람이 혀를 데이는 것을 피할 수 있게 되는 경우이다. 이 구분법이 왜 언어행위 이론과 보편화용론에 다 같이 중요한가? 그 이유는 오스틴과 써얼 그리고 하버마스 모두 언어행위가 성공하느냐 아니면 실패하느냐의 관건이 발화수반력의 창출에 좌우된다고 보기 때문이다. 바꿔 말하면 보편화용론의 핵심은 발화수반력의 해명에 달렸다. 하버마스는 "듣는 사람이 발화된 문장의 뜻을 이해할 뿐만 아니라 동시에 말하는 사람이 의도한 상호 관계 속에 진입하는" 상황을 언어행위가 성공하는 상황이라고 정의하는데 이는 정확히 발화수반행위의 핵심적 중요성을 강조하는 대목이다. [7]

이런 맥락에서 언어가 단일한 내재적 텔로스(telos: 목적인)를 가진다는 직관은 선험적인 것으로 규정될 수 없다고 하버마스는 주장한다. 이 직관이 언어행위에 대한 경험적·비판적 재구성 작업의 근거라는 이유에서이다. 학문적 동료인 아펠의 선험화용론을 불필요하게 강력한 주장을 담았다고 하버마스가 해석하는 것은 이 때문이다. [8] 하버마스의 담론 이론은 제도적으로 제한되지 않은 언어행위가 실행되기 위해서 충족시켜야 되는 조건을 발화수반력이 이성적으로 근거 지워질 수 있다는 기대에서 찾는다. 우리가 말의 교환을 매개로 하여 상호적 인간관계 속으로 진입하고 서로 연대하는 이유가 발화수반 행위 안에

---

7 Habermas, J. (1979), p. 59.
8 Apel, K.-O. (1980) 참조.

서 제기되는 타당성 요구의 검증 가능성에 있다는 것이다. 또한 자유, 정의, 진리 등의 지표들은 타당성 요구의 무제한적 교류라는 이념적 정황에서 그 근사치를 찾을 수 있다는 것이다. 타당성 요구 중에서 가장 중요한 요구는 진리성과 정당성의 타당성 요구로서 이는 앞서 소묘한 것과 같은 철학적 아포리아에 빠질 수밖에 없었던 주객 이분법과 형이상학적 실재론의 과부하를 담론적 토의와 검증을 통해 해소할 수 있으리라는 주장이다. 이는 사실과 합리성의 철학적 기초가 담론 검증의 성공 여부에 달렸다는 것을 의미한다.

하버마스의 이런 주장은 계몽과 해방을 지향하는 담론의 규범적 기초를 확정하는 데 도움을 주는 제안임에 틀림없다. 한편으로 하버마스의 담론 이론은 가치론과 인식론의 토대를 메타 이론적으로 정초하려는 시도이며, 담론 검증의 차원에서 큰 진전을 가져온 것으로 평가된다. 절차적 정의관의 현대적 대변자인 롤스와 하버마스의 담론 이론이 비교되는 것은 이런 정당화의 맥락에서일 것이다. 그러나 형식적 보편성의 원칙에 집착한 결과로 획득한 담론검증 이론이 구체적 역사 현실에서 어떻게 작동하는가에 대해 분명한 설명이 쉽지 않다는 점이 하버마스의 약점이다. 이는 언어행위 이론의 경험적 차원이 축소된 채 규범 이론이 개입하기 때문에 빚어지는 문제점이다.

하버마스가 담론을 타당성 요구가 무제한적으로 검증될 수 있는 이념적 공간으로 상정하는 것은 우연의 소산이 아니라 이론 자체의 내재적 귀결이다. 여기서 담론 개념에 대한 하버마스 특유의 추상적·형식적 이해가 선명하게 드러난다. 왜냐하면 하버마스에게 담론은 일상적 소통(상호작용)과는 달리 하나의 '이상화'(*idealization*)이기 때문이다. 담론에 대한 이런 개념 규정이 의도하는 목표는 분명하며 계몽과 해방을 위한 담론 활동의 목표를 정초하는 성과를 낳았다. 하지만 보다 포괄적 담론 이론을 건설할 때 우리가 기대하는 추가적 틀은 하버마스가 보편화용론과 의사소통행위 이론에서 빠트린 질료적 내용, 즉 이념적 지표를 역사 현실과 어떻게 매개시킬 것인가의 문제의식에서 나온다. 하버마스 자신이 응용적 성격이 강한 저작들, 대표적으로 《공론장의 구조 변화》, 《후기 자본주의의 정당성 문제》, 《사실성과 타당성》에서 이러한 연결 작업을 시도한다. 담론 이론을 형상화하는 데 추가적 과제는 하버마스가 경시한 담론 개념의 질료성과 구체성을 복원하는 작업이며 그 전범은 푸코의 담론 이론에 의해 이루어졌다.

담론 이론의 주된 목표 가운데 하나는 구체적 역사 현실에서 교류되고 구조화되는 언어와 담론이 권력과 이데올로기의 작동과 어떻게 맞물렸는가를 드러내는 데 있다. 푸코의 담론 이론은 특히 이 부분에서 강력한 성과를 낳았다. 하버마스의 담론 검증이 겨냥하는 논의의 추상 수준은 푸코적 담론 분석의 지평과는 성격이 상이하다는 사실은 일단 인정된다. 상이한 논의의 지평을 구별한 뒤에는 담론 이론을 다룰 때 권력의 문제에 대한 고려가 필수적이며 이를 충족시키지 못하는 이론은 공허하다는 비판에 노출된다. 실천 규범의 보편적·형식적 정초에 전념하는 도덕성의 이념과, 규범의 역사적 구체화 작업을 앞세우는 인륜성의 목표 사이에서 발생하는 긴장과 갈등을 자신의 담론 이론이 성공적으로 넘어섰다고 자임하는 하버마스의 주장은 따라서 조심스럽고 섬세한 독법을 필요로 한다.[9]

---

9 졸고 "형식주의적 실천철학의 의미와 한계: 칸트와 하버마스", 〈철학연구〉, 51집(대한철학회, 1993), 31~49쪽 참조.

하버마스의 담론검증 이론이 멈춘 그 지점에서 출발하는 푸코적 담론분석 이론의 원리는 크게 두 가지로 나뉜다. 첫째, 담론의 물질성이라는 원칙이다. 담론은 하버마스가 주장하는 것처럼 타당성 요구를 검증하는 논증의 기제로 제한될 수 없으며 표상과 언어적 상징화 자체를 특정한 방식으로 규정짓고 구조화하는 담론 형성체로 간주되어야 한다. 담론이 상부구조적 속성을 가진다는 건축학적 비유는 사회구성체의 전체 지형을 관류하면서 확산되는 담론의 물질성에 대한 인식을 차단하기 때문에 담론분석 이론은 담론의 공간을 제한하는 권력기제의 작동 형태에 주목한다. 둘째, 담론 분석은 담론을 자기충족적 지평으로 과대포장하는 경향이 있는 담론환원주의와 담론중심주의에 대항해 담론과 담론 외적인 것 사이의 긴장 어린 접합을 뜻하는 담론적 실천의 중요성에 착목한다. 여기서 우리는 구조주의 언어학과 기호학으로부터 비롯된 기표 우위론과 차이에 근거한 의미생산 이론이 관념적 담론 이론으로 퇴락해 갈 수 있는 위험성을 본다. 이에 비해 담론분석 이론은 담론 구성체의 경계선을 겸손하게 사유하며 모든 것을 담론으로 환원시키기보다는 담론적인 것과 비담론적인 것 사이의 역동적 중첩 관계를 부각시킨다.

담론의 물질성 테제는 더 상세히 논구될 가치가 있다. 담론검증 이론과 담론분석 이론을 선명하게 대비할 때는 알튀세의 이데올로기 이론이 유용하다. 하버마스와는 전혀 다른 의도를 가지고 알튀세가 마르크스주의 철학자로서 마르크스주의의 재구성에 골몰했거니와 그 시도가 주로 독특한 이데올로기 이론으로 결실을 맺으면서 담론 물질성 테제의 확립에 기여하기 때문이다. 초기의 알튀세는 스피노자의 지식론에 의존하면서 지식을 생산하는 이론적 실천의 심급을 원자료인 '사유

속의 추상'에 생산수단을 가하여 '사유 속의 구체'에 이르는 과정으로 설명하며, 이 3단계를 각각 일반성 I, II, III이라고 부른다.[10] 여러 심급 가운데 하나인 이론적 실천은 이데올로기적·이론적 실천과 과학적·이론적 실천으로 구분된다. 이 중 우리의 관심을 끄는 것은 이미 존재하는 이데올로기를 변용시킴으로써 또 다른 이데올로기를 생산하는 과정인 이데올로기적·이론적 실천의 과정이다.[11]

이데올로기의 기능을 역동적 방식으로 해명하는 글인 "이데올로기와 이데올로기적 국가기구"에서 알튀세는 이데올로기가 자본주의사회 안에서 생산조건의 재생산을 담당한다고 역설한다. 생산과 함께 생산조건을 재생산하지 않는 사회는 오래 존속할 수 없기 때문이다.[12] 이데올로기를 허위의식과 동일시하고 의식현상으로 번안하는 입장은 단순소박한 일차원적 사유에 지나지 않는다. '실제 존재조건에 대한 개인들의 상상적 관계'를 표상하는 이데올로기가 우리의 의식 자체를 구성하며 그 안에서 우리가 생각하고 행동하는 신념, 의미, 실천의 체계로서 '개인을 주체로서 호명 (interpellation) 하기' 때문이다.[13] 이런 생각을 뒷받침하는 것이 바로 이데올로기의 물질성 테제이다.

그렇다면 이데올로기가 물질적이라는 언명의 정확한 의미는 무엇인가? 이를 우리는 두 가지 방식으로 정리할 수 있을 것이다. 첫째, 이데올로기가 종교, 교육, 가족, 법률, 정당, 노조, 문화 등의 이데올로기적 국가기구라는 물질적 실체의 형태로 작동한다는 것이다. 둘째,

---

10 Althusser, L. (1977), pp. 183~185.
11 Althusser, L. (1977), p. 167 참조.
12 Althusser, L. (1971), "Ideology and Ideological State Apparatuses" (p. 127).
13 Althusser, L. (1971), pp. 170~177 참조.

이데올로기는 하나의 체계 및 제도로서 개인의 행위나 사유를 일정하게 강제하고 구조화하기 때문에 일상의 실천을 가능케 하는 이데올로기적 기구 속에서 우리가 생각하도록 주어진 신념에 따라 행동하며 특정한 개인이 된다는 것이다. 이데올로기가 대부분 무의식적 양태를 취하는 것은 이 때문이다.[14] 바꿔 말하면 이데올로기는 문제틀로서 기능하면서 우리의 인식과 행위를 결정적으로 규정하는 것이다. 단순한 의식의 변화나 제도 전환이 넘어서기 어려운 이데올로기의 지평을 강조하기 위해 알튀세는 "이데올로기가 영구적"이며, "(그 자체로서는) 밖을 가지지 않는다"고 이야기한다.[15] 만약 그렇다면 대항 헤게모니 창출의 공간은 어디서 열릴 수 있을까? 중기 이후에 알튀세는 초기에 취한 이론주의를 자기비판하면서 사회구성체에서의 모순의 응축이 정치와 철학의 질적 전화를 유발하고 이것이 이데올로기에서 과학(이론)으로 인식론적 단절을 가능하게 할 것이라고 강조한다.[16]

알튀세 논변의 정부(正否)에 대한 판단과 관계없이 이데올로기 이론이 암시한 철학적 문제 설정은 《말과 사물》과 《지식의 고고학》에서 집중적으로 개진된 푸코의 담론분석 이론에서 인식론적으로 더 급진화된다. 15세기 이후의 '전(全) 서양 문화의 가장 깊은 기층'을 발굴하려하는 푸코의 고고학은 특정한 시기의 지식 형상과 학문 체계들을 생산하는 담론적 실천들의 총체인 에피스테메의 구조를 천착한다. 에피스테메는 우리의 인식과 실천, 문화를 가능하게 하는 감추어진 질서로서 사물을 특정한 방식으로 획정하는 근본적 코드이다. 따라서 에피스테

---

14 Althusser, L. (1977), p. 233.
15 Althusser, L. (1971), p. 175.
16 Althusser, L. (1970), p. 53 참조.

메는 우리의 사유 체계의 경계를 선명하게 드러내는 일종의 '역사적 아프리오리' 같은 것이다.[17]

푸코의 흥미로운 가설은 15세기 이후의 서양 지성사를 4가지의 단락적 흐름으로 구분하는 작업으로 구체화된다. 유사성의 에피스테메가 규정한 르네상스 시대에는 언어는 숨겨진 의미를 드러내는 암호였다. 이에 비해 고전주의 시대로의 진입은 표상 체계의 확립과 대응하며, 이제 언어는 중층적 의미의 담지자가 아니라 1:1로 대응되는 사물을 지시하는 데 국한된다. 근대에 들어 비로소 표상의 구조가 무너지고 주체의 개념이 등장한다. 고전주의 시대 표상의 한 부분으로서의 역할밖에 주어지지 않았던 인간이 이제 표상을 가능하게 하는 인식의 가능 근거로 출현함으로써 지식의 영역이 전반적으로 재편성된다. 바꿔 말하면 표상을 통해 인간이 이해되어지는 것이 아니라 인간을 통해 표상이 이해되어지는 시대가 바로 근대라는 것이다. 구체적으로 이는 인식의 가능 근거인 선험적 주체의 정립으로 나타나며 근대를 주관철학의 전성기로 기록하게 만든다. 이어 현대는 '인간학적 잠'에 매몰된 근대의 주관철학을 정면으로 넘어서는 시대로 정의된다.

현란한 체계로서 제시된 고고학의 구체적 주장들은 논란의 소지를 많이 담았으나 푸코가 의도하는바 합리적 핵심을 추출하는 것은 그리 어렵지 않다. 이를테면 광기(狂氣)가 아직 미분화된 경험이었던 시점을 추적하고 '이성과 비이성의 대(大) 분리' 현상의 출발점을 역사적으

---

17 Foucault, M. (1973b), "Preface", p. 22. 이 서문은 특히 담론분석 작업으로서의 고고학의 임무를 푸코가 어떻게 이해하는가를 선명하게 보여준다. 흥미롭게도 푸코가 직접 선택한 영어판 제목인 《사물의 질서》는 프랑스어판 원제목인 《말과 사물》보다 푸코의 고고학의 목표를 선명하게 드러내는 것 같다.

로 재구성함으로써 서구 이성주의의 자화상을 안으로부터 전복시키는 푸코의 시도는 권력·지식연계론으로 조직된 담론 이론의 단초를 예시한다.[18] 비슷한 방식으로 임상의학의 변천사를 조망할 수도 있을 것이다. 18세기 중엽에 히스테리 환자를 치료하려던 의사가 병의 원인으로 상정한 '물기가 축축한 양피지 조직'이 19세기의 의사들에게는 '뇌를 둘러싼 황간막'이라는 용어로 바뀐다. 푸코는 19세기 이후의 의사들이 18세기의 가상적 서술을 넘어서 사물의 실제에 부합한 객관적 서술을 발견했다고 자임하게 만드는 담론 형성체의 출현에 관심을 가지는 것이다. 여기서 우리는 "질병의 공간화와 언표화가 이루어지는 차원을 직시함으로써" 언어와 질병의 관계를 특정한 방법으로 구조화하는 담론 형성의 규칙을 밝힐 수 있을 것으로 기대한다.[19]

담론분석 이론의 생생한 예시를 위해서, 담론 형성의 규칙을 일반 이론으로 발전시킨 범례라고 할 수 있는 《지식의 고고학》에서 논의되는 규칙의 5가지 차원을 간략하게 살펴보자.[20]

첫째, 담론적 형성의 차원은 예컨대 윌리스(Willis, T.)가 수행한 뇌질환 분석과 샤르코(Charcot, J. M.)의 임상의학이 어떻게 동일한 담론의 질서에 속하는지를 묻는 작업이다. 이 차원에서는 의학, 문법, 정치 경제학 등의 분야에서 발견되는 언표들의 단위나 언표들 상호 간에 성립하는 연결이 다루어지기도 한다.

둘째, 대상의 형성은 담론의 대상이 출현하는 규칙과 대상들의 존재 법칙 등을 묻는다. 19세기 이후의 정신병리학에 논의를 국한시킨다면

---

18 Foucault, M. (1973a), p. 11 참조.
19 Foucault, M. (1975), "Preface"(pp. 11~12).
20 Foucault, M. (1975), pp. 31~70을 축약한 것이다.

편집증, 저능아증, 운동신경장애, 범죄성, 중추신경장애 등의 의학적 '대상'들은 정신병리학의 담론 속에서 정의되고 설명되며 분류된다. 어떤 이의 증상이 이러한 분류법에 들어맞으면 본인의 의도와 관계없이 그 사람은 환자로 간주된다.

셋째, 언표행위적 양태의 형성은 언표들 사이에 서로 어떤 얽힘과 필연성이 있는지를 탐색하는 작업이다. 여기서 가장 중요한 것은 말할 수 있는 권능을 가진 주체의 형성이다. 예를 들면 병원에서는 의사만이 '발언할 수' 있으며, 감옥에서는 간수만이 말할 수 있는 것이다. 의사와 간수에게 지배력을 부여하는 것은 병원과 감옥이라는 제도이며, 그 결과 특정한 사람들만 특정한 담론적 상황에서 주체로 등장하는 것이다. 이 부분을 하버마스의 이상적 담론 상황의 이념과 대비하면 푸코와 하버마스가 쉽게 화해할 수 없으리라는 사실이 극명히 드러난다.

넷째, 개념의 형성은 담론적 실천을 통해서 언표들이 특정한 방식으로 조직됨을 의미한다. 식물학자 린네의 '분류표'를 생각해 보라. 언표들을 계열화하고 위계화함으로써 어떤 대상이나 현상에 대한 서술이 비로소 가능해진다. 착취와 잉여가치 등의 개념은 부르주아 정치경제학 담론 안에 부재하며 이러한 개념 형성 없이는 마르크스주의 정치경제학의 시각에서는 너무나 명명백백한 사회 경제적 '사실'도 경제학적 담론의 지평으로 떠오르지 않는다는 교훈에 주목해야 한다.

다섯째, 전략의 형성이다. 경제학, 의학, 문법, 생명체의 과학 같은 담론들은 개념의 조직과 대상의 분절화, 언표행위 형성의 일정한 유형을 만든다. 이러한 담론 공간 위에서 특정한 형태의 실천을 가능하게 하는 것이 바로 전략이다. 번쇄한 담론 형성규칙의 여러 차원에 대한 푸코의 진술이 지향하는 공분모는 담론이 언어 교환에 기초한 의미 창출의 기제로 제한되지 않으며 오히려 사회적 제도에 의해 경계 지워진다는 점이다. 이는 담론이 결코 독립적이거나 자존적이지 않으며, 담론 외적인 것과의 끊임없는 접합과 교류에 의해 작동되는 담론적 실천의 형태로만 작동한다는 것을 뜻한다.

담론 원리의 재구성 작업은 푸코와 하버마스의 담론 이론이 상호 긴장 관계인 것과 동시에 보완 관계라는 점을 드러낸다. 다시 요약컨대 담론 이론의 틀은 크게 두 개의 중층적 수준으로 구성된다. 첫째 수준은 학문적 개념 체계의 조형에서나 구체적 역사 현실에서 유통되고 소비되는 담론 형성체의 변화 과정을 현미경적으로 서술하는 차원이다. 푸코가 선취한 것처럼 이 수준에서의 담론은 단순히 언어나 상부구조적 상징으로 국한되지 않는다. 그것은 우리의 욕망과 상징·표상 자체를 특정한 방식으로 특징짓고 구조화시키는 담론 형성체를 지칭하기 때문에 그 외연이 전 방위적이며 그 누구도 또 어떤 사유나 행동도 이 담론 형성체로부터 원천적으로 자유롭지는 않다. 담론 이론의 또 다른 수준은 현실적 담론 형성의 규칙 가운데서 일단 그 맥락성과 구체성을 최대한 사상(捨象)한 채 담론 개념의 폭을 의도적으로 좁혀 담론의 정당화 과정에 전념하는 작업이다. 하버마스의 시도에서 투명하게 이루어지는 이런 노력을 나는 '규범적 담론검증 이론'이라고 명명한 바 있다. 이 차원은 주로 소통을 근거 짓고 상호 논변을 정당화시킬 수 있는 보편적 규칙에 관한 탐구에 전념한다. 따라서 담론 검증의 방법론은 패러다임과 이론의 정당화에서 뛰어난 강점을 지니며 인간이 결코 포기할 수 없는 해방되고 계몽된 삶의 형식을 소통 이론의 차원에서 웅변하는 것이다.

투명한 소통의 원리를 정초하려는 하버마스의 담론 이론은 계몽사상의 적통(嫡統)을 비판적으로 계승했다고 자부한다. 그런데 계몽주의의 기획을 철학사적으로 상징하는 것이 바로 근대의 실체적 자아 개념이다. 근대의 기하학적 이성은 계측 가능성이라는 기준으로 모든 것을 재단하므로 계량화되지 않는 것은 실재하지 않는 것으로 여겨진다. 후설(Husserl, E.)이 '자연의 수학화'라 부른 이 현상은 근원적으로 형이상학적인 동일성 철학과 의식철학으로부터 배태된 것이다. 인식주체의 착근은 인식대상의 정립을 반사적으로 요구할 수밖에 없기 때문이다.

하지만 인식대상(대상적 객관세계)을 전면적으로 제어하는 물리법칙과 인과율은 부메랑처럼 회귀하여 점차 인식주체의 독자성과 초월성을 위협한다. 이런 자연과학의 제왕적 득세는 '유럽 의식의 위기'를 초래한다. 기하학적 이성에 의해 인도되는 계몽적 합리주의가 왜곡시킨 문화와 생활세계의 파탄을 호르크하이머와 아도르노는 '도구적 합리성'이 지배하는 새로운 야만 상태라고 고발한 바 있다. 허나 하버마스는 아우슈비츠를 체험한 그의 스승들의 비관론이 시대적 한계와 인식틀의 협소함 때문에 과장되었다고 단언한다. 《계몽의 변증법》이 고발한 근대 이성의 배리(背理)는 계몽의 계몽 작업, 즉 단독자적 의식철학 패러다임을 상호 주관적 소통과 담론 패러다임으로 전화시키는 작업에 의해서 치유될 수 있을 것이기 때문이다.

근대로의 진입은 객관적 과학과 보편적 도덕 그리고 자율적 예술 영역의 분화를 불가피하게 하지만 의식철학은 객관적 대상 세계에 관한 진위 명제의 서술에 전념함으로써 그 분화 과정을 입체적으로 포착할 수 없었다. 과학의 자기정당화 작업에 동원된 의식철학 그리고 협애화된 동일성 사유는 도덕과 예술의 독자성을 제대로 판독할 수 없었으며 그 셋을 통합시키는 기획을 포기할 수밖에 없었던 것이다. 바로 이것이 과학만능주의와 실증주의의 득세, 즉 '체계가 생활세계를 식민지화'하는 현상의 철학적 원인이다. 하버마스의 담론 이론이 실증주의적 사실관과 기능주의적 합리성을 신랄히 공격하고 그 대안을 자임하는 것은 이런 맥락에서이다. 우리가 사실과 합리성에 관한 보편적 객관주의를 수용하지 않는 까닭이기도 하다.

우리가 말을 주고받음으로써 인간관계를 형성하고 상호 연대를 이룩하는 철학적 이유는 인간이 참여할 수밖에 없는 '발화수반 행위' 안에서 무제한적으로 제기되는 '타당성 요구의 검증 가능성'으로 소급된다. 자유, 정의, 진리와 같은 해방과 계몽의 기치들은 이 이념적 가능성을 역사 현실적으로 번역한 것이다. 불확정적인 탈현대 정치 세계의 유일한 대안으로 하버마스가 묘파한 '토론민주주의적 법치국가'는 탈(脫) 형이상학적이고 소통 지향적인 담론의 합리성을 서구의 구체적 역사 지평으로 이입시킨 정치적 상상력의 산물이다. 신(新) 비판 이론적 소통 이론은 이성적 주체 사이의 교류, 집합 의지가 끌어올리는 역사 발전, 진리 합의의 가능성, 인간성의 성숙 가능성 등에 의해 확보되는 깨어 있는 삶의 전망을 결코 포기하지 않는다.

이에 비해 푸코의 계보학적 영향사(effective history)는 가다머의 철학적 해석학이 지향하는 '지평 융합'의 상승 과정과는 달리 역사 서술의 정합성과 연속성을 끊임없이 침식시킨다. 영향사로서의 역사, 계보학으로서의 역사 서술은 기억이 아니라 반기억(counter-memory)에 의해 견인된다는 것이다. 푸코의 《광기의 역사》, 《감시와 처벌》, 《성의 역사》 1권 등은 동일성 사유와 주체철학을 가능하게 한 정상성과 합리성의 이념이 권력·지식 연계물인 담론 형성체의 지평 위에서 창출된 것임을 보여줌으로써 이성/비이성, 정상/비정상의 구별이 어떤 정치사회적 권력 효과를 산출하는가를 촌철살인적 방식으로 폭로한다.

하지만 본질철학과 기초주의에 입각한 형이상학적 역사관이 기각되고 소통적 합의 지향인 탈(脫) 형이상학의 시도가 비판된다고 해서 성숙하고 깨어 있는 삶에 대한 기대 자체까지 소실되는 것은 아니다. 여기서 핵심적 과제는 성숙함과 깨어 있음의 의미를 역동적이고 입체적인 방식으로 조탁(彫琢) 하는 일이다. 계몽주의의 법통을 이으려는 변증법적 이성의 자만심을 꼬집으면서 푸코는 계몽(enlightenment)의 본뜻은 특정 시대의 사조나 사유 체계에 순종하는 데 있지 않고 현실에 대한 '항상적 비판'을 장려하는 데 있다고 단언한다.

3
담론은 권력과 지식의 결합체이다

●   우리는 사실과 합리성을 금과옥조로 삼은 이성(理性) 중심주의가 사상사 안에서 다채롭게 변주된 도정을 철학적 지도 그리기의 형태로 지금까지 탐측(探測)했다. 서양철학의 경우 탐구의 중심이 존재론에서 인식론을 거쳐 가치론으로 옮겨가고 합리성의 자기규정 자체가 다양한 형태로 변전되었음을 살펴보았다. 푸코와 하버마스의 담론 이론을 비판적으로 대면시키는 작업은 포괄적 담론 이론의 구축에 대한 청사진을 제공한다. 먼저 푸코의 담론 분석은 담론을 '권력을 담은 말과 실천의 흐름과 쓰임'이라고 정의하는 걸 불가피하게 한다. 담론이 단순한 말과 언어의 차원으로 국한되어 이해되는 통례를 극복해야 한다는 것이다. 물론 담론은 말이나 언어도 포함하지만 동시에 일상에서의 구체적 실천과 제도까지 포괄하므로 결국 담론은 말과 실천의 복합체라고 할 수 있다. 사실과 담론의 관계를 고구(考究)하면서 푸코를 읽을 때의 선결요건은 말과 실천의 복합체로서의 담론의 시작이 결코 중립적이거나 객관적이지 않다는 걸 이해하는 것이다. 담론이 특정한 권력을 담았으며 가치나 의도 지향성을 포함하는 경우가 많기 때문이다.

여기에 더해 '발화수반력'의 창출로 형성된 소통이 가능해지기 위해서는 특히 진리성과 정당성의 타당성 요구가 충족되어야 한다는 하버마스적 요구를 부가(附加)할 필요가 있다. 소통 행위에서는 참가자 누구나 스스로의 행위로써 보편적 타당성 요구를 제기하고 그 타당성이 자유롭고 공정히 검증될 수 있다는 것을 전제한다. 이 전제 없이는 의사소통 자체가 성립하지 않는다. 이해 가능성, 진리성, 성실성, 정당성의 타당성 요구 중 가장 중요한 것이 진리성과 정당성에 대한 타당성 요구이다. 담론의 진리성이 이론적 지평에서 그리고 담론의 정당성이 실천적 차원에서 각기 자유롭게 토론되고 검증될 수 있을 때 소통의 기본 조건이 충족된다.

지금까지 다소 장황히 담론 이론의 철학사적 맥락을 재구성하고 그 토대 위에서 푸코와 하버마스의 담론 이론을 대비시킨 건 담론의 원리를 다음의 3가지로 정의하기 위해서였다. 첫째, 담론은 결코 가치중립적이 아니며 특정한 가치 지향성과 함께 권력의 이해관계에 복무한다. 둘째, 그럼에도 불구하고 담론 형태로 제시되는 말과 실천의 복합체는 나름대로의 사실적 논거와 합리성에 기초한 설득력을 가진다. 셋째, 서로 다른 주장을 펴고 상이한 지향성을 가진 담론들 사이에서도 사실과 합리성에 입각한 대화와 토론을 거친 상호 검증이 가능하기 때문에 비로소 공론장과 학문(과학)이 가능하다는 것이다. 소통을 꿈꾸는 모든 담론들은 이런 3가지 정의를 통해 그 정합성과 설득력이 입증되어야 한다.

첫 번째 규정에 의하면 담론과 사실은 서로를 배제하는 것처럼 보인다. 이것은 푸코와 하버마스의 담론 이론이 일견 화해하기 어려워 보이는 것과 일맥상통한다. 하지만 우리가 일면적 저차원의 '사실'에서 고차원적이면서 복합적인 '사실'로 상승하기 위해서는 담론의 첫째 측면을 감안치 않을 수 없다. 특정한 가치판단과 이데올로기적 지향성, 그리고 권력 관계가 침투한 담론의 작동 방식과 동역학을 냉철히 들여다보는 작업을 우리는 푸코를 따라 '담론 분석'이라 명명한 바 있다. 담론 개념의 두 번째와 세 번째 정의는 담론에 나름의 설득력과 합리성이 있기 때문에 교차 토론과 검증이 가능하다는 점을 강조했다. 권력을 담아 사용되는 서로 다른 담론들 사이에서도 토론과 대화, 상호 검증이 가능한데 담론의 이런 차원을 '담론 검증'이라 부를 수 있는 것이다. 담론 분석은 우리의 시야를 넓혀 주고 심화시키지만 자칫 잘못하면 상대주의적 방향으로 흐르면서 양비론이나 무정부주의의 함정에 빠질 개연성을 배제할 수 없다. 그러나 담론 검증의 차원에서는 여러 담론들의 정당성과 타당성을 사실과 합리성의 잣대에 비추어 비교해서 평가할 수 있는 가능성을 강조한다. 담론 분석과 담론 검증을 종합한 담론 이론의 체계에서는 담론과 사실이 단선적 불화 관계에 서기보다는 입체적 상호 보완의 관계에 선다고 말할 수가 있다.

담론 이론은 복합적 층위를 필요로 한다. 하버마스의 이론은 담론의 형식적 층위를 겨냥하며 규범적 정당화와 검증을 주된 몫으로 삼는다. 푸코의 이론은 담론의 질료적 층위를 짚으면서 현상 분석의 역할을 담당한다. 바꿔 말하면 담론 이론은 담론 검증과 담론 분석의 접합 모델로 구성된다. 나는 담론 검증/담론 분석의 지향성과 이론 구조의 상이성이 둘의 접합 가능성을 차단하지는 않는다는 점을 강조하고 싶다. 오히려 양자의 연계는 담론 이론을 구상하는 데 상승효과를 낳는다. 권력 관계를 분석하는 담론 분석과 그것을 토론과 증명을 거쳐 검증하는 담론 검증의 방법론은 함께 담론 이론의 철학을 구성하면서 한 차원 높은 '비판해석학적 사실과 합리성의 철학'을 포괄적으로 정초한다. 이론 구성과 그 지향에 있어 서로 수준을 달리하는 두 방법론은 필연적으로 상호 보완적이다. 질료적 담론 분석은 그 성격상 이론과 비판의 준거를 자체생산하기 쉽지 않고, 규범적 담론 검증은 구체적 현실 개입의 능력이 빈곤하기 때문에 담론 분석과 담론 검증의 상호침투가 반드시 필요한 것이다.

4

사실과 합리성이
소통과 통합의 근본이다

● 　다시 강조하거니와 진영논리로 황폐화된 한국 사회의 최대
과제 중 하나는 비판해석학적으로 위치 지워진 사실과 합리성을 존중
하는 데 있다. 실천의 미명 아래 정파성과 주관적 가치가 사실탐구를
압도함으로써 민주주의의 초석인 공론장이 위협받아 왔기 때문이다.
예컨대 과거의 '황우석 사태'는 전문적인 자연과학 연구조차 과잉정치
화의 폐단으로부터 자유롭지 않음을 극명하게 보여주었다. 사실을 탐
구하는 과학 연구가 민족주의적 정서나 상업적 고려에 의해 오도되어
참사를 빚었던 것이다. 황우석 사태가 더 큰 스캔들로 비화하는 걸 막
았던 힘은 포스텍을 중심으로 한 젊은 과학자들의 연구의 장(場)인 인
터넷 카페(BRIC)에서 나왔다. 사실의 힘은 그만큼 위대한 것이다.

　사실에 대한 존중은 '시민적 합리성의 고양'이라는 포스트 민주화 시
대의 화두와도 긴밀하게 맞물린다. 지식인이 권위주의 시대의 압제에
대항해 민주주의의 투사를 자임할 때 그의 진정성과 주관적 신념에는
휘황한 후광이 입혀진다. 문제는 거대한 적이 사라진 포스트 민주주의
시대에도 군사독재 시절의 관행이 안이하게 지속된다는 것이다. 주관
적 확신은 타자 지향형의 사회에서 흔들리는 주체를 붙들어 주는 소중

한 내적 가치이다. 그러나 내면의 영역을 벗어나 공적 지평에 진입할 때조차 자신의 무조건적 정당성을 강변하는 주관적 신념은 다원 사회의 질서를 위협할 수 있다. 예컨대 도롱뇽을 보호한다며 처절한 단식투쟁을 감행해 경부고속철도 공사를 중단시킴으로써 큰 예산 손실과 시간 낭비를 가져왔지만 정작 고속철 완공 몇 년 후 해당지역 도롱뇽의 생태 환경에 영향이 없었다는 것이 '사실적으로' 밝혀졌을 때 그 모든 사태를 견인한 스님의 양심과 그에 환호한 시민운동은 어떻게 평가되어야 하는가? 수많은 서민들에게 사용되는 대신 허공으로 증발하고만 혈세(血稅)가 한 개인의 주관적 진정성의 발로라는 이름으로 정당화될 수 있는가?

한 행위자의 진정성(眞情性)이 주관적 덕목으로 왜소화될 때 실천적 재앙을 초래할 수도 있다는 점은 의미심장하다. 노무현 전 대통령이 생전에 즐겨 사용해 주목받은 '진정성'(眞情性) 개념이 주관적 진실성에 주목하는 데 비해 나는 그 개념이 '진정성'(眞正性, authenticity)으로 상승해야 한다고 본다. 후자의 진정성은 내면적 진실성과 공론적 타당성을 유기적으로 결합한 개념이다. 진정성(眞正性)은 주관적 확신을 사실과 합리성의 준거에 비추어 상호 주관적으로 검증한 성찰적 개념인 것이다. 이는 내면적 확신으로 제한된 진정성(眞情性) 개념이 정치적으로는 맹목이며 현실적으로 불구의 것에 가까울 수도 있다는 것을 뜻한다. 현실정치의 지평에서 의도 대신 행위의 결과가 중요하다는 것은 잘 알려진 교훈이다.

마찬가지로 진정성도 단순한 내면적 덕목의 표출에 그치지 말고 상호 주관적 검증과 비판의 장 앞에 개방되어야 한다. 나의 진실성과 너의 신실함이 특정한 현안을 두고 대립할 때 서로 자신의 주관적 확신에만 집착한다면 출구는 발견되지 않는다. 유일한 해법은 상대방의 주관적 성실성을 인정한다는 전제 위에, 현안을 둘러싼 사실에 대한 이해와 합리성에 대한 공감대를 늘리는 데 있다. 그러므로 진정성(眞正性)은 주관적 진실성과 상호 주관적 검증 가능성을 포괄하는 개념이며 둘을 잇는 다리가 바로 비판해석학적 사실과 합리성인 것이다. 이것이 바로 양심과 헌신, 주관적 확신과 정의감의 타당성을 공론장에 개방해야만 하는 이유이다.

주관적 확신으로 왜소화되고 만 진정성(眞情性)을 과대평가하는 풍조를 우리 문화와 지식인 사회의 전통에서 쉽게 찾아볼 수 있다. 불구화된 진정성이 거대 이념에 대한 헌신과 결합할 때 사태는 한층 악화된다. 한국 현대사에서 백범(白凡) 김구에 대한 과대평가와 우남(雩南) 이승만에 대한 과소평가가 교차하는 상황은 이를 생생하게 입증한다. 이런 상황에서 진리는 사실에 대한 엄정한 접근이 아니라 주관적 신념에 대한 복무로 정의되고 만다. 이념의 옳고 그름이 사실에 의해 획정되는 대신 이념에 부합하지 않는 사실은 '제대로 된 사실', 즉 진실이 아니므로 무시되거나 폐기되어야 한다는 풍조가 횡행한다. 집합적 삶의 실천인 정치를 객관적 진리의 실현 과정으로 보는 진리의 정치가 극단화할 때 정파성의 해악도 최대화된다.

지식 사회의 정체성을 위협하는 이념 과잉을 교정할 수 있는 유일한 방안은 사실과 객관성의 중요성을 재확인하는 데서부터 시작해야 한다. 여기서 가장 유념해야 할 것은 앞에서 여러 번 강조한 바와 같이 사실에 대한 강조가 사실물신주의나 낡은 실증주의로의 퇴행을 의미하지 않는다는 점이다. 현대 인식론이나 과학철학의 다원주의적 성과는 19세기적 실증주의나 보편과학론의 반복을 허용치 않는다. 현대 과학학(科學學)과 지식 이론의 성과는 실증주의를 넘어 '과학적 사실'의 외연까지를 입체적이고 역동적인 방식으로 확장시켰다.

심화된 사실의 지평과 다원화된 객관성은 서로를 매개하면서 과학적 이성에 대한 신뢰를 격상시킨다. 과학적 합리성은 검증과 반증의 연쇄 앞에 스스로를 개방한다. 과학은 결코 인식의 최종성(最終性)을 자랑하지 않으며 절대적 진리를 설파하지도 않는다. 과학적 이성이 이끄는 지식의 세계는 잠정성과 불확실성을 동반한 부단한 진화의 체계인 것이다. 달리 표현하자면 지식의 정체성은 경쟁하는 지식 체계들 사이의 끊임없는 상호 토론과 지평 융합의 과정인 것이다. 상호 주관적으로 동의 가능한 사실의 확장과 지식 공동체에 의한 토론과 검증의 무한한 교차는 지평 융합을 비판해석학적으로 근거 지우는 주춧돌이다.

사실에 기초한 합리적 지식의 확대 가능성을 신뢰하는 이런 논의와 지식이 권력의 작동과 뗄 수 없이 이어짐을 함께 주장하는 담론 이론이 유지될 수 있다고 보는 게 내 입장이다. 나는 지식인의 논변과 가설이 자연과학 영역에서조차 100% 가치중립적이지 않다는 것을 인정한다. 사회과학과 인문학은 더욱 그러하다. '관찰 자체가 이론 의존적'이며 이론이 실천적 가치를 담는 것이 불가피하기 때문이다. 하지만 가설이 이론으로 승격되고 이론이 지식 체계로 편입되는 과정은 모든 탐구 단계에서의 가치 개입과 권력 작동에 대한 치열한 지식사회학적 반성과 인식론적 성찰을 수반하기 마련이다. 성찰을 결여한 지식은 억견에 불과하며 겸허함을 잃은 지식인은 독단론자에 지나지 않는다. 지식 공동체 안에서 상시적으로 수행되는 성역 없는 성찰과 검증이 푸코적 의미에서의 담론 분석의 한계를 극복하는 단초를 제공하는 것이다.

이런 지식 생산의 절차가 제도적으로 구축되지 않은 풍토에서는 과학적 검증에 인색한 정파적 담론이 진정성을 내세워 사실과의 정직한 대면을 거부하기 일쑤이다. 87년 체제는 절차적 민주주의의 완성과 실질적 민주주의의 내실화를 과제로 남겼다. 한국 지식 사회의 두께와 폭도 갈수록 확대되어 간다. 그러나 한국 지식인 사회와 문화의 장에서는 실천을 빙자한 당파성과 상대주의적 담론 형성의 메커니즘이 아직 횡행한다. 사실에 입각한 객관적 탐구와 지적 융합의 여지가 항상적으로 위협받는 현 상황은 한국 지식인 사회의 구조적 취약성을 증명한다. 이런 맥락에서 경제민주화와 복지 담론 같은 실제 사례를 분석하는 것도 가능하겠지만 여기서는 앞서 여러 번 언급한 '2008년 촛불의 빛과 그림자'를 예시하는 것으로도 충분하다.

나는 이명박 정부 당시 미국산 수입 쇠고기가 초래할 수도 있는 인간 광우병 위험성에 대한 다중의 공포 자체가 과학적 사실에 위배된 것이었다고 본다. 나는 2008년 당시에도 이런 생각을 견지했으며 그것을 공개적으로 밝힌 바 있다. 따라서 정부에 대한 시민들의 엄청난 분노가 '국민 건강권을 정부가 팔아먹었다'는 데서 온 것이라면 합리적인 반응이었다고 말하기 어렵다. 하지만 대중의 공포와 분노의 단초가 출범 이후 계속된 이명박 정부의 시대착오적이고 권위주의적인 민심 역주행에 대한 항의에서 비롯되었으므로 축제 형태로 진행된 평화적 집회와 집합적 의사 표시는 시민의식의 활성화와 권위적 권력의 견제에 크게 기여했다. '2008년 촛불'은 MB의 망상이었던 한반도 대운하를 좌절시켰으며 이명박 정부가 역사의 물줄기를 뒤돌리는 걸 막는 예방주사의 역할을 훌륭히 수행했다. 이 부분이 담론 검증에 해당된다. 광우병 사태의 담론 분석은 2008년 사태 자체가 현실적 정치권력 게임의 일부이기도 했고 제도정치권을 넘어서 역동적으로 유동하는 전 사회적 힘의 관계를 반영했다고 본다.

사실과 합리성에 대한 존중이야말로 소통과 통합으로 가는 길을 닦는 최대 동력이다. 한국 사회에는 관용의 습관이 아직 많이 부족한 것이 현실이다. 이는 사실과 합리성을 존중하는 문화가 취약한 일상의 아비투스와 표리 관계를 이룬다. 우리 사회에는 내 주장만이 옳다고 외치는 사람들이 너무 많다. 또한 자기들의 이해관계나 요구사항이 다른 모든 것들을 제치고 먼저 처리되어야 하고 제일 중요하게 취급되어야 한다고 강변하는 조직이나 단체가 매우 많은 것이 특징이다. 이것은 민주다원사회의 특징인 소통 활성화에 대한 요구 때문에 되돌릴 수 없는 흐름이겠지만 한편으로는 유아적 특징이 관찰되기도 한다. 어린 아이들의 특징 가운데 하나가 극심한 자기중심성이기 때문이다. 유아와는 반대로 어른들은 역지사지(易地思之) 할 수 있는 존재이다. 바꿔 말하면 어른들은 다른 사람의 입장과 나의 입장을 생각해 볼 수 있는 마음의 여유를 가질 수 있다. 그런 점에서 한국 사회가 진정 성숙한 어른들의 사회인지 자문해 볼 필요가 있다.

이런 맥락에서 관용의 첫째 원칙으로 나 또는 우리의 입장이 틀릴 수도 있다는 것을 받아들이는 게 가장 중요하다. 내가 오류를 범할 수도 있다는 걸 전제로 대화하고 실천해야 한다는 것이다. 내가 옳을 수도 있겠지만 마찬가지 논리로 틀릴 수도 있다. 또한 역으로 상대방이 틀릴 수도 있지만 옳을 수도 있다는 사실을 인정해야 한다. 상대방의 입장에 대한 경청과 존중은 바로 이 지점에서 시작된다. 사실의 개방성을 감안하면 누구도 최종적 진리나 정당성을 독점할 수는 없다. 그렇기 때문에 관용이 최대한 장려되어야 한다. 이것이 관용의 두 번째 원칙이다. 관용의 셋째 원칙은 관용의 역설이라고 하는 것으로서 관용의 원칙 자체를 파괴하려고 하는 사람은 관용할 수 없다는 것이다. 예컨대 우리는 민주사회를 원하지만 민주주의 자체를 부인하고 그것을 폭력으로 뒤엎으려 하는 사람도 있을 수 있다. 이들은 극소수이겠지만 민주주의라는 이름을 내세워 관용해야 할 대상은 아니다. 그들은 민주주의를 파괴하려는 적이기 때문에 민주적 관용의 대상이 될 수 없는 것이다.

사실과 합리성에 입각한 과학의 자화상과 민주주의 사이에는 중요한 공통점이 있다. 서로 다른 담론들 사이에 상호 비판과 교차 검증을 안정적으로 제도화시킨 가장 모범적인 경우가 과학이기 때문이다. 과학자들은 자신의 주장을 공론의 장에서 피력하며 여러 실험과 증거를 가지고 정교하게 학설을 주장한다. 자기만 옳다고 골방에 숨지 않으며 공개 무대에서 학설을 주장한다. 그렇다면 과학자의 주장의 옳고 그름을 누가 평가하는가? 전문적인 훈련을 받은 동료 과학자들이 그 학설이 옳은가를 검증한다. 그 과정에서 만약 실패하면 그 학설은 폐기되며 성공적으로 검증 가능하거나 반론에 대답할 수 있으면 가설에서 학설로 승격된다. 이것이 과학의 위대함이다. 과학은 끊임없이 가설을 생산하고 과학자 공동체에 검증을 요구한다. 어떤 과학적 학설도 성역이 될 수 없으며 각 주장은 부단히 비판받고 토론 앞에 전면적으로 열린 상호 검증의 과정을 거쳐 과학적 이론으로 인정받는다.

민주주의사회도 마찬가지이다. 상이한 관점과 다채로운 상상력을 가진 개인과 집단이 자기만의 담론을 자유로이 창출할 수 있다. 예컨대 페미니즘 담론은 남녀를 차별하는 관행에 대해서 허구성과 비합리성을 폭로하는 작업을 열심히 하는데 어떤 이들의 경우 그런 이야기가 불편할 수도 있다. 하지만 우리 사회에 통용되는 남성우월주의가 합리적 근거가 별로 없는 가부장적 관습이라는 것은 차분히 생각해 보면 알 수 있다. 나와 생각과 관점을 달리하는 여러 담론들이 자유롭게 개진되고 공개적으로 비판하고 답하되 설득력과 증거가 있으면 받아들이고 수용할 수 없는 담론이면 폐기하는 사회가 민주주의사회이고 소통이 가능한 사회인 것이다. 2015년 말 우리 사회를 뜨겁게 달군 '교과서 국정화'

논쟁도 사실과 합리성의 지평에서 다루어지는 게 바람직하다.

진보와 보수를 불문하고 정파성과 가치 담론의 기제가 객관성과 사실을 위협하는 행태는 비슷하다. 만성화된 분열의 시대를 넘어 소통과 통합을 이루기 위해서는 패러다임의 전환이 긴급히 요구된다. 소통이라는 구호 자체가 새로운 이데올로기로 전락하지 않기 위해서는 사실에 근거한 비판해석학적 융합 가능성이 우리 사회의 공준(公準)으로 승인되어야 한다. 관점과 이해관계의 다원성이 자연스러운 오늘의 상황에서 독단적 이념과 정파성에 대한 집착은 더 이상 미덕이 될 수 없으며 사실의 힘에 귀를 기울이는 가치와 이념만이 생명력을 유지할 수 있다.

오늘의 한국 사회가 진정 필요로 하는 소통은 사실과 합리성에 기초한 상호 검증과 지평 융합을 통해서만 성취가 가능하다. 시장철학의 관점에서 진정 흥미로운 것은 과학과 민주주의의 상관성이 자유시장과 시민사회의 동역학과 상통한다는 교훈이다. 과학, 민주주의, 자유시장, 시민사회를 관통하는 공통의 특징은 성역을 인정치 않는 자유토론의 정신과 부단한 혁신이다. 그 가운데서도 창조적 파괴의 정신이 제도적으로 가장 왕성하게 관철되는 실천의 공간이 바로 자유시장과 과학 그리고 민주주의의 영역이다. 사실과 숙의를 존중하는 문화와 자유시장의 존재가 상호 친화적이라는 교훈은 시장철학의 의의를 다시 한 번 증명한다.

참고문헌

강재언 (2005), 《조선 통신사의 일본견문록》, 서울: 한길사.

공병호 (1996), 《시장경제란 무엇인가》, 한국경제연구원.

곽수종 (2010), 《경제개념어 사전》, 원앤원북스.

구본우 (2012), 《칼 폴라니: 반경제의 경제학》, 비루튜.

규장각 한국학연구원 편 (2011), 《조선 사람의 세계여행》, 서울: 글항아리.

기세춘 (2012), 《실학사상》, 바이북스.

김상봉 (2012), 《기업은 누구의 것인가》, 꾸리에.

김영수 (2001), 《한국헌법사》, 학문사.

김재한 (2009), 《동서양의 신뢰》, 아카넷.

김종인 (2012), 《지금 왜 경제민주화인가》, 동화출판사.

김지하 (2003), 《흰 그늘의 길 ①~③》, 학고재.

남종국 (2015), 《이탈리아 상인의 위대한 도전》, 앨피.

도정일 (2008), 《시장전체주의와 문명의 야만》, 생각의 나무.

리보중 지음·이화승 옮김 (2006), 《중국 경제사 연구의 새로운 모색》, 서울: 책세상.

마이클 샌델 지음·김선욱 외 엮음 (2008), 《공동체주의와 공공성》, 철학과 현실사.

민경국 (1997), 《시장경제의 법과 질서》, 자유기업센터.

_____ (2005), "현대 자유주의의 스펙트럼과 한국사회의 보수와 진보", 〈철학연구〉, 제 71집, 27~33.

_____ (2007), 《하이에크, 자유의 길》, 한울아카데미.

박승관·장경섭 (2001), 《언론권력과 의제동학》, 커뮤니케이션북스.

박제가 지음·박정주 옮김 (2013), 《북학의》, 서울: 서해문집.

박제장·B. J. 젤리거 공편 (2007), 《민주시민교육의 전략과 과제》, 오름.

박지원 지음·허경진 옮김 (2014), 《열하일기》, 서울: 현암사.

박현채 · 조희연 편 (1989), 《한국사회구성체 논쟁》, 죽산.

박형준 (2013), 《재벌》, 책세상.

박홍규 (2005), 《셰익스피어는 제국주의자다》, 서울: 청어람미디어.

박화진 외 (2010), 《에도 공간 속의 일본통신사》, 서울: 한울사.

백선기 (2003), 《정치담론과 인터넷》, 커뮤니케이션북스.

변형윤 (2012), 《경제사상과 경제철학》, 지식산업사.

송두율 (1988), 《계몽과 해방》, 한길사.

_____ (1990a), 《소련과 중국》, 한길사.

_____ (1990b), 《현대와 사상》, 한길사.

_____ (1995), 《역사는 끝났는가》, 당대.

_____ (2000), 《민족은 사라지지 않는다》, 한겨레신문사.

_____ (2002), 《경계인의 사색》, 한겨레신문사.

_____ (2007), 《미완의 귀향과 그 이후》, 후마니타스.

송병락 (2001), 《글로벌 지식 경제시대의 경제학》, 박영사.

양문수 (2015), "다시 한 번 속도를 내기 시작한 북한의 시장화", 〈한반도 포커스〉, 제 32호(2015년 여름호), 경남대 극동문제연구소.

오길남 (1993), 《김일성 주석, 내 아내와 딸을 돌려다오》, 자유문학사.

오인탁 (2001), 《파이데이아: 고대 그리스의 교육사상》, 학지사.

원중거 지음 · 박재금 역 (2006), 《와신상담의 마음으로 일본을 기록하다》, 서울: 소명출판.

원중거 지음 · 김경숙 역 (2006), 《조선 후기 지식인, 일본과 만나다》, 서울: 소명출판.

윤노빈 (1993), 《신생철학》, 학민사.

윤평중 (2009), "시장질서와 민주질서: 시장은 민주주의의 적인가?", 2009년 한국철학회 춘계학술대회 발표문.

_____ (2011a), "'공정한 사회'와 정의론의 철학", 2011년 경제학 공동학술대회 제 1 전체회의 기조발표문.

_____ (2011b), "자유시장경제는 과연 정의롭고 공정한가", 2011년 한국철학회 춘계학술대회 발표문〔황경식 외 (2011), 《공정과 정의사회》, 조선 뉴스프레스 전재〕.

윤평중 외 (2011), 《한국사회의 소통위기》, 커뮤니케이션북스.

이 근 외 (1997), 《한국산업의 기술능력과 경쟁력》, 경문사.

이대근 외 (2005), 《새로운 한국경제발전사》, 나남.

이마이 준 외 편저 (2003), 《논쟁을 통해 본 일본 사상》, 성균관대 출판부.

이병천 (2014), 《한국자본주의 모델: 이승만에서 박근혜까지, 자학과 자만을 넘어》, 책세상.

이병천·김 균 편 (1998), 《위기, 그리고 대전환》, 당대.

이승환 (1998), 《유가사상의 사회철학적 재조명》, 고려대 출판부.

이용범 (2010), 《시장의 신화 ①·②》, 생각의 나무.

이정전 (1993), 《두 경제학의 이야기: 주류 경제학과 마르크스 경제학》, 한길사.

_____ (2002), "시장과 민주주의의 병행발전은 가능한가", 《시장은 정말 우리를 행복하게 하는가》, 한길사.

이준구 (1994), 《미시경제학》, 법문사.

이준구·이창용 (1999), 《경제학원론》, 법문사.

이헌창 (1999), 《한국경제통사》, 법문사.

_____ (2013), "근대 경제성장의 기반형성기로서 18세기 조선의 성취와 그 한계", 《정조와 18세기》, 푸른역사.

이화승 (2013), 《상인 이야기: 인의와 실리를 쫓아 천하를 밟은 중국 상인사》, 서울: 행성.

임승휘 (1999), "두 '국가이성'의 대립", 〈프랑스사연구〉, 제1호, 5~30.

임혁백 (2005), "민주주의와 시장경제", 《세계화시대의 민주주의》, 나남.

장하성 (2014), 《한국자본주의: 경제민주화를 넘어 정의로운 경제로》, 헤이북스.

정원섭 (2008), 《롤스의 공적 이성과 입헌민주주의》, 철학과 현실사.

조 순·정운찬 (1997), 《경제학원론》 제5 全訂版, 법문사.

조홍식 (2007), 《민주주의와 시장주의》, 박영사.

최배근 (2005), 《시장경제의 유형과 민주주의》, 집문당.

_____ (2012), 《시장이론 비판》, 집문당.

최장집 (2009), 《민중에서 시민으로》, 서울: 돌베개.

최정호 (2014), "기복사상과 현대사회", 발전과 행복: 한국행동과학연구소·한국미래학회 제3회 학제 간 학술포럼.

최태욱 엮음 (2011), 《자유주의는 진보적일 수 있는가》, 폴리테이아.

하상규 (2004), 《공자 교육사상의 개념적 이해》, 문음사.

한국갤럽 (2011), 《한국인의 철학》.

한동일 (2012), 《유럽법의 기원》, 서울: 문예림.

홍 훈 (2009), 《경제학과 자유주의》, 연세대 출판부.

홍기빈 (2001), 《아리스토텔레스, 경제를 말하다》, 책세상.

_____ (2012), 《자본주의》, 책세상.

홍성민 (2000), 《문화와 아비투스: 부르디외와 유럽정치사상》, 나남.

황경식 (2009), "존 롤즈의 자유주의를 위한 변명", 《롤즈의 정의론과 그 이후》, 철학과 현실사.

황장엽 (1999), 《나는 역사의 진리를 보았다: 황장엽 회고록》, 한울.

_____ (2003), 《인간중심철학의 몇 가지 문제》, 시대정신.

_____ (2005a), 《민주주의 정치철학》, 시대정신.

_____ (2005b), 《북한의 진실과 허위》, 시대정신.

_____ (2010), 《사회역사관》, 시대정신.

《論語》

《철학사전》(1985), 평양: 사회과학원 철학연구소.

《철학강좌》(1974), 김일성대학 방송강의록, 극동문제연구소 복사본.

木村光彦(기무라 미쓰히코) (1999), 《北朝鮮の經濟: 起源. 形成. 崩壊》, 創文社, 김현숙 역 (2001), 《북한의 경제: 기원·형성·붕괴》, 혜안.

小林多加士(코바야시 다카시) (1996), 《海のアジア史-諸文明の世界=經濟》, 藤原書店, 이진복 역 (2004), 《상업의 세계사》, 황금가지.

Abu-Lughod, J. L. (1991), *Before European Hegemony: The World System A. D. 1250-1350*, Oxford University Press, 박홍식 역 (2006), 《유럽패권 이전: 13세기 세계체제》, 까치.

Althusser, L. (1970), *Reading Capital*, London: NLB.

_____ (1971), "Ideology and Ideological State Apparatuses", in *Lenin and Philosophy and Other Essays*, London: NLB.

_____ (1977), *For Marx*, London: NLB.

Apel, K. -O. (1980), *Towards a Transformation of Philosophy*, London: RKP.

Appleby, J. (2009), *The Relentless Revolution: A History of Capitalism*, W. W. Norton & Company, 주경철 외 역 (2012), 《가차 없는 자본주의》, 까치.

Arendt, H. (1958), *The Human Condition*, University of Chicago Press.

Aristotelous, *Ethika Nikomacheia*(니코마코스 윤리학)

_____, *Politika*(정치학)

Austin, J. (1961), *Philosophical Papers*, Oxford: Clarendon Press.

_____ (1975), *How to Do Things with Words*, Cambridge: Harvard Univ. Press.

Avineri, S. (1968), *The Social and Political Thought of K. Marx*, Cambridge University Press.

Barber, B. R. (1998), "Three Scenarios for the Future of Technology and Strong Democracy", *Political Science Quarterly*, 113.

Barro, R. J. et al. (1994), *Economic Growth*, McGraw Hill.

Bellah, R. et al. (1996), *Habits of the Heart*, University of California Press.

Berger, P. (1992), "The Uncertain Triumph of Democratic Capitalism", *Journal of Democracy*, Vol. 3. No. 3.

Bobbio, N. (1987), *Which Socialism?*, Polity.

Bohman. J., & Rehg W. (ed.) (1999), *Deliberative Democracy*, MIT Press.

Braudel, F. (1986), *Civilisation Matérielle, Économie et Capitalisme, XVe- XVIIIe Siècle. Tome 1: Les Structures du Quotidien*, Armand Colin, 주경철 역 (1997), 《물질문명과 자본주의 III-1》, 까치.

Cassidy, J. (2009), *How Markets Fail: The Logic of Economic Calamities*, Farrar, Straus and Giroux, 이경남 역 (2012), 《시장의 배반》, 민음사.

Castells, M. (1997), *The Information Age, Vol. 1: The Rise of the Network Society*, Blackwell.

Cipolla, C. M. (1994), *Tre Storie Extra Vaganti*, Il Mulino, 김위선 역 (2013), 《중세 유럽의 상인들》, 길.

Coggan, P. (2011), *Paper Promises: Debt, Money, and the New World Order*, PublicAffairs, 윤영호 역 (2013), 《화폐의 전망》, 세종연구원.

Cohen, J., & Arato, A. (1992), *Civil Society and Political Theory*, MIT Press.

Crowley, R. (2011), *City of Fortune: How Venice Won and Lost a Naval Empire*, Faber & Faber, 우태영 역 (2012), 《부의 도시 베네치아》, 서울: 다른 세상.

Dworkin, R. (1985), *A Matter of Principle*, Oxford Univ.

Foucault, M. (1972), *The Archaeology of Knowledge*, N.Y.: Pantheon.

_____ (1973a), *Madness and Civilization*, N.Y.: Vintage.

_____ (1973b), *The Order of Things*, N.Y.: Vintage.

_____ (1975), *The Birth of the Clinic*, N.Y.: Vintage.

Friedman, M. (2002), *Capitalism and Freedom*, The Univ. of Chicago Press.

Fukuyama, F. (2011), *The Origins of Political Order: From Prehuman Times to the French Revolution*, Farrar, Straus and Giroux, 함규진 역 (2012), 《정치질서의 기원》, 서울: 웅진.

Gerschenken, A. (1962), *Economic Backwardness in Historical Perspective*, Harvard Univ. Press.

Gurak, L. J. (2001), *Cyberliteracy: Navigating the Internet with Awareness*, New Haven, CT: Yale University Press, 강수아 역 (2002), 《거미줄에 걸린 웹》, 코기토.

Habermas, J. (1979), "What is Universal Pragmatics?", in *Communication and the Evolution of Society*, Boston: Beacon Press.

_____ (1981), *Theorie des Kommunikativen Handelns*, *Band 2*, Frankfurt: Suhrkamp.

_____ (1985), *Der Philosophische Diskurs der Moderne*, Frankfurt: Suhrkamp.

_____ (1989), *The Structural Transformation of the Public Sphere: An Inquiry into a Category of Bourgeois Society*, Cambridge: The MIT Press.

_____ (1992), *Faktizität und Geltung*, Suhrkamp.

Hadenius, A. (1992), *Democracy and Development*, Cambridge Univ. Press.

Halstead, T., & Lind, M. (2001), *The Radical Center: The Future of American Politics*, Anchor Books/Doubleday, 최지우 역 (2002), 《정치의 미래》, 바다.

Harvey. D. (2005), *A Brief History of Neoliberalism*, Oxford University Press, USA, 최병두 역 (2007), 《신자유주의》, 한울아카데미.

Hayek, F. A. (1944), *The Road to Serfdom*, The Univ. of Chicago Press.

_____ (1948), *Individualism and Economic Order*, The Univ. of Chicago Press.

_____ (1973), *Law, Legislation, and Liberty: A New Statement of the Liberal Principles of Justice and Political Economy*, *Vol. 1*, *Rules and Order*, London: RKP.

_____ (1976), *Law, Legislation, and Liberty*, *Vol. 2*, *The Mirage of Social Justice*, London: RKP.

_____ (1988), *The Fatal Conceit: The Errors of Socialism*, London: RKP.

Hegel, G. W. F. (1952), *Phänomenologie des Geistes*, Felix Meiner.

_____ (1970), *Grundlinien der Philosophie des Rechts*, *&188, Werke in Zwanzig Bänden*, *7th*, Suhrkamp.

Heilbroner, R. L., & Milberg, W. S. (1962), *The Making of Economic Society*, Prentice Hall College Division, 홍기빈 역 (2010), 《자본주의: 어디서 와서 어디로 가는가》, 미지북스.

Held, K. (1990), *Treffpunkt Platon: Philosophischer Reiseführer durch die Länder des Mittelmeers*, Reclam, 이강서 역 (2007), 《지중해 철학기행》, 효형출판.

Hobbes, T. (1993), *De Homine and De Cive(Man and Citizen)*, Hackeett Publishing Company.

Hobson, J. M. (2004), *The Eastern Origins of Western Civilisation*, Cambridge University Press, 정경옥 역 (2005), 《서구문명은 동양에서 시작되었다》, 에코리브르.

Holton, R. (1985), *The Transition from Feudalism to Capitalism*, Macmillan.

Kahan, A. (2009), *Mind vs. Money: The War between Intellectuals and Capitalism*, Transaction, 정명진 역 (2010), 《지식인과 자본주의: 정신과 돈 그 갈등의 역사》, 서울: 부글북스.

Kay, J. (2003), *Culture and Prosperity: The Truth About Markets-Why Some Nations Are Rich but Most Remain Poor*, HarperBusiness, 홍기훈 역 (2008), 《시장의 진실》, 에코리브르.

Kornai, J. (1992), *The Socialist System: the Political Economy of Communism*, Princeton Univ. Press.

Levy, P. (1994), *Collective Intelligence: Mankind's Emerging World in Cyberspace*, Perseus Books Group, 권수경 역 (2002), 《집단지성: 사이버공간의 인류학을 위하여》, 문학과 지성사.

Magnus, G. (2008), *The Age of Aging: How Demographics are Changing the Global Economy and Our World*, John Wiley & Sons, 홍지수 역 (2010), 《고령화시대의 경제학》, 부키.

Mankiw, N. G. (2011), *Principles of Economics* (6th International Ed.), Thomson South-Western, 김경환·김종석 역 (2013), 《맨큐의 경제학》 6판, 센게이 지러닝코리아.

Marks, R. B. (2006), *The Origins of the Modern World: A Global and Ecological Narrative from the Fifteenth to the Twenty-First Century*, Rowman & Littlefield Publishers, 윤영호 역 (2014), 《어떻게 세계는 서양이 주도하게 되었는가》, 사이.

Marx, K. (1972a), "Contribution to the Critique of Hegel's Philosophy of Law", in *MECW*, 3rd.

_____ (1972b), "On the Jewish Question", in *MECW*, 3rd.

Marx, K., & Engels, F. (1972), "Manifesto of Communist Party", in Marx and Engels, *MECW*, 6th.

McMillan, J. (2003), *Reinventing the Bazaar: A Natural History of Markets*, W. W. Norton & Company, 이진수 역 (2007), 《시장의 탄생》, 민음사.

Meinecke, F. (1929), *Die Idee der Staatsräson*, 이광주 역 (2010), 《국가권력의 이념사》, 한길사.

Mielants, E. H. (2008), *The Origins of Capitalism and the "Rise of the West"*, Temple University Press, 김병순 역 (2012), 《자본주의의 기원과 서양의 발흥》, 글항아리.

Mill, J. S. (1989), *On Liberty and Other Writings* (ed. Collini, S.), Cambridge

University Press.

Mises, L. von (1979), *Economic Policy: Thoughts for Today and Tomorrow*, 김
 진현 역 (1995), 《자본주의 정신과 반자본주의 심리》, 한국경제연구원.

Morris , I. (2010), *Why the West Rules-for Now: The Patterns of History, and
 What They Reveal About the Future*, Farrar, Straus and Giroux, 최파일
 역 (2013), 《왜 서양이 지배하는가》, 글항아리.

Mouffe, C. (1993), *The Return of the Political*, Verso.

_____ (ed.) (1999), *The Challenge of Carl Schmitt*, Verso.

Neill, A. S. (1995), *Summerhill School: A New View of Childhood*, St.
 Martin's Press, 한승오 역 (2006), 《자유로운 아이들 서머힐》, 아름드리
 미디어.

Nietzsche, F. (1887), *On the Genealogy of Morals* (Second Essay, Sections,
 16-25).

Nozick, R. (1974), *Anarchy, State, and Utopia*, N.Y.: Basic Books.

Perkins, D. H. (1969), *Agricultural Development In China, 1368~1968*,
 Chicago: Aldine Publishing Co., 양필승 역 (1997), 《중국경제사: 1368~
 1968》, 서울: 신서원.

Pieper, J. (1953), *Über die Gerechtikeit*, München, Kösel Verlag KG, 강성위
 역 (1995), 《정의에 관하여》, 서광사.

Piketty, T. (2013), *Le Capital au XXI siècle*, Seuil, 장경덕 역 (2015), 《21세
 기 자본》, 글항아리.

Pirenne, H. (1927), *Medieval Cities: Their Origins and the Revival of Trade*,
 강일휴 역 (1997), 《중세 유럽의 도시》, 서울: 신서원.

Plato, *Politeia* (국가).

Polanyi, K. (1957), *The Great Transformation: The Political and Economic
 Origins of Our Time*, Beacon Press. 홍기빈 역 (2009), 《거대한 전환》,
 도서출판 길.

_____ (1977), *The Livelihood of Man*, N.Y.: Academic Press.

Polanyi, K., Arensberg, C. M., & Pearson, H. W. (eds.) (1957), *Trade and
 Market in the Early Empires: Economies in History and Theory*, The Free
 Press.

Pomeranz, K. (2000), *The Great Divergence: China, Europe and the Making of
 the Modern World Economy*, Princeton Univ. Press.

Popper, K. (1945a), *The Open Society and Its Enemies, Vol. 1*, RKP.

_____ (1945b), *The Open Society and Its Enemies, Vol. 2*, RKP.

_____ (1963), *Conjectures and Refutations*, N. Y. : Harper and Row.

Powelson, J. P. (1994), *Centuries of Economic Endeavor*, University of Michigan Press, 권기대 역 (2007), 《부와 빈곤의 역사》, 나남.

Rawls, J. (1971), *A Theory of Justice*, Harvard Univ. Press.

_____ (1993), *Political Liberalism*, Columbia University Press.

_____ (1999), *The Law of Peoples*, Harvard University Press.

Reinert, E. S. (2008), *How Rich Countries Got Rich … and Why Poor Countries Stay Poor*, Perseus Books Group, 김병화 역 (2012), 《부자나라는 어떻게 부자가 되었고 가난한 나라는 왜 여전히 가난한가》, 부키.

Roe, R. P. (2011), *The Shakespeare Guide to Italy: Retracing the Bard's Unknown Travels*, Harper Perennial, 유향란 역 (2013), 《셰익스피어의 이탈리아 기행》, 서울: 오브제.

Sandel, M. (1982), *Liberalism and the Limits of Justice*, Cambridge University Press.

Scheuerman, W. E. , & Schmitt, C. (1999), *The End of Law*, Oxford: Rowman & Littlefield.

Schmitt, C. (1927), *Der Begriff Des Politischen: Ein Kooperativer Kommentar*, 김효전 역 (1992), 《정치적인 것의 개념》, 법문사.

_____ (1985), *Political Theology*, MIT Press.

Schulz, K. (1995), *Denn sie lieben die Freiheit so Sehr*, Darmstadt: Wissenschaftliche Buchgesellschaft, 박흥식 역 (2013), 《중세 유럽의 코뮌 운동과 시민의 형성》, 서울: 길.

Schumpeter, J. A. (1934), *Theory of Economic Development*, 박영호 역 (2005), 《경제발전의 이론》, 박영률출판사.

_____ (1942), *Capitalism, Socialism and Democracy*, 변상진 역 (2011), 《자본주의, 사회주의, 민주주의》, 한길사.

Schwartz, H. M. (1994), *States Versus Markets: History, Geography, And The Development Of The International Political Economy*, St. Martin's Press, 장석준 역 (2015), 《국가 대 시장》, 책세상.

Searle, J. (1969), *Speech Acts*, Cambridge: Cambridge Univ. Press.

Sen, A. (1970), *Collective Choice and Social Welfare*, San Francisco: Holden-Day, Inc. .

_____ (1989), *On Ethics and Economics*, Blackwell Publishers, 박순성 역 (1999), 《윤리학과 경제학》, 한울아카데미.

_____ (1995), *Inequality Reexamined*, Oxford U. K. , 이상호 역 (1999), 《불평

등의 재검토》, 한울아카데미.

Sennett, R. (2008), *The Craftsman*, Yale University Press, 김홍식 역 (2010), 《장인: 현대문명이 잃어버린 생각하는 손》, 21세기북스.

Shakespeare, W., *The Merchant of Venice*, 《셰익스피어 5대 희극 완역판》, (2006), 셰익스피어연구회 옮김.

_____, *The Merchant of Venice*, 《베니스의 상인》, (2010), 김정환 역, 서울: 아침이슬.

Simmel, G. (1900), *Philosophie Des Geldes*, 김덕영 역 (2013), 《돈의 철학》, 서울: 길.

Smith, A. (1986), *The Wealth of Nations Books I-III*, Penguin Books.

Stephens, J. (1993), "Capitalist Development and Democracy: Empirical Research on the Social Origins of Democracy", in Copp D. et al. (eds.), *The Idea of Democracy*, Cambridge Univ. Press.

Stiglitz, J. (1997), *Economics* (2nd ed.), W. W. Norton & Company, 김 균 역 (2002), 《스티글리츠의 경제학》, 한울.

_____ (2012), *The Price of Inequality: How Today's Divided Society Endangers Our Future*, W. W. Norton & Company, 이순희 역 (2014), 《불평등의 대가》, 열린책들.

Taylor, C. (1995), *Philosophical Arguments*, Harvard Univ. Press.

Vogel, E. F. (1991), *The Four Little Dragons*, Harvard Univ. Press.

Walzer, M. (1983), *Spheres of Justice*, Basic Books.

Weber, M. (1919), *Politik als Beruf*, 박상훈 역 (2011), 《막스 베버 소명으로서의 정치》, 폴리테이아.

Weiss, L., & Hobson, J. (1997), *States and Economic Development*, Polity.

Wolff, R. P. (1977), *Understanding Rawls*, Princeton University Press.

Wood, E. M. (1995), *Democracy Against Capitalism*, Cambridge Univ. Press,

Yoshino, K. (2011), *Thousand Times MoreFair*, Harper Collins, 김수림 역 (2012), 《셰익스피어, 정의를 말하다》, 지식의 날개.

찾아보기

용어

ㄱ

인 명